Zu diesem Buch

Mit fünfundzwanzig gab Andrew Harvey seine brillante Karriere an der Universität in Oxford auf und kehrte in sein Geburtsland Indien zurück. Eigentlich wußte er gar nicht, warum, außer daß er in dem trockenen Universitätsbetrieb erstickte. In Indien wollte er die Freude wiederfinden, die er als Kind gekannt hatte. Er hielt seinen Atheismus aufrecht und spottete über alle Anhänger jedweder Glaubensrichtung. Er kannte alle Argumente gegen eine andere Realität, doch sie lösten sich alle auf, als er Mutter Meera, eine ungewöhnliche indische Heilige, traf. Sie ist eine Verkörperung der Göttlichen Mutter. Die Erfahrungen, die Harvey in ihrer Gegenwart macht, lösen eine tiefgehende Transformation in ihm aus. Dieser Prozeß ist nicht einfach. In seinem grundehrlichen Bericht schildert er in einer ungewöhnlichen Intensität seine Zweifel, seine ekstatischen Erlebnisse, seine verstörenden Visionen, seinen Widerstand und seine Versuche, sein altes Weltbild zu retten. Er setzt sich mit den tiefsten Fragen der menschlichen Existenz auseinander und beschreibt auf allgemeingültige Weise das Bemühen eines jeden Menschen, einen Sinn im Leben zu finden. Ganz gleich, wie man zu Mutter Meera stehen mag, niemand wird sich der Faszination dieses Berichts entziehen können.

Inzwischen lebt Mutter Meera in Thalheim, Deutschland. Menschen aus allen Teilen der Welt kommen jede Woche zu ihren Darshans.

ANDREW HARVEY war einer der jüngsten Dozenten, der je an der Oxforder Universität als Lehrbeauftragter angenommen wurde. Er hat mehrere Romane, sieben Gedichtbände und vier Übersetzungen veröffentlicht. Sein Buch «Ins Innere des Mandala – Eine Reise zur Weisheit des Buddhismus» erscheint demnächst in der Reihe rororo transformation.

Andrew Harvey

Der Pfad ins Herz

Eine spirituelle Reise

Deutsch von Gabriele Kuby

Rowohlt

rororo transformation
Herausgegeben von Bernd Jost
und Jutta Schwarz

Umschlaggestaltung Walter Hellmann
(Foto: TCL/Bavaria)

Deutsche Erstausgabe
Veröffentlicht im Rowohlt Taschenbuch Verlag GmbH,
Reinbek bei Hamburg, September 1994
Copyright der deutschen Ausgabe
© 1994 by Rowohlt Taschenbuch Verlag GmbH,
Reinbek bei Hamburg
Die Originalausgabe erschien unter dem Titel
«Hidden Journey – A Spiritual Awakening»
© 1991 by Andrew Harvey
Alle Rechte vorbehalten
Satz Trump Mediaeval (Linotronic 500)
Gesamtherstellung Clausen & Bosse, Leck
Printed in Germany
1490-ISBN 3 499 19550 X

Herz, du bist verloren:
Aber es gibt einen Weg
Vom Liebenden zur Liebe, verborgen
Doch sichtbar. Welten umstrahlen dich.
Weiche nicht zurück; der Weg ist
Verborgen, aber dein.

Rumi

Ich näherte mich der Hölle, gelangte
sogar an die Tore der Proserpina, wurde
danach durch sämtliche Elemente
gewirbelt und kehrte an meinen
richtigen Platz zurück: ungefähr um
Mitternacht sah ich die Sonne hell
leuchten.

Der goldene Esel, Apuleius

Für Mutter Meera

Erstes Kapitel

Eines Tages, so erzählt mir meine Mutter, als ich drei Jahre alt war und noch in Indien lebte, rannte ich in ihr Zimmer und rief: «Da ist eine komische Frau im Garten.» Ich streckte meine Zunge raus, zog eine Grimasse und stellte mich auf ein Bein. Meine Mutter hatte keine Ahnung, was ich ihr damit sagen wollte, bis ihr einfiel, daß im Nachbargarten eine vielarmige, grimmig dreinblickende Granitstatue von Kali stand, der göttlichen Mutter.

Auf einem der ersten Fotos von mir bin ich als spindeldürrer Knirps zu sehen, der im Eingang unseres Hauses in Nagpur steht und versucht, Kalis Haltung nachzuahmen.

In der hügeligen, von Schlangen bevölkerten Wildnis hinter unserem Haus in Alt-Delhi gab es Hunderte von wilden Pfauen. Wenn man dort in der Abenddämmerung spazierenging, durchschnitten ihre durchdringenden Schreie die Luft; fast unter jedem Baum stolzierte ein Pfau und schlug sein Rad.

«Sicher kommt sie oft hierher», pflegte Ayah, meine indische Kinderfrau, zu sagen.

«Wer?»

«Ma, die Göttin. Sie liebt Pfauen.»

«Können wir sie sehen?»

«Bei ihrem Anblick würdest du sterben.»

Mehrmals starrten mich im Traum zwei pechschwarze Augen an, groß wie Sonnen, während ich zwischen den Pfauen umherging.

«Warum sind die Augen so groß?» fragte ich meine Ayah.

«Weil alles in ihnen enthalten ist», gab sie mit gesenktem Blick zur Antwort.

«Wo ist die Göttin?» fragte ich meine Ayah eines Morgens.
Sie sah mich verwundert an.
«Die Göttin ist überall.»
«Warum kann ich sie dann nicht sehen?»
Sie blickte zum Fenster hinaus.
«Kann ich sie sehen, ohne zu sterben?» fragte ich nach einer Weile.
«Nur, wenn du großes Glück hast.»
«Ich werde sie sehen und ich werde nicht sterben», rief ich entschlossen. «Warte nur, du wirst schon sehen.»
«Du brauchst nicht zu schreien», sagte sie lachend. «Ma hat gute Ohren.»

Als ich sechs Jahre alt war, sagte mir meine Lieblingstante, B., die über uns wohnte, am Nachmittag käme eine Heilige zu Besuch – eine Frau, die tot gewesen und wieder ins Leben zurückgekehrt sei. Da in Indien das Wunderbare alltäglich ist, war ich nur neugierig, aber nicht skeptisch.

Ich weiß nicht genau, was ich mir vorgestellt hatte, als ich in B.s Schlafzimmer kam, aber gewiß nicht zwei Frauen, die lachend auf dem Bett lagen und Pralinen aßen. Ich hatte gedacht, Heilige wären immer in Trance; statt dessen hatte sich diese Frau in ihrem weißen Baumwollsari auf dem Bett breitgemacht und sah aus wie jede andere, vom Leben gezeichnete und in die Breite gegangene Inderin.

«Komm aufs Bett und leg dich zwischen uns», sagte B.

Zögernd kletterte ich hinauf.

Die Heilige schenkte mir mit ihrem zahnlosen Mund ein überströmendes Lächeln und zog aus den Falten ihres Saris eine Praline hervor, die sie auswickelte und mir reichte.

«Oh», seufzte sie, «ich liebe Pralinen über alles.» Sie roch nach Keksen und Räucherstäbchen und spielte mit meinen Ohren.

«Du hast aber große Ohren. Das ist gut. Buddha hatte große Ohren, und ich habe auch große Ohren.»

Sie hob eine Strähne ihres Haares hoch und zeigte mir ihre Ohren. Sie waren groß und häßlich.

«Shantih weiß alles, was man wissen kann», sagte B. «Ihr

Name bedeutet Frieden. Sie hat Gott geschaut. Sie sieht Gott alle Zeit. Ma ist eine große Heilige, und Tausende verehren sie. Sie hat viele Wunder vollbracht.»

«Hast du wirklich Wunder vollbracht?» fragte ich sie.

«Sie geschehen, so wie Wasser durch eine Röhre fließt. Aber das Wasser kommt nicht von mir.»

«Woher kommt das Wasser?»

Sie gähnte leicht und zeigte mit dem Finger nach oben.

«Bist du wirklich gestorben und dann wieder lebendig geworden? Und hast du wirklich Gott gesehen?»

B. lachte, stand auf und ging hinaus, um ein Bad zu nehmen.

«Möchtest du es wissen?» fragte Shantih.

«Ja», sagte ich und hatte Angst.

Sie strich mit einem Finger zart über meine Wange und sagte: «Gott ist sanft, so sanft wie mein Finger.» Dann fuhr sie fort: «Vor ungefähr siebzig Jahren war ich eine andere Person, eine verheiratete Frau in einem nordindischen Dorf mit mehreren Kindern. Ich wurde krank und starb. Als ich starb, erschien mir ein Licht, und darin sah ich meinen Gott Krishna. Das wirst auch du erleben, wenn du stirbst. Ein Licht wird leuchten, und darin wirst du den sehen, an den du glaubst. Wenn du an Krishna glaubst, wirst du ihn sehen; wenn du Christ bist, wirst du Christus sehen. In diesem Licht sprach Krishna zu mir: ‹Du hast mich in deinem Leben geliebt, und ich liebe dich und werde dir Befreiung schenken. Aber du mußt zur Erde zurückkehren und den Menschen sagen, was du gesehen hast, damit sie ihre Angst vor dem Tod verlieren und mich besser lieben können.› Ich wollte nicht wieder hierher zurück; ich wollte dort mit ihm im Licht bleiben; aber Götter sind stark, weißt du, und du mußt tun, was sie dir sagen. So kam ich zurück.»

Sie erzählte das alles in einem Ton, als würde sie den Fahrplan nach Agra vorlesen oder der Ayah Anweisungen fürs Einkaufen geben.

Sie sagte: «Zieh die Vorhänge zu, und ich werde dir etwas zeigen.»

Ich tat, was sie verlangte.

Shantih beugte sich leicht keuchend zur Seite und knipste die Nachttischlampe an. Die rotgoldenen Drachen auf dem Lampenschirm, die noch eben nichts weiter als Muster gewesen waren, begannen plötzlich zu leben.

Sie klatschte in die Hände.

«In allem und jedem strahlt das Licht. Es ist anders als dieses Licht – es ist weicher, und es ist überall.»

«Ist es auch in mir?»

«Es ist in dir und um dich herum und in allem und um alles herum. Ohne dieses Licht könnte nichts existieren. Es ist Gott.»

«Siehst du dieses Licht?»

«Ja», sagte sie lachend. «Ich sehe das Licht immer. Auch du kannst es sehen, es ist einfach. Gott ist einfach; nur wir sind kompliziert.»

Sie schaltete die Lampe aus. Ich zog die Vorhänge auf, und die Sonne durchflutete den Raum. Als ich mich zu Shantih umwandte, saß sie, in Meditation versunken, auf dem Bett, gewaltig und absolut still, im Schoß eine halb ausgewickelte Praline.

Ein alter indischer Dichter sagte einmal zu mir: «Indien ist wahnsinnig mit dem ganzen Wahnsinn der Wirklichkeit. Herrlichkeit und Schrecken, Gewalt und Geheimnis existieren hier Seite an Seite – zwei Gesichter der ewigen Kali.»

Eine Kindheit in Indien bedeutet, schon sehr früh mit dem Schrecken und dem Wunder in Berührung gekommen zu sein. Ich mußte nur aus dem Autofenster schauen, um Leprakranke ohne Finger in den Straßen zu sehen; die Armen, die sich im Winter unter einer Flickendecke am Straßenrand zusammenkauern; alte Frauen, die kaum noch fähig sind zu laufen und doch Wasser schleppen oder in sengender Sonne auf einer Baustelle arbeiten. Der gepflegte Garten meiner Großmutter war voller Schlangen, die der Schlangenmann einfing und lebendig in einen Jutesack warf; eine Viper, die ich eines Morgens auf dem Grund des Gartenbrunnens glitzern sah, tötete zwei Kühe und ein Kind. Eines Nachts, als meine Eltern ausgegangen waren und ich in ihrem Bett lag, hörte ich draußen ein so gottserbärmliches Jaulen, als würde das ganze Elend Indiens in den Nachthimmel hinaufgeschrien. Am nächsten Morgen sah ich, daß ein abgemagerter tollwütiger Hund hinten an einem Fahrrad festgebunden war, sein Maul zerfetzt und voller Blut und Schaum. Der fürchterliche Anblick tauchte jahrelang in meinen Träumen auf.

Den größten Teil meiner Kindheit lebte ich in einem Haus in der Alipur Road in Alt-Delhi. Die türkischen und mongolischen Grabmäler in der Nachbarschaft und die verlassenen, allmählich zerbröckelnden britischen Residenzen lehrten mich, daß Geschichte ein Spiel ist, das der Verfall immer gewinnt. Auf meinen ersten Bildern sind verfallene Grabstätten, und meine ersten Gedichte sind getränkt vom leichten Pathos verblassender Pracht. Als ich mit sieben Jahren zum ersten Mal nach London kam, sah ich im Geiste Kühe um die Nelson-Säule herum grasen, so wie sie das um das Kutb Minar in Delhi tun. Meine Ayah sang oft ein altes Hindu-Lied: «Alle Dinge vergehen außer Gott. O mein Gott, zeige mir dein Gesicht, bevor ich sterbe.»

Als ich fünf Jahre alt war, stahl ich mich eines Nachmittags, während alle schliefen, aus dem Haus und ging am Fluß Jamuna spazieren.

Unter einem Baum sah ich einen Yogi auf einem schmutzigen, dunkelblauen Tuch sitzen. Er war ausgezehrt, hatte langes, zu Knoten gebundenes, graues Haar und war – von einem Lendentuch abgesehen – nackt. Er winkte mich mit einem so schönen ungezähmten Lächeln zu sich heran, daß ich alle Angst vor ihm verlor.

Auf dem Tuch lagen zwei Gegenstände – eine winzige Frauenstatue mit vielen Armen und etwas, das in ein rotes Tuch gewickelt war und aussah wie ein kleiner Brotlaib. Er deutete auf die Statue und sagte: «Ma. Das ist Ma.»

Dann deutete er auf seine Stirn: «Hier drin Ma. Hier drin Gott.» Er deutete auf seinen Körper: «Körper ist Haus. Haus von Ma. Ma ist Kopf von Haus. Ma ist große Chef von Haus.» Er begann, sich mit dem Oberkörper vor und zurück zu wiegen, schloß die Augen und murmelte etwas. Dann nahm er etwas weißen Sand vom Flußufer in die Hand.

«Der Sand ist Ma. Der Fluß ist Ma. Das Licht, mein Fuß, alles Ma. Verstehst du? Alles dasselbe. Alles eins, eins, eins. Alles Ma. Hund Ma, Pflanze Ma.»

Er beugte sich vor und berührte meine Nase. «Du auch Ma.» Er griff nach dem Gegenstand in dem roten Tuch und wickelte ihn langsam aus. Es war ein alter Totenschädel.

Er nahm meine rechte Hand und führte sie sanft über den Schädel.

«Hab keine Angst», sagte er leise. «Tod auch Ma. Leben Tod eins. Du und ich eins. Nur eins, nur Ma.»

«Indien ist wahnsinnig mit dem ganzen Wahnsinn der Wirklichkeit», hatte der alte Dichter gesagt. Der Schlangenmann schwingt den Sack, in dem sich Giftschlangen ringeln, um den Kopf und lacht; die Maharani geht mit einem Seufzer an einem hungernden Kind vorbei und korrigiert den Sitz ihrer Perlenkette; im Zwielicht der Dämmerung wirft die Sonne Streifen über die Federn ermordeter Pfauen, die hinten in einem verqualmten Jeep liegen. Schon früh war ein Bewußtsein für Paradox und extreme Widersprüchlichkeit Teil meiner kindlichen Vorstellungswelt. Westliche Rationalisierungen und weltliche Fortschrittsträume – wie sehr ich sie auch teilen wollte – blieben mir immer fremd, wie auch alle Darstellungen des Göttlichen, in denen Schrecken und Zerstörung ausgeblendet sind. Meine innere Wirklichkeit war geprägt vom Pantherfell auf der Veranda meines Vaters und der Mango, die auf einem Silberteller gleich daneben lag, den Lapislazuliwappen, die in den Eingangshallen der Moghulruinen glitzerten, und den Bettlern, die hustend darunter saßen; vom Bild des ausgeweideten Rotwildes, das ich einst in einem Garten der Nilgirihügel gefunden hatte – das Licht, das durch die Blätter des Jakarandabaumes fiel, tanzte auf dem von Ameisen zerfressenen Kadaver.

Als ich sechs Jahre alt war, fuhr ich in den Ferien mit meiner Großmutter ans Meer, nach Mangalore in Südindien. Ich erinnere mich an einen goldenen Strand, der sich im Sonnenlicht dahinschlängelte, und an eine etwa hundert Meter vom Land entfernte, dicht mit Palmen bewachsene Insel von paradiesischer Einsamkeit.

Ich lag dösend auf einem Handtuch, als meine Großmutter schreiend aus dem Wasser taumelte und hinstürzte. Mein Onkel rannte zu ihr, kniete sich hin, saugte an ihrem linken Knöchel und spuckte dabei immer wieder Blut auf den Sand. Sie war von einem Stachelrochen verletzt worden.

Mit einem Schlag war alle Sicherheit dahin.

Meine Großmutter lag drei Tage lang unter einem Moskitonetz. Ich saß neben ihr, sah, wie ihr der Schweiß über das Gesicht rann, und sprach mit ihr, wenn sie dazu fähig war.

«Warum hat Jesus zugelassen, daß du verletzt wirst?»

«Um mich zu prüfen. Um zu sehen, ob ich auch glauben kann, wenn etwas Schlimmes geschieht.»

Shantih hatte gesagt, Gott sei so sanft wie ihr Finger; aber Gott ließ auch zu, daß meine Großmutter beinahe von einem Stachelrochen getötet worden wäre.

«Warum gibt es Schmerz?»

«Schmerz lehrt dich, dein Vertrauen nicht in den Körper und nicht in die Welt zu setzen.»

«Und wem vertraust du?»

«Dem Geist. Gott.» Sie preßte den Arm an ihre Rippen und konnte nicht sprechen.

«Eines Tages», brachte sie stöhnend hervor, «wird all das vorbei sein.»

 Bald danach brachte mich meine Mutter in ein Internat, mehr als tausend Meilen von unserem Zuhause entfernt.

An meinen Vater kann ich mich in meiner Kindheit kaum erinnern; meine Wirklichkeit war meine Mutter. Ich liebte sie mit einer Hingabe, die untrennbar war von meiner Liebe zu Indien, vom Asphalt- und Jasmingeruch der Nacht, wenn sie zu einer Gesellschaft ging, vom Duft der aufgeblühten Rosen neben ihrem Bett, in das ich morgens kroch. Mein Kopf war angefüllt mit den Legenden des alten Indien, von Heiligen, die alles aufgegeben hatten und mit Gottes Namen auf den Lippen über die heißen Ebenen wanderten; von Prinzen, die aus Liebe zur Prinzessin gestorben waren, von Shah Jahan, der aus Liebe zu seiner Gemahlin das Taj Mahal erbauen ließ und es mit den Rubinen und Saphiren eines ganzen Königreichs schmückte. Ich wollte meine

Mutter mit ebensolcher verschwenderischen Liebe überschütten; sie und Indien waren der Zauber meiner Kindheit. In ihrer dunklen Schönheit und ihrem leidenschaftlichen Empfinden schien sie mir wie eine Gestalt aus einer sagenhaften Welt, wie die Königin von Golconda oder Maabar, die nicht in ein Leben paßte, das um Mahjong und beschauliche Abstecher zum Basar kreiste.

Daß mich meine Mutter mit sechseinhalb Jahren der Verlassenheit aussetzte, zerstörte diese Phantasien für immer und schlug eine Wunde, die keine andere Liebe, kein Erfolg und kein weltliches Glück heilen konnten – bis zu der Liebe, die dieses Buch beschreibt.

Dieses Ausgesetztwerden war, wie ich jetzt sehe, ein Segen. Es taufte mich mit dem Wasser der Verzweiflung; die so Getauften haben keine andere Wahl, als nach der letzten Wahrheit und nach endgültiger Heilung zu suchen oder an innerer Auszehrung zu sterben.

Indien schenkte mir eine Mutter und nahm sie mir wieder. Viele Jahre später fand ich in Indien eine andere Mutter in einer anderen Dimension, und die Liebe, die ich verloren geglaubt hatte, kehrte zurück. Ohne jene erste Wunde hätte ich nicht so nach Liebe gehungert und wäre nicht bereit gewesen, alles zu riskieren, um sie zu finden. Ohne die Erinnerung an menschliche Zärtlichkeit hätte ich vielleicht nie die Leidenschaft zugelassen, die in meiner Seele erwachte, als ich der Frau begegnete, die mich verwandelte. Aus der tiefsten Wunde meines Lebens erwuchs diese wunderbare Möglichkeit.

Der indische Teil meiner Kindheit war nicht zu Ende, als ich den Subkontinent mit neun Jahren verlassen mußte, um den geistlosen Zwängen des privaten Schulsystems in England ausgeliefert zu werden. Fünfzehn Jahre lang verlor ich das physische Indien; aber Indien als Quelle von Legenden und Erinnerungen ging mir nie verloren. Zwischen neun und vierzehn lebte ich bei meinen inzwischen pensionierten Großeltern, in ihrem Haus in Sussex, England; es war voller Erinnerungsstücke an ihre vierzig Jahre Indien: Elfenbeinelefanten und Ebenholzkästchen, Aschenbecher aus gehämmertem Silber mit eingravierten Pfauen, Fotos von Männern in Uniform, mit gepflegten Koteletten, die mit finsterem Blick neben Wasserfällen posierten, und von Teeplantagen in der Frühlingssonne, die sich bis an den Horizont erstreckten. Diese Gegenstände bewahrten mich vor dem dürren, konventionellen England, das ich fürchtete, und durchwärmten meine einsamen Tage und Nächte mit ihrem Zauber.

Die späten sechziger Jahre erschienen mir wie eine Eruption von Indien in die stagnierende und seelenlose westliche Welt. Ich ließ meine Haare wachsen, um meine Familie zu ärgern, trug fließende, weiße Hemden und fühlte mich wie eine Mischung aus Rimbaud und Sadhu; selbst unter dem apokalyptischen Marxismus, den ich im Internat mit Verve propagierte, lag meine Sehnsucht, alles mit Indien zu durchtränken. Ich glaubte ganz genau zu wissen, was Marx mit einer nicht entfremdeten Welt meinte; ich hatte in einer solchen Welt gelebt. Ich idealisierte Indien, das wußte ich, aber mein Geist hatte etwas von der subversiven Überschwenglichkeit der hinduistischen Vision der Wirklichkeit in sich aufgenommen und klammerte sich daran, um zu überleben.

Die sechziger Jahre mit ihrem leidenschaftlichen Aufbegehren verblaßten. 1970 bekam ich ein Stipendium für Oxford, war 1973 der beste Absolvent und wurde im selben Jahr eines der jüngsten Vollmitglieder des *All Souls College*. Das Glück über diesen Erfolg wich bald der Angst vor Isolation und Neid, die er hervorrief. Mein Temperament war nicht für die blasierte Langeweile des akademischen Lebens gemacht, und mein Geist hungerte in seiner neuen, allzu gedämpften, mittelalterlichen Umgebung. Ich flüchtete mich in eine Beschäftigung mit Lyrik, die an Besessenheit grenzte, merkte aber bald, daß ein Leben für die Kunst genauso steril war wie jeder andere Fanatismus des Willens. Sexuell war ich verwirrt und ohne Maß: ich ruinierte alle meine Beziehungen durch eine Mischung aus Ekel vor mir selbst, Besitzansprüchen und Eifersucht – Impulse, die, wie ich wußte, aus meiner Kindheitswunde stammten, dem Verlassenwerden von meiner Mutter, die ich aber nicht beherrschen konnte. Im England, das mich umgab, konnte ich nichts anderes entdecken als eine sterbende Gesellschaft, die ihre alten Formen parodierte, elend bis zum Tod und doch begierig, jeden neuen Ansatz mit Hohn und Spott zu überschütten. Das Land erschien mir wie ein riesiger, schön entworfener, aber stinkender Friedhof: ich sah keinen Weg, hier meinen Geist oder meine dichterische Phantasie am Leben zu erhalten.

Ich trank zu viel, litt unter Anfällen von Schlaflosigkeit und nervöser Hysterie und wurde, trotz der Privilegiertheit und des Überflusses meiner Lebensumstände, von Selbstmordgedanken heimgesucht, die ich niemandem enthüllen konnte.

Mit fünfundzwanzig nahm diese Misere so überhand, daß ich erkannte: Ich war wirklich gefährdet, wenn ich in Oxford blieb. Ich mußte weg, nicht nur aus Oxford, nicht nur aus England, sondern aus dem Westen überhaupt, was es auch meine akademische oder dichterische Karriere kosten mochte. Ich entschloß mich, ein Jahr lang nach Indien zurückzukehren, zur Welt meiner Kindheit. Ich war nicht bewußt auf einer spirituellen Suche. Zu sehr war ich im Banne meines Schmerzes, als daß ich mir überhaupt vorstellen konnte, ihn zu überwinden, und die Jahre des trostlosen Kummers hatten mich zynisch gemacht. Ich wollte einfach nach Indien zurückkehren, so weit wie möglich der Welt entfliehen, in der ich viele Fehler gemacht hatte und von der ich mich angewidert fühlte. In diesem Jahr wußte ich nur eines: daß der Schlüssel für mein Schicksal in der merkwürdigen Freude lag, die immer aufkam, wenn ich an Indien dachte. Was diese Freude bedeuten oder wohin sie führen könnte, ahnte ich nicht. Ich wußte nur, daß ich diesem Signal zu folgen und mich seinem Licht auszusetzen hatte.

In den Monaten vor meiner Abreise holte ich alle meine Erinnerungen an Indien immer wieder hervor: an Schulvormittage in den Nilgirihügeln, wenn der Wind den Geruch von brennendem Eukalyptusholz über die reifbedeckten Felder blies; an das warme Meerwasser in Cannanore und Mangalore, in dem sich Krabben tummelten; an den Geschmack von Orangenmarmelade, die ich umfächelt von Meereswind am Strand gegessen hatte; an Abende, als ich unter dem funkelnden Sternenhimmel auf der Veranda saß, Rührei und Tomatensoße von einem Teller leckte und dem Koch zuhörte, der mit heiserer, vom Trinken rauher Stimme sang und dazu die Tabla schlug. Jede Erinnerung war für mich ein Talisman für eine andere Wirklichkeit, der Beweis, daß es eine Dimension der Freiheit gab. Bis zum körperlichen Schmerz sehnte ich mich danach, an einem offenen Fenster zu sitzen, durch das die Geräusche und Gerüche der indischen Nacht hereinkamen. Schreckensvorstellungen hefteten sich an diese Sehnsucht. So träumte ich, daß ich mit meiner Mutter Karten spielte, danach in den nächtlichen Garten ging und von einer Kobra gebissen wurde; oder daß ich meinen Dalmatiner umarmte, den ich als Kind besessen hatte, der daraufhin tollwütig um sich biß. Ich erkannte, daß das, was mich erwartete, ebenso Tod wie Wiedergeburt bedeuten würde, aber in den Monaten des Wartens vor der Abreise willigte ich in diesen Tod ein. Zu einem Freund, der mich zum Flughafen fuhr, soll ich, wie er mir später erzählte, gesagt haben: «Indien ist meine wahnsinnige Mutter, und ich kehre zu ihr zurück, um wieder gesund zu werden. Ich habe keine Ahnung, was mich erwartet. Ich weiß nur eins, daß es niemanden und nichts anderes gibt, wohin ich mich wenden könnte.»

Im November 1977 kam ich in Indien an und wohnte in B.s Haus in Delhi, wo ich Shantih zum ersten Mal begegnet war. Ich war so überwältigt, daß ich zehn Tage lang nicht fähig war, B.s Balkon zu verlassen. Dort saßen wir und schauten zu, wie Indien in den Straßen unter uns vorbeizog.

Eines Nachmittags, nachdem eine Schar halbnackter, mit Asche bemalter Yogis singend und tanzend durch die Straße gezogen war und dabei einen kilometerlangen Stau verursacht hatte, sagte B. ruhig: «Weißt du, was dieses Land mit dir macht? Es läßt dich gegen deinen Willen glauben, daß sich der Vorhang vor dem, was du Realität nennst, jeden Augenblick lüften kann, um etwas Erstaunliches und Wunderbares zu offenbaren. Es ist noch nicht geschehen, aber ich habe Geduld.»

Die wilden Gesänge der Yogis schallten noch durch die Abenddämmerung, als B. sich mir zuwandte. «Dir werden Offenbarungen zuteil werden, das habe ich immer gewußt, schon als du ein Kind warst. Einmal habe ich dich gefragt, was du werden willst. Weißt du noch, was du gesagt hast?»

Ich schüttelte den Kopf.

B. lachte. «Du sagtest, du wolltest Sänger oder Heiliger werden.

Da wußte ich, daß dir die Welt nicht genügen würde. Dieses Land hatte dich zu tief berührt.»

«Aber ich suche nicht nach Offenbarung», sagte ich.

«Nicht du suchst *sie*. Sie findet *dich*.»

Drei Monate später fand ich mich in Pondicherry, in Südindien, wieder, einer ehemaligen französischen Kolonialstadt am Meer, und besuchte dort den Ashram von Aurobindo. Vor meiner Rückkehr nach Indien hatte ich nie etwas von Aurobindo oder Pondicherry gehört. Ich hatte nicht die Absicht, irgendwelche Ashrams zu besuchen – vier Jahre in einem Oxford College hatten mich von meiner Begeisterung für klösterliches Leben restlos geheilt. Ich fuhr einfach hin, weil ein Mitreisender eine Bemerkung hatte fallen lassen. Dünn und depressiv war ich ihm in einem lausigen Hotel in Tanjore über den Weg gelaufen, und er hatte gesagt: «Geh nach Pondy und besorge dir gutes englisches Bier, französisches Brot und ein sauberes Zimmer.»

Die ersten Tage in Pondicherry waren trotz englischem Bier, französischem Brot und sauberem Zimmer einfach gräßlich. Ich fand die Stadt mit ihren langen, geraden, leeren Straßen, auf die die Sonne erbarmungslos niederbrannte, scheußlich. Ich mochte den Ashram nicht mit seinen pompösen Kolonialgebäuden und seiner frömmelnden Atmosphäre, in der man nur gut und lieb sein durfte. Das Wenige, was ich von Aurobindos Philosophie mitbekommen hatte, schien mir lächerlich. An einen Freund in England, der gefürchtet hatte, ich würde in Indien «die Religion kriegen», schrieb ich, Aurobindo wäre offensichtlich eine Flucht aus der Realität, ein Phantast von grandiosem Format. Nur ein Phantast könnte heute, nach den Gulags und den beiden Weltkriegen, nach Hiroshima, Auschwitz und Vietnam, glauben, daß die Menscheit irgendeine Chance hätte sich zu retten, geschweige denn, «den Sprung ins göttliche Sein» zu vollziehen oder sonstigen Quatsch. Was diese Mutter betraf, seine halb französische, halb türkische Sybille, die ihn bei seinem «Abenteuer» begleitete, schrieb ich: «In der sogenannten Mutter des Universums, der Mitschöpferin der kommenden Transformation der Menschen in göttliche Kinder, sehe ich nichts als eine alte Jüdin mit miserablem Geschmack in Sachen Kleidung.» Zum Schluß schrieb ich: «Morgen verlasse ich dieses Leichenhaus mit seinem Räucherstäbchenqualm und fahre ans Meer, ganz egal wohin, um wieder normale Luft zu atmen. Lieber gehe ich besoffen in Kalkutta zugrunde, als noch einen Tag länger hier zu bleiben.»

Tatsächlich aber blieb ich, und zwar vier Monate lang.

An diesem Abend begegnete ich Jean-Marc Frechette. Eine Freundschaft begann, die mein Leben veränderte.

🕉 Er stand vor mir in der Schlange im Ashram-Speisesaal, zart, leicht gebeugt, mit kastanienbraunem, schütterem Haar und etwas hervorstehenden Augen und las Jaccottets Übersetzung von Hopkins. Ich war so erleichtert, jemanden zu sehen, der las, anstatt in der üblichen Ashram-Benommenheit herumzuwandeln, daß ich nah an ihn heranrückte und ihm über die Schulter schaute. Wir kamen ins Gespräch und redeten fast die ganze Nacht. Er war aus Montreal und wohnte in einem Gästehaus in der Nähe des Ashrams. Er liebte Rilke, Piero della Francesca und die Callas, so wie ich; wir teilten dieselbe Kultur und fühlten uns dadurch sofort miteinander verbunden. Aber er hatte den Übergang in die östliche Welt vollzogen, was mir noch nicht gelungen war.

«Warum bist du hier?» fragte ich ihn.

«Um mein Leben zu verändern.»

«Glaubst du an Aurobindos Philosophie?»

«Glaube ist nicht so wichtig. Wichtig ist Erfahrung. Ich erfahre seine Philosophie.»

Ich wurde wütend. Während wir am Meer spazierengingen, fuhr ich all meine Geschütze auf gegen den Eskapismus des Ashramlebens im allgemeinen und gegen die Nutzlosigkeit östlicher Weisheit angesichts der Probleme der Welt im besonderen.

«Die Welt befindet sich in ihrem letzten Alptraum, und nette alte Klischees wie ‹Seelenfrieden› und ‹Kraft der Meditation› und ‹Evolution ins göttliche Sein› werden sie nicht aufwecken. Die sogenannte östliche Weisheit ist genauso bankrott und ohnmächtig wie die des Westens — im Grunde sogar noch mehr, weil ihre Ansprüche so ungeheuer groß sind.»

Jean-Marc ließ mich ausreden, konnte aber seine Belustigung kaum unterdrücken.

«Warum läßt du nicht einfach los?» sagte er.

«Loslassen? Was denn?»

«Das Spielzeug, das du in der Hand hältst.»

«Mach es doch bitte nicht so geheimnisvoll.»

«Du hältst dich an Schrecken und Tragödien fest wie ein Kind an seinem Teddybär. Das ist alles, was du noch hast, die letzten Fetzen eines Kostüms, das du nicht ablegen willst.»

Seine Sicherheit veranlaßte mich zu einer weiteren Tirade. «Lieber sterbe ich, als Ruhe zu geben. Lieber sterbe ich an dem Schrecken, den ich überall sehe, als mich davor in selbstgefällige yogische Katatonie zu flüchten.»

Jean-Marc ließ sich lachend auf den Sand fallen.

«Du lieber Gott», rief er aus und wischte sich die Tränen aus den Augen. «Kein Wunder, daß du so für die Callas schwärmst.»

Dabei imitierte er meinen empörten Gesichtsausdruck und fuchtelte wie ich mit den Armen durch die Luft.

«Du siehst die Welt wie eine lange düstere Oper aus dem neunzehnten Jahrhundert, in der es nichts außer Leiden und Verlust gibt. Du weigerst dich, dir irgend etwas anderes vorzustellen als die Katastrophe.»

Und wieder fing er an zu lachen. «Wie konventionell!»

«Hör auf zu lachen, verdammt noch mal!»

«Nicht ich muß aufhören zu lachen. Du mußt anfangen. Siehst du denn nicht, wie absurd du bist? Schau dich um. Spüre die Nacht mit ihrer Süße, den weichen Sand, auf dem wir gehen. Seit Jahren läufst du vor deinem eigenen Geist davon. Hör auf damit. Setz dich hin, schweige, öffne dich, lausche und warte. Gib deiner Seele eine Chance zu atmen. Ich habe noch nie jemanden gesehen, der sich so aufgeführt hat wie du gerade. Fehlte nur noch, daß du dir die Pulsadern aufgeschnitten hättest.»

Er stand auf und legte seinen Arm um meine Schultern. «Das Zimmer neben meinem im Gästehaus wird morgen frei. Warum nimmst du es nicht? Wir könnten uns weiter unterhalten und Spaziergänge am Meer machen. Ich würde dich mit meinem poetischen Genius bekanntmachen, und wir könnten nachmittags im Garten Tee trinken wie die alten britischen Offiziere.»

Ich warf alle meine Pläne, die ich ein Jahr lang geschmiedet hatte, über den Haufen und stimmte zu.

Jean-Marcs Geschenk an mich – für das ich ihm immer dankbar sein werde – bestand darin, daß er mir das spirituelle Leben mit solch glücklicher Einfachheit vorlebte, daß ich dessen Wahrheit nicht leugnen konnte. Jean-Marc hatte alles, was das «normale» Leben ausmacht, aufgegeben und es gegen ein kleines Zimmer – mit einem schlecht funktionierenden Ventilator – am Meer in Südindien eingetauscht. Er hatte so gut wie kein Geld, keine Arbeit, der er nachgehen konnte, keinen Freundeskreis, der seine Wahl für diesen Lebensstil unterstützt hätte – nichts außer seinem Glauben, ein paar Bücher von Claudel, René Char und Aurobindo und das Brausen des Meeres. Und dabei war er der klarste Mann, der mir je begegnet ist, knapp und konzentriert, freudig, herrlich exzentrisch, so wie sein Zimmer mit einem schmalen, etwas schiefen Holzbett, einem Schreibtisch, dessen eines Bein auf einer alten Ausgabe der Upanischaden stand, und einer gekitteten, blauen chinesischen Schale, in der immer frische Blumen waren. Nichts lag ihm ferner, als seine mystischen Einsichten zu predigen; er lebte sie und schrieb sie in großen geschwungenen Buchstaben auf, wenn er im Garten saß, über den der Meereswind hinwegstrich, und wenn er Meister Eckhart und Johannes vom Kreuz las oder mit großen Schlucken Tee aus einer Glasflasche trank oder in seinem Zickzackgang den Strand auf und ab schlenderte und ihm Schalk und Freude aus den Augen leuchteten. Jean-Marc sprach nie über Entsagung oder Buße: obwohl er in einem katholischen Dorf in Quebec aufgewachsen war, verabscheute er Konzepte wie Schuld oder Erbsünde – «wie kleinkariert, zu glauben, Gott könnte nicht alles vergeben; diese Welt ist göttlich», wiederholte er immer wieder und beugte sich hinab, um den Strand wie einen alten Hund zu kraulen oder mit geschlossenen Augen zärtlich über Grashalme zu streichen. «Hopkins hat recht: ‹Tief innen in den Dingen lebt die schönste Frische. Du mußt einfach nur tief genug gehen, um sie zu finden und dabei zu bleiben.›»

«Dein Problem ist», sagte er und dämpfte seine Stimme zu einem verschwörerischen Flüstern, «daß du das Leiden, wie so viele Postromantiker, großartig findest. Schmerz ist dein Ersatz für Religion. Aber Schmerz ist nicht großartig, er ist langweilig. Freude ist großartig, Lob und Preis sind großartig, denn sie sind schwer. Du mußt mit deinem ganzen Sein dafür arbeiten. Und dein anderes Problem besteht darin, daß du, wie fast jeder andere Intellektuelle aus dem Westen, den ich kenne, alles selber machen willst. Du hältst es für unmännlich, jemand anderen um Hilfe zu bitten, geschweige denn, nach einem Meister zu suchen, der dich führen könnte. Meister Eckhart sagt: ‹Eine Fliege in Gott ist größer als ein Engel, der nicht in Gott ist.› Du bist ein eitler Engel.»

Nach und nach brachte mich Jean-Marc dazu, mit ihm in den Ashram zu gehen, Aurobindos Grabmal zu besuchen und meine bisherige Ablehnung von Meditation zu überprüfen. Eines Tages sagte er: «Warum setzt du dich nicht einfach mal an Aurobindos Grab und schaust, was passiert?» Tag für Tag saß ich mit all den anderen, die dort schweigend meditierten, an der weißen, mit Lotusblüten und Jasmin überhäuften Steinplatte. Nichts passierte. Mir war einfach nur heiß, und ich war traurig und wütend über die Verwirrung in meinem Inneren.

Eines Nachmittags jedoch, als ich gerade aufstehen wollte, um mir einen Tee zu holen, kamen meine Gedanken, die mir bis dahin durch den Kopf geschossen waren, plötzlich zur Ruhe. Es war, als würde mein ganzes Wesen mit Freude durchtränkt, eine Art von Freude, wie ich sie nie zuvor erlebt hatte. Ich sagte Jean-Marc nichts davon, weil ich fürchtete, die Erfahrung könnte dadurch verschwinden. Nachdem sie sich aber über Tage hinweg mit beinahe der gleichen Intensität wiederholte, erzählte ich ihm schließlich doch davon.

«Jetzt weißt du», sagte Jean-Marc lächelnd, «daß die Kraft der Meditation kein ‹nettes altes Klischee› ist. Dein neues Leben beginnt.»

Wir gingen ins *Hotel de Ville* am Meer und feierten das Ereignis mit zwei Flaschen lauwarmem Bier. Als wir später unter einem beinahe vollen Mond am Strand saßen, schrieb er eines seiner Gedichte für mich in den Sand:

O Mond
Vermische unsere stillen Tränen
Mit dem Schweif von Kometen…
Denn das ist der Anfang der Seele.

ॐ Nun begann Jean-Marc die visionären Schätze seines inneren Lebens vor mir auszubreiten. Staunend hörte ich von einer Vision, die er auf Schloß Duino gehabt hatte, als ihm Aurobindo inmitten einer Lotusblüte aus Feuer erschienen war. Noch vor einer Woche wäre ich versucht gewesen, so etwas als Phantasie abzutun, aber jetzt erschien mir jede Einzelheit wesentlich, ein Schlüssel für neue Möglichkeiten.

«Mystiker sind keine besonderen Menschen», sagte Jean-Marc. «Jeder Mensch ist auf seine Weise Mystiker. Aber nicht jeder will wissen oder herausfinden, was es bedeutet. Jene, die es tun und sich ihrer inneren Kraft bewußt werden, für die ist das innere Wissen und das innere Schauen so klar und deutlich, wie du und ich diese Rose und das Meer vor dem Fenster sehen.»

Ich wußte immer noch nicht recht, wovon er eigentlich sprach. Die Erfahrungen der nächsten Wochen fegten diesen Schleier beiseite.

Jeden Tag meditierte ich vor dem Einschlafen und begann ein tiefes Summen zu hören, das von allen Seiten kam, den Wänden, den Blumen, aus dem Rauschen des Meeres. Wenn ich mich zu sehr darauf konzentrierte, verschwand es, wenn ich jedoch meinen Geist zur Ruhe kommen ließ, umgab es mich. Ich erzählte Jean-Marc davon.

«Gut», sagte er. «Das fängt nun also an.»

«Was fängt an?» drängte ich ihn.

«Die Schöpfung hat einen Ton. Den hörst du, oder einen Teil davon.»

* * *

Eines Nachts, ungefähr eine Woche, nachdem ich das Summen zum ersten Mal gehört hatte, hatte ich die erste Vision meines Lebens, die alles umstürzte, was ich bis dahin gekannt hatte.

Ich schlief ein, aber es fühlte sich überhaupt nicht wie Schlafen an. Ich war in einem sehr friedvollen Zustand, losgelöst von meinem Körper, den ich unter mir liegen sah. Plötzlich war mir, als würde ich von einem starken Wind fortgetragen. Ich gelangte in einen weißen Raum, der die Geräusche des Nachmittags einließ; in diesem Raum saß Aurobindo, weißhaarig, in sich ruhend, umgeben von einer Gruppe schweigender Schüler. Es war nicht sein

Zimmer in Pondicherry, das ich kannte, sondern ein viel älterer Raum. Ich hatte das Gefühl, mich im alten Indien zu befinden. Niemand sprach. Ganz selbstverständlich ging ich auf Aurobindo wie auf einen lange verlorenen Vater zu. Ich legte den Kopf in seinen Schoß, und er legte die Hand auf meinen Kopf.

Dann wurde ich von einer wirbelnden Lichtwolke umhüllt. Darin waren abertausend Stimmen zu vernehmen, die in Verzükkung sangen. Einige Worte konnte ich heraushören, manche in mir bekannten Sprachen, andere in völlig unbekannten. Ich hörte, wie sich meine eigene Stimme in den Chor mischte und die Worte sang: «Ich will dich nicht verlassen, aber es ist dein Wille und ich muß hinab.» Ich wußte nicht, was die Worte bedeuteten, aber mein Herz floß über vor ungeheurer Liebe für das Licht, das mich durchdrang. Es verlassen zu müssen erfüllte mich mit Schmerz; meine glühende Stimme wogte mit den anderen auf und nieder.

Die Musik hörte auf. Ich befand mich, um Luft ringend, in einem dunklen Schacht und sauste wie auf einer langen Rutschbahn abwärts. Mit einem Ruck prallte ich auf den Boden und erwachte.

Ganz deutlich hörte ich folgende Worte, gesprochen von einer ruhigen, männlichen Stimme: «Erinnere dich daran, wer du bist. Erinnere dich, woher du kommst.»

Meinen Körper durchflossen Wellen von Glückseligkeit, die im Rhythmus der Musik, die ich gehört hatte, auf und nieder schwangen.

Sobald ich dazu fähig war, ging ich in den Morgen hinaus, legte mich im Garten ins hohe Gras und schluchzte vor Dankbarkeit.

Dann kam Angst. Wurde ich verrückt? Was sollte ich mit diesen neuen, überwältigenden Einsichten *tun*? Wie sollte ich mich immer daran erinnern, wer ich war und woher ich kam? Ich wußte, daß mir die Gnade einer großen Einsicht zuteil geworden war, aber was sollte ich damit *tun*?

«Na, was wohl?» lachte Jean-Marc. «Du kniest dich zunächst mal hin und sagst tausendmal danke. Und dann wartest du.»

«*Warten*?» Ich explodierte.

Jean-Marc brach in wildes Gelächter aus. «Noch vor zwei Wochen hast du geleugnet, daß es Erleuchtung gibt. Jetzt möchtest du augenblicklich erleuchtet werden. Manche Leute arbeiten und warten jahrelang, bis sie das erleben, was dir gerade geschenkt wurde, und du stehst hier und verlangst alles sofort. Meditiere weiter, bleibe gelassen, und, um Gottes willen, freu dich am Leben!»

🕉 Selbst nach dieser Vision machte ich keine ernsthaften Anstrengungen, Aurobindo zu lesen. Meine Intuition sagte mir, daß ich im Innern gelehrt werden müßte, wie ich ihn zu lesen hatte; würde ich ihn zu früh lesen, mit einem unreifen, abwehrenden oder nur neugierigen Verstand, dann würde mir die Unmittelbarkeit seiner Vision entgehen. Mein Leben lang hatte ich mich für intelligent genug gehalten, alles zu verstehen: jetzt erkannte ich, wie begrenzt mein Verstehen von Intelligenz war. Nichts von meiner westlichen Ausbildung konnte mir dabei helfen, das zu verstehen, was sich mir im Inneren eröffnete. Mein Wissen reichte nur aus, um zu erkennen, daß ich jener unbekannten Kraft, die in mir wirkte, vertrauen und mich von ihr führen lassen mußte.

In den folgenden Wochen, die mit ruhigen Gesprächen mit Jean-Marc und Meditationen an Aurobindos Grab erfüllt waren, ging mir allmählich auf, wie sehr mein Verstand mein inneres Leben unterdrückt und verleugnet hatte. Tausend Erinnerungen an meine indische Kindheit wurden wieder wach, mit all dem Glück, das mit ihnen verbunden war. Ich begann die Freuden, die ich in der Musik, in der Freundschaft und in einigen Liebesaugenblicken erfahren hatte, mit der größeren Freude zu verbinden, die in meinem Geist erwachte. Nach und nach erkannte ich, wie die Faszination, die das Drama meines Gefühlslebens auf mich ausübte, und das übergroße Vertrauen in die Kraft meines Intellekts meinen Geist hatte verdorren lassen. Jean-Marc sah mich im Traum schwarz gekleidet am Ende eines langen, dunklen Korridors inmitten von Büchern sitzen. «Du bist zum Gefangenen des Wissens geworden, das du erworben hast, um du selbst zu werden», sagte er zu mir. «Jetzt mußt du es loslassen, damit ein anderes Wissen in dir erwachen kann.»

Etwa eine Woche nach der ersten Vision wurde mir eine zweite geschenkt; sie kam im Schlaf, war aber weit lebendiger als jeder Traum.

Ich saß an einem Strand meiner Kindheit, am Strand von Can-

25

nanore, wo ich in den Sommerferien oft mit meiner Mutter hinge-
fahren war. In der Ferne sah ich Fischer in ihren primitiven Booten. Der Anblick ihrer schlanken, sehnigen Körper in der Sonne
tat mir wohl.

Etwas sagte mir, ich sollte nach rechts schauen. Weit entfernt
ging eine weißgekleidete Gestalt über den Strand in meine Richtung. Als sie näher kam, sah ich, daß ihr Gesicht von blendender
Schönheit war – oval, golden, mit großen, sanften Augen. Ich
hatte keine Ahnung, ob die Gestalt männlich, weiblich oder beides war, aber ich fühlte Liebe und eine Art hohes, zartes Begehren
in mir aufsteigen. Mit einem Schock erkannte ich, daß die Gestalt
auf mich zukam, ja, daß sie deswegen den ganzen Strand entlang
gegangen war. Sie kam ganz nah und setzte sich so dicht neben
mich in den Sand, daß ich ihren Sandelholzduft riechen konnte.

Ich wußte nicht, was ich tun sollte, und schaute in die andere
Richtung. Mit weicher Stimme sagte die Gestalt: «Sieh mich an.»
Ich wandte mich ihr zu und sah, daß ihr Gesicht goldenes Licht
ausstrahlte. Es war nicht das Licht, das auf dem Sand um uns her-
umtanzte, sondern es strömte aus ihren Augen und ihrer Haut. Sie
streckte eine Hand aus, berührte mein Gesicht und streichelte es.

An ihre Brust gelehnt fühlte ich die umfassendste Liebe zu
einem anderen Wesen, die ich je empfunden hatte, eine Liebe, in
der auch Begehren war; glühend und klar erfüllte sie mein ganzes
Wesen, ohne auf etwas gerichtet zu sein.

Ich fragte die Gestalt, die mich noch immer umarmte: «Wer
bist du?» und die Stimme antwortete amüsiert und sanft:

«Wer ich bin? Wer glaubst du, daß ich bin? Ich bin *du*.»

Ich wurde ohnmächtig und erwachte.

Obwohl es noch früh war, rannte ich in Jean-Marcs Zimmer und
erzählte ihm, was ich erlebt hatte.

«Das Wesen, das dir begegnet ist, ist dein wahres Selbst», sagte
er, «das vom Ego befreite Selbst erleuchtet vom Licht, das du und
wir alle in Wirklichkeit sind.» Er lächelte. «Jetzt geh und bete und
laß mich schlafen.»

Ich radelte zum Ashram und lehnte meine Stirn an den kühlen
weißen Stein von Aurobindos Grabmal. «Herr», hörte ich mich
sagen, «wenn du es bist, der mich lehrt, dann tu es weiter. Bring all
meine Dummheit zum Einsturz.»

Es war ein wunderbarer frischer Morgen, und in dem großen Baum über dem Grabmal sangen die Vögel.

Ich dachte an meine Oxford-Kollegen und mußte lachen. Wenn sie mich hier sehen würden, wie ich mit einem toten Mann laut sprach, würden sie ihre schlimmsten Befürchtungen bestätigt finden. Am liebsten hätte ich bei diesem Gedanken vor Freude ums Grab herumgetanzt.

Eine Woche später fuhr ich nach Mahabalipuram, der schönen kleinen, Shiva geweihten Tempelstadt, an der Westküste. Ich war allein in einem kleinen schäbigen Zimmer am Strand und las dort zum ersten Mal die Upanishaden.

Ich habe nur die allerschönsten Erinnerungen an diese Woche. Ein langer, fast menschenleerer Strand, geschwungen wie ein Krummsäbel, mit dem gleichen goldenen Sand, den gleichen kleinen Krebsen, die in den warmen Wellenzungen eilig herumkrabbelten, dem gleichen machtvollen Tosen des Windes und der Wellen wie an den Stränden meiner Kindheit. Ich fand eine Welt wieder, die ich verloren geglaubt hatte, war frei, mich der einzigartigen Freude zu überlassen, die sie in mir erweckte, und einen Zeit-Raum zu betreten, in dem weder Vergangenheit noch Zukunft existierten.

Zwei Nächte, bevor ich Mahabalipuram verließ, schlenderte ich um Mitternacht über den mondhellen Strand zum Hotel, als plötzlich mein Geist aufbarst wie eine Kokosnuß, die gegen die Wand geschleudert wird, und alles, was sich vorher so köstlich und herzerwärmend *vor* meinen Sinnen ausgebreitet hatte, war nun *in* mir. Der Wind war in mir und das Schlagen der Wellen und der Sand unter meinen Füßen, die ganze wilde, sanft pulsierende Schöpfung sang wie mit einer Stimme OM, deutlich und unbezweifelbar, ein von Horizont zu Horizont tönendes, schwingendes, rollendes OM, das in mir klang. Ich mußte den letzten Rest Verstand, der mir noch geblieben war, zusammennehmen, um auf den Füßen zu bleiben und vorwärts zu taumeln. Es bestand eine völlige Trennung zwischen dem Bewußtseinsraum, in dem ich mich jetzt befand und der mich in seiner Unermeßlichkeit überwältigte, und meinem Körper, der über den Sand stolperte und fast nicht fähig war, das zu fassen, was ihm geschenkt wurde. Ich hatte mich weit über die Grenzen des Körpers in alle Richtungen hin ausgedehnt und war nur noch durch einen äußerst zarten Faden mit ihm verbunden, der mir gerade noch erlaubte, mich vorwärts zu schleppen wie ein Stück Treibholz und meine Umgebung wahrzunehmen: die Boote und die Netze, die auf dem Sand lagen, den Sand selbst und meine Füße: alles hatte seine alte Form, aber es schimmerte in einem weichen, milchigen Licht. Ich weiß noch, wie ich wieder und wieder zwinkerte, um zu sehen, ob die Vision entschwinden würde, aber das Brausen des OM blieb bestehen, und Licht strömte aus meinen Füßen und aus dem Sand, auf dem sie standen.

Irgendwie gelang es mir, in mein Hotelzimmer zurückzukommen.

Die Upanishaden lagen auf meinem Nachttisch. Ich nahm das Buch in die Hand, und die Seiten öffneten sich am letzten Vers der Mandukya Upanishad: «Das Wort OM ist der Ton der vierten Stufe des höheren Bewußtseins. Es ist jenseits der Sinne und das Ende der Evolution. Es ist Nichtdualität und Liebe. Er geht mit seinem Selbst zum Höchsten Selbst, das dies weiß, das dies weiß.»

* * *

«In Mahabalipuram hast du einen Vorgeschmack der Glückseligkeit erhalten», sagte Jean-Marc, «einen Bissen vom Kuchen göttlichen Wissens. Der Geschmack dieses Lichts wird immer auf deiner Zunge bleiben.»

«Ich habe Angst», sagte ich.

«Jeder hat am Anfang Angst und noch lange danach.» Er ging ans Fenster und ließ den warmen Meereswind herein. «Was dir in Mahabalipuram geschehen ist, ist mir in Duino geschehen. Der erste Stein brach aus der Wand des Konzentrationslagers des Verstandes. Durch die Öffnung kannst du etwas von dem neuen Land, dem Land der Freiheit sehen. Eines Tages wird ein weiterer Stein herausfallen und noch einer und noch einer. Und dann – in zwanzig, dreißig, vierzig Jahren – wird die ganze Wand zusammenbrechen, und es wird keine Wand mehr geben, nur noch diesen Ton und dieses Licht.»

Die Einblicke, die mir geschenkt worden waren, und mein schwankender, flatternder Glaube an sie, ermöglichten es mir endlich, Aurobindo mit einiger Einsicht zu lesen. Die nächsten Wochen waren eine lange Meditation über ihn. Ich las seine wichtigsten metaphysischen Werke, *Das Göttliche Leben, Die Synthese des Yoga, Essays über die Gita*, in denen er seine Vision der menschlichen Evolution darlegt, aber das Buch, das mich am meisten erschütterte, war sein kürzestes – *Die Mutter*.

Durch nichts, was ich bisher gelesen oder erfahren hatte, war ich auf das vorbereitet, was ich dort fand – eine Vision der Göttlichen Mutter, von Gott als Mutter, so radikal, so machtvoll, so allumfassend, daß alles, was ich bis dahin von Gott verstanden hatte, umgestürzt und transformiert wurde. Nun hatte ich endlich eine Vision des Göttlichen gefunden, die mein Herz und meinen Geist tief befriedigte und eine Antwort auf mein innerstes Bedürfnis war – nach einem Glauben an eine dynamische, weibliche Kraft, die eine Welt neu formen konnte, die durch patriarchalen Rationalismus und durch Gier deformiert war; nach einer Beziehung zum Göttlichen, die angstfrei, unpuritanisch und vollständig intim war, wie die ideale Beziehung zwischen Mutter und Kind.

«Es gibt drei Seinsarten der Göttlichen Mutter, derer du bewußt werden kannst», schrieb Aurobindo, Sätze, die ich auswendig lernte und oft wiederholte. «TRANSZENDENT, die ursprüngliche höchste Shakti, die über den Welten steht und die Schöpfung mit dem ewig unmanifesten Geheimnis des Höchsten verbindet; UNIVERSAL, ... sie schafft all diese Wesen und umfaßt und unterstützt, lenkt und leitet all diese Millionen Prozesse und Kräfte. INDIVIDUELL, sie verkörpert die Kraft dieser zwei größeren Formen ihrer Existenz, macht sie lebendig und bringt sie uns nah und vermittelt zwischen der menschlichen Persönlichkeit und der Göttlichen Natur.»

 «Aber wie werde ich wirklich verstehen, was Aurobindo sagt?» fragte ich Jean-Marc eines Nachts am Strand.

Beinahe ärgerlich wandte er sich mir zu.

«Frage Aurobindo. Bitte ihn um eine *Vision*. Weißt du immer noch nicht, wieviel er dir geben will?»

In ruhigem Ton, die Augen aufs Meer gerichtet, sagte er – und die Worte sind mir im Gedächtnis geblieben: «Das ist die Zeit der

Rückkehr der Mutter. Goethe sah es voraus am Ende des *Faust*, wo Faust von den Müttern erlöst wird. Ramakrishna wußte es. Selbst die Katholiken scheinen es zu wissen, wie die zunehmende Marienverehrung zeigt. Sie kehrt zurück, um die gequälte Schöpfung zu retten.»

Er hielt inne und schaute mich an. «Weißt du was? Ich glaube, sie lebt.»

«Wer?»

«Die Mutter. Ich glaube, sie lebt.»

«Aber die Mutter starb 1974.»

«Eine andere Mutter», sagte Jean-Marc. «Die Mutter der nächsten Evolutionsstufe. Ich weiß nicht, warum ich das sage, aber in letzter Zeit... Wäre es nicht erstaunlich, wenn sie wirklich hier wäre und wir sie fänden und ihr dienten?»

Ein Schauer lief mir über den Rücken.

«Erstaunlich – und gleichzeitig macht es mir große Angst.»

Jean-Marc lachte leise.

«Seligkeit wird die Angst besiegen.»

«Ich glaube nicht wirklich an Inkarnationen», sagte ich.

«Vor fünf Wochen, *mon ami*, hast du überhaupt noch nicht an Gott geglaubt.»

Am Tag, bevor ich nach England zurückkehrte, ging ich zu Aurobindos Grab und betete den ganzen Tag zu ihm, er möge helfen, die Mutter zu verstehen, und mir eine Erfahrung ihres Wesens schenken.

Im letzten Abendlicht saß ich neben dem Grabmal und wollte gerade gehen, als der OM-Laut zurückkehrte und ich den Satz hörte: *Das ist der Ton der Mutter.*

Unmittelbar danach sah ich, wie der Horizont von Tausenden von Blitzen erleuchtet wurde, die sich wie Schlangen umeinander ringelten.

Das ist die Macht der Mutter.

Ich war erschrocken und zutiefst erstaunt. Vom Grabmal ging ich zu dem Stand, wo Bücher und Fotografien verkauft wurden. Da war ein Foto der Mutter, Aurobindos Gefährtin, das ich nie zuvor gesehen hatte. Sie ist darauf ungefähr neunzig, steht auf einem Balkon und blickt mit dem Ausdruck tiefster Barmherzigkeit herab. *Das ist die Liebe der Mutter.*

Zitternd ging ich zu Aurobindos Grabmal zurück und kniete nieder.

In der Luft vor mir sah ich den Andromeda-Nebel, feurig lodernd, wie er sich mit großer Geschwindigkeit drehte. Es bedurfte all meiner Kraft, meinen Körper nicht zu verlassen.

Folgende Worte kamen:

Ich bin die Schöpfung seit allem Anfang. Alles in der Schöpfung bin ich. Die gesamte Schöpfung wächst mir entgegen.

Es hat begonnen in Ekstase.

Es wird fortgesetzt in Ekstase.

Es wird erhalten in Ekstase.

Es wird enden in Ekstase.

Ich wollte zur Mutter beten, und sprach das *Ave Maria* auf Lateinisch, das einzige Gebet an die Mutter, das mir in den Sinn kam. Dann kamen die Worte, ohne daß ich es beabsichtigt hätte: «Mutter unser, die du bist im Himmel, geheiligt werde dein Name.» Tiefer Frieden erfüllte mich. «MUTTER unser, die du bist im Himmel» – diese einfache Veränderung eines Wortes erneuerte das Gebet für mich, machte es unendlich viel sanfter.

Ich blickte um mich, sah die betenden Menschen, die Bäume, das Grabmal, die Räucherstäbchen, die Blumen.

All das ist die Mutter, und du bist immer im Körper der Mutter. Ein oder zwei Sekunden fühlte ich es – daß der Marmor, die Blumen, die Silhouette des Baumes vor dem Abendhimmel sanft pulsierende Wellen derselben Energie waren, Ihrer Energie.

Keine Trennung, jetzt oder jemals.

Das ist das Wissen der Mutter.

Als ich wieder in meinem Zimmer war, öffnete ich Isherwoods Buch über Ramakrishna an dieser Stelle:

> Meine Mutter ist sowohl in der Welt der
> Erscheinungen wie außerhalb... Sie gebiert
> die Welt und lebt in ihr. Sie ist die Spinne
> und die Welt ist das Spinnennetz, das sie gewoben
> hat... Die Spinne spinnt das Netz aus sich heraus
> und lebt darin.

Ich fand Jean-Marc auf der Mauer, die das Hotel umgab. Dort saß er und blickte aufs Meer.

Ich erzählte ihm, was geschehen war.

«Das, was du erfahren hast», sagte er, «ist die Krönung von allem, was dir in Pondicherry geschenkt wurde, die Krönung und der Schlüssel.»

«Der Schlüssel zu was?»

«Das werden wir noch entdecken.»

Er schaute weiter ruhig aufs Meer hinaus.

«Weißt du eigentlich, wie gesegnet du bist? Aurobindo hat dich in das Wissen der Mutter eingeführt und hat begonnen, dir ihre Herrlichkeit zu zeigen. Nur Sie weiß, was jetzt geschehen wird.»

Nach sieben Monaten kehrte ich nach England zurück, voller Staunen über das, was ich erlebt hatte, und ohne Orientierung. Ich konnte niemandem davon erzählen, ohne mich der Lächerlichkeit preiszugeben. Die Atmosphäre in Oxford ist nicht gerade dazu angetan, mystische Erfahrungen auszutauschen. Ich fürchtete mich davor, das zu verlieren, was mir Pondicherry und Mahabalipuram eröffnet hatten, und auch davor, es zu behalten. Was würde geschehen, wenn ich Ernst machte mit dem, was ich gesehen hatte? Wohin würde ich gehen? Was würde ich tun? Welche Gefährten würde ich in meiner gebildeten und rationalistischen Welt finden?

Meine Angst vor der Isolation zeigte mir, wie weit ich mich auf die Visionen einlassen mußte, damit sie unerschütterlich würden; sie ließ mich auch erkennen, wie groß der Abstand zwischen dem Hunger nach Wahrheit und der Ruhe des Glaubens ist. In den ersten Monaten meiner Rückkehr war ich gezwungen, mich damit zu konfrontieren – was niemandem erspart bleibt, der echte visionäre Erfahrungen macht –, wie gespalten ich noch immer war, welcher Abgrund noch zwischen dem Selbst klaffte, das weltliche Anerkennung, Sex und Erfolg wollte, und dem Selbst, das in Freude jenseits des Begehrens lebt. Ich wußte nicht, wie ich darangehen könnte, die Kluft zwischen diesen beiden Teilen zu überwinden. Meine Meditationen außerhalb Indiens waren schal.

Zwar blieben mir die Visionen von Pondicherry und Mahabalipuram in all ihrer Intensität im Gedächtnis, aber es schien, als wären sie jemand anderem widerfahren, jemandem, der eine kurze Zeitspanne reich und erfüllt gelebt hatte und dann gestorben war.

Diese Einsamkeit wurde in Amerika noch schlimmer. Dort trat ich in Cornell im September 1978 eine einjährige Gastdozentur an. Das akademische Spiel langweilte mich; Gespräche über Derrida und Delleuze schienen hohl nach dem, was ich in Indien erfahren hatte. Der Kontrast zwischen der blutleeren, zynischen Welt einer Eliteuniversität und der Verzückung von Pondicherry wurde zur Halluzination. Nach Indien schien Amerika Ödland zu sein, das nur von Joggern und Strukturalisten bevölkert wurde, wo jedes Wort über den Geist nicht nur absurd, sondern komisch klang, so als würde jemand in einer Welt gebraucherfreundlicher Heimcomputer über die Genialität des Rades sprechen. Meine Reaktion war neurotisch, aber ich konnte nichts daran ändern. Ich haßte meine Arbeit, meine Umgebung, mich selbst, sogar den Chlorgeruch im Swimmingpool der Universität.

Mitte November bekam ich einen Brief von Jean-Marc, den ich aus Schuldgefühlen tagelang nicht aufmachte. Ich hatte ihm seit Monaten nicht geschrieben und hatte das Gefühl, all die Zeit, die er mir und meinem sogenannten Erwachen gewidmet hatte, nicht wert zu sein. Nach einem extrem anstrengenden Seminar über *Macbeth* las ich schließlich den Brief. Er war liebevoll und ohne Vorwürfe. Sein letzter Absatz lautete:

«Bitte lies dies sehr sorgfältig und erinnere dich an alles, was du in Indien erlebt hast. Ich bin in Pondicherry jemandem begegnet, den ich für einen Meister halte (um das mindeste zu sagen). Es ist eine Frau, eine sehr junge Frau. Ich kann hier nicht mehr sagen aus Gründen, die du verstehen wirst, wenn du kommst. Du *mußt* kommen, und zwar so bald wie möglich.»

Ich legte den Brief vor mir auf den Tisch, rief meine Bank an, um festzustellen, wieviel Geld ich noch auf dem Konto hatte, ging in die Stadt und kaufte für den ersten Tag der Winterferien ein Ticket nach Indien.

Zweites Kapitel

«Dein ganzes Leben wird sich im nächsten Monat ändern», sagte ein alter Astrologe zu mir, den ich in Benares konsultierte. Er deutete auf ein Spinnennetz in der Ecke seines Ladens, auf das die Sonne fiel: «Du bist im Netz von Gott – da kommst du nicht mehr heraus.»

«Was wird sich verändern?» drängte ich ihn.

Er lachte und zeigte auf meine schmutzigen Füße, die in alten Sandalen steckten. «Selbst der Staub an deinen Füßen wird dir verändert erscheinen.»

Jean-Marc saß am Fußende meines Bettes in Pondicherry und baumelte mit den Beinen. Es war spät am Heiligen Abend 1978.

«Mach deinen Verstand von allem frei, was du zu wissen glaubst. Von *allem*. Mach ihn einfach frei davon.» In einer dramatischen Geste fegte er mit der Hand durch die Luft. «Geh zu ihr so leer, wie du kannst, frei von jedem Vorurteil und jeder Erwartung.»

«Aber wer ist sie?» Vor lauter Aufregung hatte er vergessen, mir irgendwelche Fakten mitzuteilen.

«Sie ist siebzehn Jahre alt. Übermorgen, am 26. Dezember, wird sie achtzehn. Sie lebt mit einer anderen Inderin zusammen, Adilakshmi, die Anfang Dreißig ist, und mit einem wesentlich älteren Mann, Mr. Reddy, der sie beschützt und fördert. Jeden Tag um fünf Uhr gibt sie Darshan. Man sitzt still bei ihr, sie legt einem die Hände auf den Kopf, und dann schaut man ihr in die Augen. Sie lebt in einem kleinen Haus, etwa eine Meile von hier. Ihr Name ist Meera.»

«Meera», sagte ich, als ich ihren Namen zum ersten Mal hörte, «wie *mira, miracle*, Wunder, oder wie *mirror*, Spiegel...»

«Meera bedeutet auch Wunder», sagte Jean-Marc, «und es ist einer der heiligen Namen der Göttlichen Mutter.»

«Was ist sie?»

Jean-Marc lächelte. «Du mußt dir dein eigenes Urteil bilden.»

«Hast *du* dir ein Urteil gebildet?» Meine Stimme klang unnatürlich hoch. Jean-Marc verfiel in Schweigen.

Am nächsten Nachmittag, dem ersten Weihnachtstag 1978, gingen Jean-Marc und ich zu dem unauffälligen, ockerfarbigen Haus in der Nähe des Zentrums von Pondicherry, wo Meera lebte. Es war ein strahlender Tag. Ich war aufgeregt, aber äußerlich ruhig. Wir stiegen eine enge Treppe hinauf und wurden von einem untersetzten Mann, der ein makellos weißes Dhoti trug und sich als Mr. Reddy vorstellte, in ein kahles weißes Zimmer geführt, in dem es nach Räucherstäbchen und Essen roch. Wir setzten uns zu den acht oder neun Anwesenden, überwiegend Indern. Durch die offenen Fenster drang Kinderlachen vom Hof herauf und Fetzen einer Radio-Talkshow auf Tamilisch. An der Wand hinter einem leicht erhöhten, einfachen Holzstuhl hingen Fotos von Aurobindo und der Mutter. Neben dem Stuhl standen Vasen mit roten und lila Blumen, und davor lag ein Kissen. Die weißen Baumwollvorhänge blähten sich im leichten Nachmittagswind und erinnerten mich an das Haus meiner Großmutter in Coimbatore.

Ich schaute auf meine Uhr. Es war zwei Minuten vor fünf. Im Raum herrschte gespannte Stille. Genau um fünf Uhr trat Meera ein. Ich werde diesen ersten Anblick niemals vergessen. Sie war von beinahe erschreckender Schönheit, als sie in einem weißen Sari durch den schmalen Perlenvorhang trat. Warum hatte Jean-Marc mir nicht gesagt, wie schön sie war? Ihr Gesicht und ihr kleiner kräftiger Körper waren wie die der Göttinnenstatuen in den Tempeln von Mahabalipuram – von vollendeter Gestalt mit vollen Hüften und vollen Brüsten, voller Grazie in jeder Bewegung, jeder Geste. Ihre Handgelenke und ihre Finger waren aristokratisch schlank und elegant. Ihre braunen, tiefen Augen besaßen eine alarmierende Intensität, wie ich sie nie zuvor gesehen hatte; sie waren riesengroß, irgendwie nicht menschlich; mit ruhiger, unerschütterlicher Kraft schauten sie durch alles hindurch.

Meera saß still auf ihrem Stuhl und blickte auf ihre Hände, die gefaltet im Schoß lagen. Einer nach dem anderen trat schweigend vor, kniete sich vor ihr nieder, beugte sich vor, so daß sie ihre Hände auf den Kopf legen konnte, und schaute ihr dann in die Augen. Sie hatte eine Stille mit sich in den Raum gebracht, wie ich sie nie zuvor erlebt hatte – erfüllt mit einer tiefen, ins Herz schneidenden Freude. Ich merkte, wie mein Verstand in diese Ruhe hineingesogen wurde und unfähig war, einen der Gedanken festzuhalten, die durch meinen Kopf jagten. Ich hatte noch nie vor jemandem gekniet und hatte auch noch nie gesehen, daß dies ein Mensch vor einem anderen Menschen tat, und doch empfand ich an diesem Akt der Verehrung nichts Blasphemisches. Meera schien jeden Menschen, dessen Kopf sie in ihre Hände nahm, genau zu kennen; ihr Blick änderte sich bei jedem, der vor ihr saß. Sie bezog die Gesten der Verehrung nicht auf sich selbst. Es gab kein Selbst in ihr; nur Präsenz, Gegenwärtigkeit, wie sie auch das rot-goldene Sonnenlicht und der warme Wind hatten, die den Raum durchfluteten. Vor diesem Mädchen in diesem Zimmer zu knien schien mir beinahe vertraut. Es war, als würde ich mich vor dem Meereswind verbeugen oder vor plötzlich auftauchenden schneebedeckten Berggipfeln oder vor dem Genius, der sich in einem herrlichen Augenblick in der Musik offenbart.

Von Anfang an berührte mich der Mut, mit dem Meera tat, was sie tat. Da saß sie, ein siebzehnjähriges Mädchen, ungeschützt von irgendwelchen rituellen Einkleidungen, bot weder Lehren noch Vorträge an – einzig und allein ihre Gegenwart, ihre Berührung, ihren Blick. Sie hatte nichts von dem, wie ich mir einen Meister vorgestellt hatte – keinen weißen Bart, kein mit dem Schmerz und der Weisheit der Welt gezeichnetes Gesicht. Und doch strahlte sie eine absolute Autorität aus. Entweder war sie verrückt oder echt, nichts in der Atmosphäre deutete auf irgendeine Unausgeglichenheit hin.

Ich kniete mich vor sie hin und spürte zum ersten Mal die zarte und doch präzise Berührung ihrer Hände an beiden Seiten meines Kopfes. Ich war voller Fragen gewesen, aber sie fielen alle von mir ab. Während ihre Finger meinen Kopf hielten, tauchte in mir das Bild von Velazquez in der National Gallery auf, «Maria als Himmelskönigin», auf dem eine Spanierin in düster-ernster Kleidung vor einem stürmischen Nachthimmel zu sehen ist, der von Mond und Sternen erleuchtet wird. Die Frau auf dem Bild hatte sich in Meera verwandelt. In mir hörte ich die Worte: *Ich bin die Himmelskönigin*, gesprochen von einer lispelnden Kinderstimme. Die Worte wiederholten sich in allen Sprachen, die ich kannte – Englisch, Französisch, Deutsch, Italienisch. Es war eine so klare Vision, daß es mir schwerfiel, die Augen zu öffnen, in den Raum zurückzufinden und in die Augen voller Barmherzigkeit zu blikken, die auf mir ruhten.

Als ich wieder auf meinem Stuhl saß, schloß ich die Augen, um das Wunderbare in mir zu bewahren, das mir gezeigt worden war. Auf der Innenseite meiner Augenlider (anders kann ich es nicht beschreiben) sah ich in goldenem Licht Sri Aurobindos Gesicht, still, ernst, aber sehr lebendig. Ich zwinkerte mehrmals, weil ich glaubte, es sei Einbildung, aber das Gesicht blieb und schaute in mich hinein. Es blieb fast zehn Minuten lang bestehen, so daß ich seine Realität nicht in Zweifel ziehen konnte.

«Wie fühlst du dich?» fragte Jean-Marc hinterher.

«Ruhig. Und zerschmettert.»

Schweigend gingen wir Arm in Arm am Meer entlang.

«Vor diesem Nachmittag hatte ich das Gefühl, nichts zu wissen. Jetzt weiß ich weniger als nichts. Meera ist erst siebzehn. Aus den Aufzeichnungen, die du mir heute früh gegeben hast, geht hervor, daß sie nie einen Meister in dieser Welt hatte, daß sie keiner spirituellen Disziplin gefolgt ist. Das ist alles nicht zu verstehen.»

Jean-Marc klatschte in die Hände und lachte.

«Wenn es irgendeinen menschlichen Sinn machen würde, dann wäre es nicht das, was es ist.»

«Und was ist es?»

«Ich habe noch keine Worte dafür. Ich warte darauf, daß es mir gezeigt wird. Das mußt auch du tun. Lies jetzt nichts, öffne dich. Habe den Mut, dich einfach zu öffnen.»

ॐ Ich legte meine Bücher zur Seite und verbrachte die nächsten Tage damit, spazierenzugehen und an Aurobindos Grabmal zu meditieren. Ich bemühte mich nach Kräften, das Wunder, das sich zu entfalten begann, nicht durch Angst oder

Zweifel zu ruinieren. Jeden Nachmittag gingen Jean-Marc und ich um Viertel vor fünf Uhr zu dem kleinen Haus in der Stadt.

Das Empfinden von Frieden vertiefte sich. Ich wurde immer dankbarer für die leuchtende Stille des weißen, kahlen Raumes mit den im Wind flatternden Vorhängen, den Schalen mit frischen Blumen, dem zarten Duft von Räucherstäbchen. Ihre Stille war ein Segen. Mein ganzes Leben lang hatte ich mit Worten gearbeitet; fast alles, was ich gelernt hatte, hatte ich durch Worte gelernt. Aber in Meeras Stille kehrte ich zu einem tieferen Lernen zurück, wie ich es in Musik erlebte, die mein ganzes Wesen ergriff, oder wie ich es als Kind erlebt hatte, wenn ich neben meiner schlafenden Mutter saß und las oder mit ihr Canasta am Strand spielte und dabei das Meer betrachtete.

Ängste packten mich und Zweifel, aber jeden Abend nahm Meera sie fort, indem sie einfach sie selbst war und mit so schlichter Liebe auf ihrem Stuhl saß. Ich hatte keine Ahnung, wer oder was sie war. Ich wußte nur, daß sie etwas war, das ich nie zuvor gesehen hatte, und daß ich mich bei ihr geborgener fühlte als bei irgend jemand anderem.

Eines Abends, nach dem Darshan, entfernten Jean-Marc und ich uns von ihrem Haus. Nach ungefähr hundert Metern schaute Jean-Marc zurück, zog mich am Ärmel und zeigte auf ihr Haus. Meera stand allein im Sari auf dem winzigen Balkon, umflossen vom Licht der Abendsonne, und schaute auf uns hinab.

Wir blieben stehen und falteten die Hände zum Gebet. Die Fahrräder machten einen Bogen um uns.

Zwei Tage später, am 6. Januar, dem heiligen Dreikönigstag, versetzte Mutter Meera meiner damaligen Vorstellung von Realität den Todesstoß. Sie tat etwas, das mein Leben für immer veränderte.

Es war früher Abend. Darshan war ungewöhnlich lang gewesen – zwei Stunden. Jean-Marc, ich und ein Amerikaner standen vor Mutter Meeras Wohnungstür und zogen die Schuhe an.

Die Tür ging mit einem scharfen Klacken auf. Mutter Meera erschien allein, noch immer in den leuchtendroten Sari gekleidet, den sie beim Darshan getragen hatte. Sie betrachtete uns mit einer solchen Intensität, wie ich sie nie zuvor auf ihrem Gesicht gesehen hatte. Ihre Gestalt war in flammendes Licht getaucht, diamantweißes Licht, das vor dem dunklen Hintergrund der offenen Tür noch um so heller strahlte. Ich begann zu zittern, und mir brach der Schweiß aus. Das Licht strömte aus ihr heraus; ihre Haut hatte eine tiefgoldene Farbe; ihre Augen loderten wie Feuer in die Dunkelheit, grenzen- und körperlos. Das Licht war vom gleichen reinen, durchdringenden Weiß wie die Vision, die mir Aurobindo ein Jahr zuvor hatte zuteil werden lassen. Ich schaute und schaute und konnte kaum glauben, was ich sah. Meera war von gleißendem Licht umflossen, und es gab keinen Zweifel, daß es aus ihr herausströmte und nicht aus irgendeiner anderen Quelle; ich sah also, ohne jede Möglichkeit des Zweifels, mit offenen Augen das göttliche Licht und Meera darin entflammt.

Alle drei sahen wir das Licht, und wir waren alle drei unfähig uns zu bewegen oder etwas zu sagen.

Langsam und mit äußerster Sanftheit wandte sich Meera jedem von uns zu und verwandelte sich vor unseren Augen. Vor Jean-Marc wurde sie zur Göttin seiner inneren Träume – warm, sinnlich, lächelnd mit leicht zur Seite geneigtem Kopf. Sie wandte sich dem Amerikaner zu und schien zu schmelzen, um eine andere Form anzunehmen – sie wurde größer, älter und majestätisch, so wie sie vor meinem inneren Auge als Königin des Himmels erschienen war. Dann wandte sie sich zu mir. Ihr Gesicht schien sich von ihrem Körper zu lösen und in der Luft vor meinen Augen hin und her zu schweben. Es gab nichts als ihr Gesicht. Ich wußte nicht, ob es außerhalb von mir war oder in mir; jedes Empfinden von räumlicher Distanz war ausgelöscht. Das Licht wurde immer intensiver – so hell, daß ich meine ganze Kraft aufbieten mußte, um weiter hineinschauen zu können. Das Gesicht lächelte, nicht sanft wie zu Jean-Marc, sondern einer Tigerin gleich, jubelnd und triumphierend. Sie blickte tief in meine Augen; mein ganzer Körper füllte sich mit Feuer. In den Sekunden dieses Blickes war ich nur noch meine Augen und dieses Feuer.

Alle drei hatten wir wie von selbst unsere Hände zum ehrfürchtigen Gruß erhoben. Meera wurde wieder «sie selbst» und grüßte jeden von uns. Die Demut dieser Geste schnitt mir noch tiefer ins Herz als die Herrlichkeit des Lächelns, das sie mir geschenkt hatte. Sie grüßte das göttliche Selbst in jedem von uns. «Auch du bist das Licht, das ich bin», sagte sie mit dieser Geste. «Du bist ich und ich bin du und wir sind für immer verbunden.»

Dann neigte sie den Kopf und zog leise die Tür hinter sich zu.

🕉 Jean-Marc und ich gingen zum Meer und legten uns an den Strand. Viele herrliche Stunden lang waren wir unfähig zu sprechen. Dann sagte er: «Ein Leben ist vorbei.»

«In meinem Leben», sagte ich langsam, «gibt es nur noch die Wahl zwischen dem verrückten Erlebnis an der Tür und der Verrücktheit der Welt. Ich hoffe, daß ich den Mut haben werde...»

Jean-Marc unterbrach mich. «Dem, was du gesehen hast, kannst du nie mehr entkommen. Wohin du dich auch wendest, ihr Bild, brennend in göttlichem Licht, wird dir folgen. Du solltest dein Gesicht sehen. Du hast gerade die Gottheit geschaut, und du siehst aus wie eine Figur aus einem schlechten Ibsen-Stück. Dabei hätte ich gedacht, selbst *deine* Liebe fürs Dramatische wäre heute abend voll befriedigt worden.»

Ich ließ mich auf den Sand zurücksinken.

«Für mein Leben hatte ich mir alles mögliche ausgemalt, aber nicht das...» stammelte ich.

Als ich wieder in meinem Zimmer am Meer war, betete ich zu Aurobindo, daß er mich führen möge, und öffnete sein Buch *Die Mutter* an dieser Stelle:

«Die Mutter lenkt nicht nur alles von oben,
sondern sie steigt hinab in dieses niedrigere,
dreifaltige Universum... Sie hat dem großen
Opfer zugestimmt und hat wie eine Maske die
Seele und die Formen der Unwissenheit angelegt.»

Ich sah Meeras Gesicht, so wie sie es mir in der Tür gezeigt hatte. An diesem Abend, als ich zu ihr betete, merkte ich, daß ich zum ersten Mal das Wort *Ma* gebrauchte. Bis dahin hatte ich vermieden, ein Mädchen, das zehn Jahre jünger war als ich, mit dem indischen Wort für «Mutter» anzusprechen, aber kein anderer Name schien zu passen.

«Ma», betete ich, «ich weiß fast nichts von dir. Lehre mich.»

Offenbarungen, die die Seele liebt, aber die das Ego wie den Tod fürchtet, sind von einer fast gewaltsamen Schönheit. In den Tagen, nachdem Ma ihr Wesen offenbart hatte, herrschte in mir totaler Aufruhr. Alle inneren Widerstände, die ich gegen sie hatte, gegen indische Mystik, ja gegen das Mystische überhaupt, tobten in mir, und mein analytischer Verstand versuchte verzweifelt, mein Leben wieder in die Hand zu bekommen. In den schlimmsten Momenten hatte ich das Gefühl, daß Ma sich meiner bemächtigt, daß sie ihre Macht benutzt hatte, um mich an sie zu ketten, und ihr Licht, um mich zum Sklaven zu machen. Die Absurdität dieser Gedanken machte mein Leiden nur noch schlimmer. Wie sollte ich mich je davon befreien? Wie lange würde es noch dauern, bis ich fähig war, diese neue Dimension des direkten Kontakts mit dem Göttlichen, den sie mir eröffnete, in seiner Einfachheit anzunehmen?

Jean-Marc tat das Beste, was er für mich in diesen Tagen tun konnte: Er lachte. Er fand meine inneren Kämpfe unwiderstehlich komisch. Er sagte oft, mir zuzuschauen sei viel besser, als ins Kino zu gehen, und noch kostenlos dazu.

«Dieser Kampf ist notwendig, und er wird weitergehen. Ich habe das auch durchgemacht, am Anfang. Du mußt alles in dir kennenlernen, das sich ihr verweigert. *Alles*. Und das bedeutet, daß du dich vor dir selbst vollständig demaskieren mußt.»

Zwei Tage vor meiner Abreise nach Amerika war ich immer noch in innerem Aufruhr. Ich ging voller Groll und Ärger zum Darshan, und Ma hielt meinen Kopf länger als sonst, als würde sie die Dunkelheit herausziehen. Ich setzte mich auf meinen Platz, und wieder sah ich, als ich die Augen schloß, Aurobindos Gesicht in goldenes Licht getaucht. Endlich, endlich kam Frieden über mich, und ich hätte weinen können vor Erleichterung.

Später ging ich mit einem Professor für Religionswissenschaft aus Arizona, der auch beim Darshan gewesen war, am Strand entlang. Er sagte Sätze wie: «Sie ist wirklich 'ne Wucht, meinen Sie nicht auch?», und ich wäre am liebsten weggegangen. Aber der Gedanke war noch kaum aufgetaucht, da fühlte ich, wie mein Verstand still wurde, als hätte ihn jemand hochgehoben, geschüttelt und entleert. Ich betrachtete das faltige, platte Gesicht des Professors, aber statt der hochmütigen Ablehnung, in der ich vorher geschwelgt hatte, fühlte ich plötzlich Zuneigung zu ihm.

Während der Professor sprach, richtete ich meinen Blick nach unten auf den Sand um seine Füße. Staunend bemerkte ich, wie der Sand allmählich zu leuchten begann und dasselbe milchige Licht ausstrahlte, wie ich es vor Monaten in Pondicherry gesehen hatte, als ich das OM des Brahman gehört hatte. Ich betete zu Ma: «Zeige mir deine göttliche Liebe.»

Der Professor und ich setzten uns in den Sand und sprachen über Plato und seine Vision der Liebe im *Symposium*. Er sagte, er fände Plato «repressiv», einen Fantasten; daß es solche Liebe nicht geben könne und daß vernünftige Wohltätigkeit wertvoller sei als alle sokratischen Versuche, Liebe jenseits von Zeit und Raum zu definieren. Aber während er sprach, fühlte ich mich von gerade jener Liebe erfüllt, deren Existenz er leugnete. Er, der Sand, das Mondlicht auf dem Sand, meine abgetragenen grünen Plastiksandalen, der Haufen Kuhfladen in fünfzig Meter Entfernung, der räudige schwarze Hund, der in unserer Nähe schlief – alles vibrierte in der Segnung dieses milchigen Lichtes.

Ich begann zu sprechen, und es kamen Worte auf meine Lippen, wie ich sie nie zuvor gebraucht hatte. Ich sprach von der Fülle göttlicher Liebe, einer Fülle jenseits all dessen, was sich das Ego vorstellen könne; ich hörte mich von Ma sprechen, wie in ihrer Liebe für uns nichts unterdrückt oder ausgelassen würde und jedes Bedürfnis seine vollkommene Erfüllung finde. Ich begann, während ich sprach, zu verstehen, daß das Ziel des Yoga, des spirituellen Weges, den ich mit ihr einschlug, nicht Loslösung, nicht irgendeine Art von leerem, nacktem Nirvana war, sondern eine unendliche Ausdehnung des Herzens, die alle Dinge und alle Wesen umfaßt – so wie ich mich von Mas Liebe zu mir umfaßt und erfüllt fühlte. Zum ersten Mal hörte ich die volle Stimme meiner eigenen Seele, freigesetzt durch ihre Kraft. Während ich sprach, begriff ich für einen Augenblick, worauf all mein sexueller Hunger im Grunde gerichtet war, nämlich dorthin zurückzukehren, wo dieser Hunger eines Tages, mit ihrer Führung, nicht nur gestillt würde, sondern eine Erfüllung finden würde, die alles übertraf, was körperliches Besitzen geben konnte.

Der Professor aus Arizona schüttelte langsam den Kopf. «Der

Plato-Virus hat Sie ziemlich heftig erwischt», sagte er, «aber vermutlich ist das bei allen Engländern so.»

Ich lachte. Wir trennten uns, und ich kehrte in mein Zimmer zurück. Mein Körper schien leichter, so als wäre er fast nicht da. Ich erinnere mich, daß ich dachte, er wäre ein Walroß aus weichem Licht, das mit Vorsicht zu behandeln sei, und so legte ich ihn achtsam auf mein Bett.

Dann sprach eine Stimme zu mir, ruhig und nachdrücklich. Es gab keinen Zweifel daran; zwar war ich trunken von der Kraft, mit der Ma mich erfüllte, aber gleichzeitig war ich hellwach. Wieder und wieder sagte die Stimme in allen möglichen Variationen: *Du kannst nicht verwandeln, was du nicht gesegnet hast. Du kannst niemals verwandeln, was du nicht angenommen und gesegnet hast.* Ich erkannte, daß die Stimme mich aufforderte, meine sexuelle Natur anzunehmen, die meine Jugend mit Einsamkeit, Schmerz und Schuldgefühlen überschattet hatte. Ich mußte meine Sexualität angstfrei lieben, bevor ich sie verwandeln konnte; Unterdrückung oder Verleugnung würden nicht funktionieren. Ich konnte nicht zur göttlichen Liebe flüchten, wenn ich die menschliche Liebe nicht wirklich erfahren und mich ihr nicht hingegeben hatte: Was sollte ich Ma anbieten, wenn mein Herz und mein Körper nicht geöffnet waren? Mein Verständnis spiritueller Disziplin war voller Angst und Selbstgerechtigkeit gewesen; wahre Disziplin, das zeigte mir Ma, würde sich ganz in den Dienst der Liebe stellen, einer sich immer weiter vertiefenden und ausdehnenden Erfahrung von Liebe.

Während die Stimme sprach, fühlte ich Mas Hände auf meinem Kopf. Ich begriff mit größter Freude, daß Ma mich von aller Schuld, aller Scham befreite. Sie wollte keinen puritanischen Jünger; sie wollte jemanden, der reif war, der sich jeder Form der Liebe geöffnet und – wenn nötig durch Leiden – ihren wahren Platz erkannt hatte. Ich konnte nur in Freiheit gedeihen, einer Freiheit, die Gefahr und Irrtümer mit sich bringen mochte. Das wußte ich jetzt, und ich wußte, daß sie es wußte und es segnete. Vor Glück und Erleichterung konnte ich die ganze Nacht nicht schlafen.

Am nächsten Abend war der letzte Darshan dieses Besuchs. Danach saß ich mit Mr. Reddy zusammen, der Ma unter seine Fitti-

che genommen hatte. Seine Sanftheit und Fürsorglichkeit hatten
in mir den Wunsch geweckt, mit ihm offen zu reden, bevor ich
abreiste, und ihm zu erzählen, was ich am Abend vorher erfahren
hatte.

«Sie sind noch ein sehr junger Mann», sagte er lächelnd und
nahm meine Hand in seine. «Sie müssen Ihr Leben leben. In Indien sagen wir, man muß *pakka* werden.»

Ich erinnerte mich an das Wort aus meiner Kindheit. «Es heißt
korrekt, nicht wahr?»

«Das ist eine Bedeutung. Seine tiefste Bedeutung ist reif. Sie
müssen reif werden. Ma wird Sie reifen lassen und Ihnen all die
Erfahrungen geben, angenehme und unangenehme, die Sie brauchen, um vollständig zu werden.» Mit einem schelmischen Lächeln fuhr er fort: «Und dann wird sie ihre Hand ausstrecken und
Sie vom Baum pflücken.»

«Und dann?»

«Oh, dann», sagte er und schloß die Augen, «dann beginnt alles
Wirkliche. Denn dann werden Sie gegessen, und zwar von Ihr.»

Ma kam und stand in der Tür. Mr. Reddy sah sie an und flüsterte: «Vom Göttlichen ganz verspeist zu werden, heißt unsterb-
lich zu werden.»

Ma schaute uns an, wie wir sie anschauten, senkte dann den
Kopf und lächelte in sich hinein.

Der Raum war erfüllt von machtvoller Stille.

«Natürlich», sagte Mr. Reddy lächelnd, «muß man sehr, sehr
gut schmecken, um von Gott gegessen zu werden.»

«Und wie wird man so?»

Er zog seine Hände von meinen zurück und faltete sie.

«Durch Leiden und Liebe und Gebet und demutsvolles Sehnen.»

Ma sagte etwas auf Telugu. Es war das erste Mal, das ich sie
sprechen hörte. Ihre Stimme war weich und sehr leise, fast unhör-
bar.

«Ma sagt, was auch geschehen mag, Sie sollen niemals Angst
haben. Sie sind ihr Kind. Die Gnade ist mit Ihnen.»

Ich schaute zu ihr auf und sagte: «Hilf mir zu verstehen.»

Sie nickte.

Ma ging ins Nebenzimmer und kam mit einem Teller zurück,
auf dem eine Orange lag. Sie hielt mir den Teller hin.

«Wissen Sie», sagte Mr. Reddy, «Sie müssen die Orange essen, die Ma Ihnen anbietet.»

Ich nahm die Orange. Ma lachte leise.

«Nicht halten», sagte Mr. Reddy, «essen.»

Ich kehrte nach Cornell zurück. Es folgten Monate düsterer Verwirrung. Keiner meiner Freunde konnte begreifen, was ich ihnen vermitteln wollte, zum Teil deswegen, weil mein eigenes Verstehen noch so bruchstückhaft war. Viele glaubten, ich sei einem Zusammenbruch nahe. Die Geschichte von einem siebzehnjährigen Mädchen, das die Göttliche Mutter sein und in göttlichem Licht in einer offenen Tür gestanden haben sollte usw. usw., schien ihnen nicht nur absurd, sondern gefährlich.

Im April hielt ich an der Universität einen Vortrag über Aurobindo. Ich legte alles hinein, was ich erlebt hatte. Am Schluß stand ein berühmter Literaturkritiker auf und fragte: «Ist Mr. Harvey ernsthaft der Meinung, daß wir die Welt retten, indem wir uns auf unseren Nabel konzentrieren?» Ein namhafter Anthropologe meinte, es gebe hübsche Parallelen zwischen den Aussagen von Aurobindo und dem frühen Derrida.

Ein Krieg begann in meiner Psyche, der sich über Jahre hinzog. Alles, was ich in meiner akademischen Karriere und als Schriftsteller gelernt hatte und anstrebte, kämpfte gegen Ma. Ich wollte von einer Welt angenommen werden, die ich verachtete, wollte Erfolg auf eine Weise, die ich ablehnte, wollte Beifall von Menschen, die, wie ich wußte, engstirnig und korrupt waren. Ein Leben ganz allein und ohne Unterstützung, das nur dem spirituellen Erwachen gewidmet war, schien mir unmöglich.

In dieser Zeit begann auch die schmerzhafteste all meiner Liebesbeziehungen, mit C., der jünger war als ich und schließlich verrückt wurde. Von Anfang an war unsere Beziehung sexuell problematisch, und meine Unfähigkeit, die Zärtlichkeit zum Ausdruck zu bringen, die ich fühlte, machte mich krank. Weder konnte ich im Westen wirklich arbeiten oder mich ganz in den Osten zurückziehen, noch konnte ich ohne Schrecken lieben und geliebt werden. Ma zeigte mir in Träumen und Meditationen, daß ich bei meiner Liebe zu C. bleiben mußte, obwohl ich wußte, daß sie mich zerreißen würde. Ich verstand nicht wirklich, warum ich ohne Angst und Selbstschutz dieser Qual zustimmen *mußte*, aber ich tat es.

In einem Zustand voller Schmerz kehrte ich im Mai 1979 nach Pondicherry zurück. Ich hatte mir vorgestellt, daß die Begegnung mit Ma im letzten Winter mein Leben in Ordnung bringen würde. Statt dessen trieb sie mich in eine Zerrissenheit, wie ich sie nie zuvor erlebt hatte. Das Bemühen, zu tun, was mir die Vision aufgetragen hatte, nämlich meine Sexualität zu segnen, führte mich in die tiefste und zugleich qualvollste Liebesbeziehung meines Lebens. Immer wieder stand ich vor der Notwendigkeit, meine Verzweiflung segnen zu müssen, und nicht das Aufblühen von Freude und Selbstannahme, wonach ich mich so sehr sehnte.

Bei meiner Rückkehr nach Pondicherry in diesem Mai hoffte ich, daß sich etwas ändern würde, wenn ich bei Ma war und sie jeden Tag sehen konnte. Tag für Tag ging ich zum Darshan und erwartete ein Wunder, bekam aber, wie mir schien, nichts, weder die Stille von früher noch den Frieden, den ich ersehnte. Ich zweifelte nie an *ihr*, ich zweifelte an mir. Ich zweifelte daran, ob ich jemals mutig oder klar genug sein würde, um zu spüren, wer sie war, und durch die Tür einzutreten, die sie – wie ich wußte – für mich geöffnet hatte. Ich war entsetzt über meine eigene Unfähigkeit. Ich kreiste nur noch um mich selbst und meinen unspezifischen Hunger. Allmählich erkannte ich, wie hilflos das Ego vor dem Göttlichen ist, aber diese Erkenntnis führte mich nicht zur Demut – sie machte mir angst. Was blieb mir ohne mein Ego? Dieses alte Gebilde aus Gedanken und Gewohnheit, das ich mein Ich nannte, litt sehr, aber etwas anderes hatte ich nicht. Auf was sollte ich mich sonst verlassen? Ich hatte die Seele nur in einigen flüchtigen Augenblicken wahrgenommen. Wie konnte ich ihre ständige Gegenwart spüren? Die einzige Möglichkeit, um dauernden Kontakt herzustellen, wäre eine spirituelle Disziplin. Ich betete und meditierte und beschäftigte mich mit den Texten der großen Mystiker der Welt, aber nichts brachte mich dem Loslassen oder der Furchtlosigkeit näher. Ich fürchtete allmählich, daß ich aus der Blockade nie herauskommen würde und wie der Mann in Kafkas Parabel ewig vor einer Tür warten würde, die niemals aufging. Diese Aussicht war sogar noch schlimmer als das emotionale Leiden, das ich durchlebte.

Jean-Marc hatte seine eigenen Schwierigkeiten. «Manchmal kommt es mir so vor», sagte er, «als wenn ich keinen Kopf hätte. Dann wieder wird mein ganzes Wesen von Glückseligkeit erschüttert.» Seine größere Erfahrung und sein geduldigeres Wesen machten es ihm leichter, das anzunehmen, was er noch nicht verstand.

«Ich weiß, daß all dies Gnade ist», sagte er. «Ich weiß auch, daß ich es eines Tages verstehen werde. Aber, bei Gott, es ist nicht immer komisch, in den Klauen einer Löwin zu sein.»

«Schau uns an», sagte Jean-Marc lachend, als wir am Meer entlanggingen. «Zwei Clowns im Zirkus der Mutter. Ich fühle mich wie so ein Clown, und es ist auch nicht immer ein schlechtes Gefühl. Aber du liebst ja großartigere Rollen, und für dich muß es deshalb schrecklich sein.»

«Ich bin nicht gern ein tumber Tor, fühle mich aber jeden Tag mehr so.»

«Gut», sagte Jean-Marc. «Auch ich fühle mich fast vollständig...», er suchte nach dem richtigen Wort, «bedeutungslos. Ja, genau – das alte Selbst ist wirklich völlig *bedeutungslos*.»

«Aber noch immer da.»

«Immer noch da, und in vieler Hinsicht hungriger und penetranter denn je. Komisch, nicht wahr?»

«Nur teilweise», sagte ich zähneknirschend.

«Eines Tages werden wir diese Monate oder Jahre des Blutens, Analysierens und Leidens komisch finden. Nur komisch.»

Wir setzten uns ans Wasser und ließen die Wellen über uns laufen.

«Jeden Tag liebe ich sie mehr», sagte Jean-Marc. «Ich sehe den Abgrund zwischen uns immer deutlicher, und doch fühle ich ihre zärtliche Liebe für mich immer tiefer – paradox, wie alles andere, das ich mit ihr erlebe. Wie kann sie so weit entfernt sein und doch so nah, näher als dieser Sand, der mir durch die Finger rinnt?»

«Was glaubst du, wie es sich wohl anfühlt, wenn wir eines Tages klar sind?»

«Wie ein Blitz, der eine ganze Landschaft erhellt und dich in wildes Lachen ausbrechen läßt.»

Drei Tage später war ich in Mahabalipuram und sah dieses Blitzen.

Ich ging am Strand entlang, als aus heiterem Himmel ein Sturm losbrach. Ich hatte weder Wolken aufziehen sehen noch irgendeine Trübung des stechenden Sonnenlichts bemerkt, als mit einem Mal der gesamte Himmelsraum von Blitzen durchzuckt wurde. Sintflutartiger Regen prasselte auf mich nieder. Ich geriet in Panik und rannte schutzsuchend zu ein paar Büschen, unter die ich mich kauerte.

Plötzlich hörte ich eine Stimme: *Geh hinaus auf den Sand. Zieh deine Kleider aus. Tanze.*

Der Regen schlug mit solcher Wucht auf den Busch, unter dem ich hockte, daß es absurd war, darunter trocken bleiben zu wollen. Ich zog mich nackt aus und rannte ins Meer.

In diesem Augenblick wurde der ganze Himmel von einem gewaltigen Donnerschlag erschüttert, und ein Blitz fuhr in die Büsche, unter denen ich mich zuvor verkrochen hatte.

Von wildem Lachen geschüttelt, tanzte ich in dem tosenden Unwetter herum, bis ich, noch immer lachend, naß und nackt auf den Sand fiel.

In diesem Moment sah ich Mas Gesicht vor mir mit demselben triumphierenden Lächeln wie in der Nacht, als sie uns in der Tür erschienen war.

Warum zweifelst du an mir? Warum klammerst du dich an Sicherheiten, die nicht von Dauer sind? Warum bist du nicht furchtlos, selbst im schlimmsten Unwetter, da ich doch immer bei dir bin?

An diesem Abend – ich war halb von Sinnen – setzte ich mich bei Sonnenuntergang in den Strand-Tempel.

Eine alte Frau, die glaubte allein zu sein, betete das *Lingam* an, eine Steinsäule in der Form eines Phallus, und sang dabei alle Namen von Shiva. Sie trug einen zerlumpten blauen Sari, und ihr Gesicht war von Hunger und Einsamkeit gezeichnet. Während sie sang, wurde das Meer immer wilder, und die Flut stieg immer höher, bis die Wellen über dem Lingam zusammenschlugen. Mit jeder Welle sang sie lauter.

In meinem Herzen brach etwas bei ihrem Anblick auf. Es wurde mir ein Bild wahrer Hingabe an das Göttliche geschenkt, ein Bild,

das in mir Scham weckte über meine Rebellion und mein selbst-
süchtiges Elend.

Die alte Frau begann, um den Lingam herumzutanzen, aber das
Meer warf sie um; im Sturz klammerte sie sich an das Symbol
Gottes und sang noch immer mit geschlossenen Augen.

ॐ Am Tag darauf, dem 9. Juni, war mein 27. Geburtstag. Ich
kehrte für Mutters Darshan nach Pondicherry zurück.
Nach dem Darshan wurden die Anwesenden aufgefordert, noch
zu bleiben. Mutter hatte etwas gekocht und wollte uns das Essen
bringen. War es möglich, daß die machtvolle Kraft, die sich in
Mahabalipuram offenbart hatte, dieselbe war wie dieses einfache
indische Mädchen in einem blauen Sari, das da mit Reis und Curry
durch die Tür trat, neben jeden einen Teller stellte und langsam
und voller Anmut das Essen darauf füllte? Wir konnten den Blick
nicht von ihr wenden, nicht nur wegen ihrer Schönheit, sondern
wegen der Grazie jeder ihrer Bewegungen – wie sie das Wasser
eingoß, das Essen auf dem Teller arrangierte und mit der Leichtig-
keit einer jungen Tänzerin durchs Zimmer schritt. Wir aßen
schweigend, jeden Bissen schmeckend. Sie stand in der offenen
Tür und sah uns zu, und die Abendsonne spielte in ihren Haaren.

Mir wurde klar: Sie kann sein, was sie will. Sie kann der Sturm
sein und das Gesicht des Sturmes; sie kann die Meisterin sein, die
klar und einfach auf die schwierigsten Fragen antwortet; sie kann
majestätisch sein wie im Darshan und schweigend ihre Seele in
die unsere gießen; sie kann dieses junge Mädchen in der Tür sein,
das uns anlächelt, während wir essen. Sie ist absolut frei, alles zu
tun, was notwendig ist, um unser Herz aufzubrechen.

Nachdem wir mit dem Essen fertig waren, sagte Jean-Marc zu
Ma: «Andrew wird für dich singen. Er hat eine gute Stimme.» Er
stieß mich in die Rippen. «Jetzt mußt du.»

Ma setzte sich auf den kleinen Thron und senkte den Kopf. Im
ersten Moment wußte ich nicht, was ich singen sollte, aber dann
fiel mir ein mittelalterlicher Choral an die heilige Jungfrau ein.
Ich hatte ihn zuletzt gesungen, als ich zehn oder elf Jahre alt war.

Ich singe von einer Jungfrau
Von einer makellosen Jungfrau…

Ich sang mit leicht zitternder Stimme, während sich der Raum mit dem letzten Goldschimmer der untergehenden Sonne füllte.

Ma hörte mit gesenktem Kopf zu. Als ich fertig war, nickte sie einmal langsam.

Das Meer von goldenem Licht, das sie umfloß, nahm eine tiefere Färbung an. Wir saßen bei ihr und sahen, daß dasselbe Licht, das auf ihr lag, auch auf uns lag, auf jedem Teil unseres Körpers, den Händen, den Füßen, dem Gesicht.

Als die Sonne hinter den Horizont sank, lächelte Ma und stand auf.

Danach schlenderten Jean-Marc und ich am mondhellen Meer entlang.

«Meinetwegen dürfen es alle wissen.» Er lachte. «Ich weiß nicht, ob ich noch ganz bei Trost bin. Es bricht einfach Glückseligkeit aus ihr heraus. Es ist wie…», er stockte, «wie Wind.»

«Kannst du dir vorstellen, daß ich wieder in Oxford bin und zu den Leuten sage, ‹es bricht einfach Glückseligkeit aus ihr heraus›?»

Wir fielen vor Lachen auf den Sand.

«Mein Gott, ich bin so glücklich», sagte er. «Mögen die Leute denken, was sie wollen. Du fährst bald wieder. Halte dieses Glück lebendig. Es ist die Wahrheit.»

Ich lächelte.

«Warum lächelst du?»

«Ich habe mir gerade vorgestellt, wie ich versuche, im Gemeinschaftsraum meines College das Wort Glückseligkeit zu definieren. Einer meiner Kollegen, ein Philosoph, hat mal zu mir gesagt, Buddha hätte sicher Erleuchtung anders betrachtet, wenn er Mozarts *Figaros Hochzeit* hätte hören können.»

Jean-Marc rollte über den Sand.

Dann faßte er mich an den Händen.

«Sprich so wenig wie möglich über sie. Laß nicht zu, daß die Erfahrung erschüttert wird, solange sie noch so jung ist. Du bist noch nicht stark genug, um dem ganzen Unverständnis deiner Welt zu begegnen. Es ist nicht dein Wesen, etwas zu verbergen, aber sei diesmal klug und halte den Mund.»

«Es wird schwer sein, nichts zu sagen.»

«Wenn du jetzt etwas sagst, werden die Leute dich für verrückt halten. Und wenn du nicht mehr bei ihr bist, nicht mehr in dieser erstaunlichen Atmosphäre, die von ihr ausgeht, dann glaubst du ihnen am Ende noch. Und dann geht dieses ganze Gewebe wieder kaputt, das jetzt entstanden ist.»

Er hielt inne. «Ich habe das Gefühl, daß das, was sie für uns will, sich langsam offenbaren wird! Hast du gesehen, wie Ma geht? Sie setzt einen Fuß sorgfältig vor den anderen. Sie hat keine Eile. Sie hat alle Zeit der Ewigkeit. Ein guter Witz, nicht wahr?»

«Ein guter Witz», sagte ich. «In einer Woche bin ich wieder in meinem Zimmer in Oxford. Alles wird wie ein Traum erscheinen.»

«Das ist kein Traum...» – Jean Marc deutete auf sein Herz – «die Freude, die hier drin tanzt, die zwischen uns beiden und in uns beiden tanzt. Vergiß das nie.»

Er lächelte. «Das Ego vergißt alles. Es bleibt ihm nichts anderes übrig, um in diesem mühseligen Theater zu überleben. Aber die Seele erinnert sich. Eines Tages wird diese Erinnerung ein ununterbrochenes Feuer der Seligkeit, und das Theater verbrennt.»

In den letzten Tagen wurde ich krank vor Anspannung und Angst vor dem, was auf mich zukam. Ich hatte keine Lust, in den Westen zurückzukehren, aber ich mußte. Erst nach Oxford und dann nach Upstate New York, wo ich an dem Hobart and William Smith College einen einjährigen Lehrauftrag bekommen hatte. Ich wußte, wie jung ich in diesen Erfahrungen noch war und wie sehr mich Spott noch verletzen konnte. Ich konnte mir nur allzugut vorstellen, wie meine Erfahrung mit Ma in den Augen anderer aussehen würde: Ich hatte meine eigene Mutter als Kind verloren und hatte jetzt eine Ersatzmutter gefunden, bei der alles so verdächtig stimmte; eine Mutter, die mich niemals verlassen würde und auf die ich jede beliebige magische Phantasie projizieren konnte, weil sie unerreichbar war und nicht sprach und selbst eine Phantasiewelt um sich herum aufbaute, die der meinen entsprach. Die Absurdität dieser Interpretation nahm ihr nichts von ihrer Kraft. Ihre Kälte quälte mich.

Ich wurde so krank, daß ich das Zimmer nicht mehr verlassen

konnte. Tagelang hatte ich Fieber, bis ich eines Nachmittags wieder eine machtvolle Erfahrung machte, die ich nicht in Zweifel ziehen konnte. Ich hatte gerade ein Buch aus der Hand gelegt, in dem ich unkonzentriert herumgelesen hatte. Als ich kurz meine Augen schloß, wurde ich von einem Wind ergriffen. Ich öffnete die Augen und war nicht mehr in meinem Zimmer, sondern wurde wie ein Fetzen Papier vom Wind durch einen langen Tunnel geblasen und dann über eine öde, graue Wüste. Ich war zu Tode erschrocken und wurde ohnmächtig. In einer großen, stinkenden Kloake kam ich wieder zum Stehen. Überall lagen tote Ratten und andere Kadaver herum, und es stank fürchterlich. Nie hatte ich solche Angst erlebt wie jetzt – die Angst war total und nackt und schien meinen Körper und meinen Verstand auszubrennen. Ich wollte schreien, aber es kam kein Ton. Ich erkannte, daß ich allein war. In der stinkenden Kloake um mich herum bewegten sich Krokodile. Im Zwielicht sah ich, daß es Hunderte waren.

Ich fühlte mich am Rande des Wahnsinns. Dann hörte ich ein Lachen.

Ma stand mit mir in der Kloake, etwa zehn Fuß entfernt an der Wand zu meiner Rechten in einem grün-goldenen Sari. Ich wußte, daß sie es war, obwohl sie das Gesicht einer Freundin in Oxford hatte. An ihrem Finger war der Ring, den Ma an ihrer rechten Hand trägt, ein kleiner Ring mit Perle.

Die Krokodile steuerten auf sie zu, und während sie dastand und mich anschaute, schwammen sie um Ma herum und krochen die Wände hoch, weg von ihr. Ich wollte vor Freude schluchzen, auf sie zurennen und sie umarmen. Aber sie bremste mich mit erhobener Hand und gab mir ein Zeichen, die Augen zu schließen und sie dann wieder zu öffnen. Als ich es tat, kniete ich vor ihr in ihrem Zimmer wie beim Darshan und hörte die friedlichen Geräusche von Pondicherry durchs Fenster kommen. Ich trug golddurchwirkte Baumwollkleider, die ich für meinen Geburtstag angefertigt hatte. Sie nahm meinen Kopf in ihre Hände. Ich kehrte zu meinem Bett im Gästehaus zurück und spürte noch die Berührung ihrer Hände an meinen Schläfen.

Drei Stunden später war das Fieber weg.

Wankend ging ich zum Darshan, unfähig zu sprechen. Bei der Erfahrung am Nachmittag war ich völlig bewußt gewesen. Nichts, auch nicht die visionären Erfahrungen, die sie mir vorher geschenkt hatte, hatten mich auf diesen Bruch aller Annahmen über Raum und Zeit vorbereitet. Wie sollte ich das je verstehen können?

Nach dem Darshan erzählte ich Mr. Reddy, was geschehen war.

Er ging ins Nebenzimmer zu Ma und berichtete ihr alles. Ich hörte sie leise lachen, genauso wie in der Vision.

Mr. Reddy kam mit einem Apfel heraus und lächelte breit.

«Ma sagt, daß sie das Gesicht Ihrer Freundin angenommen hat, damit Sie immer wissen, daß sie Ihre Freundin ist.»

Mr. Reddy gab mir den Apfel.

Er packte mich an den Schultern.

«Wir brauchen alle sehr, sehr lange, bis wir wirklich verstehen, wieviel Liebe sie hat und daß sie alles tun wird, um sie uns zu zeigen.»

Ma kam und stand in der Tür.

Mr. Reddy streckte seine Hände zu ihr aus und sagte: «O Ma, wir sind alle solche Narren, und doch gibst du uns alles.»

Ma deutete auf den Apfel, den ich in der Hand hielt.

Ich aß ihn vor ihren Augen. Als ich fertig war, kam sie mit einem Teller, nahm das Gehäuse und ging damit in die Küche.

ॐ Ich kehrte nach Oxford zurück. Der Sommer wurde zu einem Alptraum. Mein Freund C. kam aus Cornell zu Besuch, und seine Labilität schlug in Wahnsinn um. Zusehen zu müssen, wie unsere Liebe starb, brachte mich selbst an den Rand des Wahnsinns, aber ich mußte handlungsfähig bleiben, um helfen zu können. Warum mußte das geschehen, nach so viel Schönheit in Indien, so vielen Offenbarungen? Ich konnte es damals nicht begreifen. Ich konnte nur eins tun, darum beten, daß C. sich nicht umbrachte.

C. ging nach Amerika zurück, um dort behandelt zu werden. Ende August ging auch ich nach Amerika und trat meine Stelle am Hobart and William Smith College in Upstate New York an. Ich verstand immer noch sehr wenig von dem Leiden, das mich verzehrte, aber ich erfüllte meine Lehrverpflichtung und betete zu Ma um Klarheit und Frieden. Im September, kurz bevor Ma mit Mr. Reddy und Adilakshmi zum ersten Mal in den Westen kam (nach Montreal, einige hundert Meilen von mir entfernt), hatte ich einen Traum:

Ich lebte am Meer, in einer Stadt wie Mahabalipuram. Dort sah ich mich als Junge, weiß gekleidet, auf den Stufen eines Tempels sitzen und singen. Ich konnte zusehen, wie sich mein Gesicht veränderte und viele verschiedene Formen annahm – alt, kindlich, jugendlich, aber immer indisch. Dann hörte ich eine Stimme sagen: *In nur wenigen Jahren wirst du das Meer sehen. Hab keine Angst. Du wirst das Meer sehen.* Ich wachte auf, eingetaucht in Stille. Einige Minuten lang konnte ich die Bedeutung dieser Worte nicht verstehen. Dann hörte ich erneut: *Das Meer ist das Meer des Lichtes, das alle Mystiker beschreiben – Shunyata für die Tibeter, Brahman für die Hindus, das Antlitz der Herrlichkeit oder das Meer für die Sufis.* Die Stimme wiederholte: *Hab keine Angst, welche Schrecken jetzt auch beginnen mögen. Du wirst das Meer sehen.* Ich schaute zur Zimmerdecke hinauf. Sie pulsierte, als würde sie in einem unsichtbaren Feuer schmelzen.

In einer Meditation zwei Tage später hörte ich dieselbe Stimme sagen: *Du kannst nicht verstehen, was jetzt geschieht. Aber du wirst es verstehen. Vertraue ihr.*

«Ich bin nicht stark genug, um ihr zu vertrauen», sagte ich.

Mach dir keine Sorgen. Die Stimme lachte. *Selbst dann wird sie dich retten.*

Ma kam im September 1979 in Montreal an. Ich fuhr Ende Oktober zu ihr. Im Bus nach Montreal las ich folgende Zeilen in Rolles *Feuer der Liebe*: «Wer vollkommen liebt, tut dies: Er entblößt sich vollständig um dessentwillen, den er liebt, und er wird nicht zulassen, mit irgend etwas anderem gekleidet zu werden als mit dem, was er liebt.»

Die Worte trafen mich ins Herz. Ich war so weit von wirklicher Selbsthingabe an Ma entfernt, und ich wußte, daß ein Teil von mir nie zufrieden sein würde, solange ich nicht bereit war, ihr alles zu geben.

In Montreal sagte Mr. Reddy zu mir: «Ein großer Meister ist wie ein geschickter Angler: Er zieht den Fisch nicht heraus, solange er noch um sich schlägt und an der Leine zerrt. Er zieht ihn langsam ein, so daß sich sein Widerstand erschöpft.»

Dann sagte er: «Keine Sorge. Du wirst das große Meer sehen.»

Ich war perplex. Ich hatte ihm nichts von meinem Traum erzählt.

Über diesen Besuch schrieb ich in mein Notizbuch:
Ma hat nie heiterer gewirkt. Es brodelt nur so von «Plänen» und «Visionen» um sie herum, aber sie ist frei und allein. Sie gibt jetzt manchmal Darshan für dreihundert Leute in einem großen, seelenlosen Auditorium; dort sitzt sie allein auf dem Podium und schaut jedem einzeln in die Augen. Wie ist es möglich, daß sich jeder von ihr gesehen fühlt? Und alle tun es.

Sie gibt mir, das sah ich heute abend, was ich brauche – eine vertiefte Erfahrung der Meditation. Unmittelbar nachdem sie mich angeschaut hatte, versank mein Körper in einen Frieden, der sich wie Schnee anfühlte – wie unermeßliche, kühle Stille.

Nach dem Darshan fragte D.: «Aber worin besteht ihre Lehre nun genau?»

Mr. Reddy: «Einswerden mit allem Sein in der Stille, so daß alles Handeln in erleuchteter Freude aus dieser Stille fließt.»

D.: «Das ist keine Lehre.»

Mr. Reddy: «Nein, es ist eine Revolution. Interessanter, oder nicht?»

D.: «Und wie funktioniert diese Revolution?»

Mr. Reddy: «Warum will jeder Lehre und nicht *Erfahrung*? Was die Seele will, ist Ekstase und Wissen. Die Mutter gibt beides. Warum setzen Sie sich nicht einfach hin, sind still und *empfangen*? Ich weiß warum. Es ist viel leichter, Worten zuzuhören. Dann können Sie sich gescheit fühlen. Sie können sich nicht gescheit fühlen, wenn Sie einfach dasitzen und empfangen. Sie müssen *ein bißchen* bescheiden sein, nicht wahr? Das ist schwer. Andrew redet gerne und ist gerne gescheit, aber sogar er lernt, den Mund zu halten.» Sein Gesicht verzog sich zu einem breiten Grinsen. «Langsam.»

D.: «Wie *lernt* man zu empfangen?»

Mr. Reddy lachte sein volles, tiefes, indisches Lachen. «Im Westen muß jeder alles *lernen*. Es muß ein Rezept geben. Tu erst dies, dann tu das, dann stell dich auf den Kopf und atme ein und aus.» Er wischte sich die Tränen aus den Augen. «Mein lieber Herr, schauen sie einfach Ma an. Kommt da nicht irgendeine Art von Liebe in Ihrem Herzen auf? Nun, dann folgen Sie dieser Liebe, wie klein sie auch sein mag. Sie wird Sie an die Quelle führen. Sie brauchen dann nur noch in der Quelle zu sitzen und sich kühlen zu lassen.»

D.: «All das ist sehr *indisch*.»

«Nein», sagte Mr. Reddy, «es ist nicht indisch oder chinesisch oder amerikanisch. Es ist natürlich. Es ist einfach. Ma ist einfach und Gott ist einfach und Liebe ist einfach und Empfangen ist einfach.»

Ma kam mit einer Schale frischer Blumen ins Zimmer. Sie trat so leise ein, daß wir sie erst bemerkten, als sie vor uns stand. Niemand konnte etwas sagen. Mr. Reddy schaute sie an. In seinen ruhigen Augen glänzten Tränen.

Am folgenden Nachmittag ging ich allein mit Mr. Reddy spazieren. Er sah in seinem dunklen Anzug und schwarzen Mantel sehr stattlich aus. Auf den Straßen Montreals lag frischer Schnee. Wir gingen sehr langsam und vorsichtig und hielten uns aneinander fest, um nicht auszurutschen.

Mr. Reddys Mitgefühl machte es möglich, mit ihm über alles zu sprechen, und ich erzählte ihm von C.s Wahnsinn und meiner Qual.

«Lieben Sie Ihren Freund weiter, was auch geschehen mag», sagte er. «Lernen Sie dadurch zu lieben, ohne irgend etwas zu erwarten. Um das Göttliche zu lieben, müssen Sie bereit sein, alles zu geben und nichts zu verlangen. Mit C. können Sie diese Selbstaufgabe üben. Das Herz muß brechen, um groß zu werden. Wenn das Herz aufgebrochen ist, dann kann Gott das ganze Universum hineinlegen.»

Er sprach mit einer Inbrunst, die nur aus eigener Erfahrung herrühren konnte.

Mr. Reddy blieb im Schnee stehen.

«Ich will Ihnen etwas sagen. Ma zu begegnen und zu ahnen, wer sie ist, hat Sie in ein immenses Kraftfeld gestellt. Diese Kraft wird

Sie zur Wahrheit führen. Ma benutzt das ganze Leben, um zu lehren. Sie werden feststellen, daß in den nächsten Jahren genau die Menschen in Ihr Leben treten werden, die Sie brauchen, um zu lernen und weiter zu gehen. Ma lehrt jeden, wie es ihm entspricht, gemäß seiner Entwicklungsstufe, seinem Temperament und seiner Vergangenheit. Ma wird Sie zu einem vollständigen Menschen machen. Sie wird Sie zu tiefer Selbsterkenntnis bringen. Dann werden Sie reif sein, mit ihr auf die Reise zu gehen. Wenn Sie diese Reise beginnen, wird offenbar werden, wie sie in Ihrem Leben gewirkt hat, und Sie werden mit ihr über die Präzision und die Gnade jubeln. Was jetzt wie Qual aussieht, wird zu einer Freude führen, die weit größer ist, als Sie sich vorstellen können. Was wie Erniedrigung aussieht, wird Sie zur Demut bringen.»

Er legte die Hand auf meine Schulter. «Erinnern Sie sich, als wir in Pondicherry über das Wort *pekka* sprachen? Alles, was jetzt geschehen wird, ist dazu bestimmt, Sie reif zu machen. Um für Ma nützlich zu sein, müssen Sie alles über Ihre eigene Natur wissen; um ihre Arbeit zu tun, müssen Sie die Welt wirklich verstehen, nicht vor ihr fliehen. Ma möchte, daß die Leute saftig sind.»

Ich lachte. «Saftig?»

«Ja, voller Leidenschaft und Humor, wahrhaft menschlich.»

Er ging weiter und schüttelte den Schnee von seinen Schuhen.

«Manche großen Seelen kommen schon geläutert hierher. Der Rest muß lernen, die Hohlheit der Welt zu erkennen und den Schmerz des Begehrens. Sie werden lernen müssen. Ma wird Sie schnell lehren, wenn Sie es zulassen. Und etwas in Ihnen ist bereit dazu, weil Sie Erleuchtung wollen.»

Beim letzten Satz schaute er mich mit einem sehr ernsten Blick an.

«Sind Sie sicher?»

«Ich bin sicher. Sie haben etwas in sich, das alles auf sich nehmen wird, um weise zu werden.»

«Woher wissen Sie das?»

«Hinter Ihrer weltlichen Gewandtheit und Schlauheit ist ein Kind, ein göttliches Kind. Ich sehe sein Gesicht ganz deutlich. Dieses Kind wird Sie durch alles hindurchführen, damit Sie zu Ihr gelangen. Und es wird Erfolg haben.»

«Und dann?»

«Dann werden Sie ER werden. Es ist ganz einfach.»

«Es sieht nicht gerade einfach aus.»

«Dem Ego erscheint nichts einfach. Für die Seele ist alles immer einfach.»

ॐ Während der nächsten Monate – zurück in Upstate New York – beherzigte ich Mr. Reddys Rat. Mein Gram über C. wurde tiefer – aber dieses Tieferwerden des Schmerzes führte zur Annahme. Ich bemühte mich nicht länger, meine Liebe zu C. abzuschneiden. Ich versuchte, nichts zu fordern und nichts zu erwarten, und wünschte nur seine Genesung. Der Lohn war ein Gefühl freier, liebevoller Zärtlichkeit, das umfassender war als alles, was ich bis dahin gekannt hatte.

Einmal träumte ich, daß C. und ich in ein Zimmer kamen, in dem Ma war. Sie trug einen rot-goldenen Sari und stand am Fenster. Sie nahm C. in die Arme, und er begann zu schluchzen. Dann wandte sie sich zu mir und sagte, ich sollte mein Hemd ausziehen. Ich tat es, und sie legte ihre Hand auf meine Brust. Sofort schoß durch meinen ganzen Körper das Empfinden eines süßen und zugleich qualvollen Feuers. Ich fühlte, wie sich mein Herz ausdehnte und so wild klopfte, daß ich glaubte, meine Brust könnte zerspringen. Dann wachte ich auf und hörte die Stimme: *C. ist der Speer, mit dem ich dein Herz geöffnet habe. Jetzt kann es sich nie mehr schließen.*

Ich lag im Dunkeln und erkannte, was an meiner Liebe zu C. falsch gewesen war, nämlich mein Versuch, die große Liebe, die ich fühlte, nur auf ihn zu begrenzen. C. hatte dazu beigetragen, in mir eine Liebe zu erwecken, die alles umfaßte. Nicht die Liebe zu C. war falsch, aber ihre Ausschließlichkeit, meine Vergötterung, die Verwechslung von C. mit dem, was durch ihn hindurchleuchtete. Jetzt hatte ich mein Leben auf die Quelle dieses Leuchtens auszurichten – göttliche Schönheit und göttliche Liebe.

* * *

Mr. Reddy hatte in Montreal gesagt: «Sie werden feststellen, daß in den nächsten Jahren genau die Menschen in ihr Leben treten werden, die Sie brauchen, um zu lernen und weiter zu gehen.»

Im Sommer 1980 war ich nach Ladakh gekommen, einem Teil des alten Tibet, das jetzt Indien ist. Ich wurde zu einem der größten tibetischen Meister geführt, die damals lebten, Thuksey Rinpoche, mit dem mich sofort eine geistige Liebe verband und dessen Wirkung auf mein inneres Leben nach Ma an zweiter Stelle steht.

Über meine Liebe zu Thuksey Rinpoche und das, was seine Weisheit mir offenbart hat, habe ich in meinem Buch *Ins Innerste des Mandalas* geschrieben. In diesem Buch habe ich Ma nicht erwähnt; sie war noch ein so tiefes Geheimnis für mich, daß ich noch nicht über sie sprechen konnte. Aber ich wußte von Anfang an, daß die Beziehung, die sich in jenem Sommer in den Bergen zu dem großen goldenen Mann entfaltete, der mein Seelenvater werden sollte, ein Geschenk von Ma war.

Als ich dem Rinpoche begegnete, empfand ich es nicht als unvereinbar, als Jünger von Ma in den tibetischen Buddhismus einzutauchen. Spirituelle Liebe, das tiefe und unauslöschliche Gefühl, von dem das Herz im Angesicht von Heiligkeit ergriffen wird, ist eines der direktesten menschlichen Gefühle – schwer zu erklären, jedoch nicht zu leugnen. Als ich den Rinpoche das erste Mal erblickte, wie er im Halbdunkel eines Gebetsraumes im Kloster von Shey saß, umgeben von Butterlampen und leise singenden Mönchen, wußte ich sofort, daß ich ihm hatte begegnen sollen. Seine majestätische Ausstrahlung – er war Anfang Sechzig, ein kräftiger, schöner Mann mit einem Löwenhaupt – und die Atmosphäre aufgeladener, klingender Stille erquickten mich, sobald ich eintrat. Einer seiner Mönche, ein Australier, der seine Bankkarriere aufgegeben hatte, um ihm in die Berge zu folgen, beschrieb ihn als «ein ruhiges Feuer von Weisheit und Liebe, das von nichts ausgelöscht werden kann». Mehrere Wochen lang saß ich in der Nähe dieses Feuers und wärmte mein Wesen an seiner Glut.

Einmal fuhr ich kurz von Shey nach Leh zurück, der Hauptstadt Ladakhs. Ich staunte über das Tempo und die Radikalität, mit der sich alles ereignete, war mir aber sicher, daß alles seine Richtigkeit hatte. In Leh hatte ich ein Erlebnis, das mir die Beziehung des Rinpoche zur Mutter klar vor Augen führte.

Es war Ende August, Krishnas Geburtstag wurde in Leh gefeiert. Ein klappriger, mit Blumen überhäufter Festwagen wurde langsam und mühsam die Hauptstraße hinaufgezogen. Ich trat aus der kleinen Imbißstube heraus, in der ich gerade zu Mittag aß, um zuzuschauen. Auf dem Wagen waren zwei schüchterne, kichernde Kinder: ein Junge, purpurrot und gelb gekleidet und in grellen Farben als Krishna geschminkt, und ein etwas größeres Mädchen in einem knalligen rosa-grünen Sari als Radha, Krishnas kosmische Geliebte und eine der Manifestationen der Mutter im Hinduismus.

Während ich zusah, verstummten plötzlich alle Geräusche. Ich konnte nicht mehr das geringste hören, obwohl ich mit zunehmender halluzinatorischer Schärfe alles sah, was um mich herum vorging – die Gesichter der gelangweilten Sikh-Soldaten in der Menge, die Ladakhi-Frauen, die sich am Straßenrand über die Gemüsekörbe beugten, die welkenden Ringelblumensträuße, die an den Seiten des Festwagens herabhingen. Ich schaute zu dem Jungen hoch, der Krishna darstellte, und sah deutlich das Gesicht des Rinpoche. Ich schaute zu Radha und sah mit ebensolcher Klarheit das Gesicht Mas. Was dann geschah, weiß ich nicht mehr. Ich kam erst wieder zu mir, als ich auf meinem Bett in dem kleinen Verandazimmer lag, das ich gemietet hatte. Jetzt konnte ich wieder hören. Draußen tobte ein Gewitter.

Das ganze Zimmer wurde vom Sturm geschüttelt und knackste in den Fugen. Ich hörte mich mit derselben Wildheit lachen wie am Strand in Mahabalipuram. Jedes Donnerrollen sagte deutlich mit dröhnender Stimme: *Das ist es. Das ist es. Das ist es. Das ist es.*

Dieser Augenblick ist Befreiung, ist Wirklichkeit. Nichts als dies. Jetzt.

Ich schaute aus dem Fenster, halb vor Schmerz, halb vor Ekstase heulend und schreiend, einer Ekstase, die weniger kontrollierbar war als die bisherigen. Die Berge waren durchsichtig, als wären sie aus Reispapier. Ich konnte durch sie hindurch Täler sehen und wieder Berge, die indischen Ebenen, Städte… ein sich immer weiter nach hinten ziehender Horizont.

Ich weiß nicht mehr, was dann geschah. Ich bin wohl eingeschlafen. Als ich viele Stunden später erwachte, leuchtete ein beinahe voller Mond durchs offene Fenster zu mir herein.

Mein Vater war in meinem Leben weitgehend abwesend. Im Rinpoche fand ich endlich einen Mann, den ich verehren konnte. Durch ihn erfuhr ich, was ein voll entfalteter Mann sein kann, königlich und weit und fähig, alle Dimensionen des Gefühls ohne Furcht zuzulassen. Der Rinpoche konnte Vater sein und Mutter, Kind und Weiser. Ich sah in ihm die menschliche Vervollkommnung, nach der ich mich sehnte, und durch sein Beispiel begann ich daran zu glauben, daß auch ich sie eines Tages würde erlangen können. Ich hatte die Weltflucht nie gemocht, von der ein großer Teil der Mystik gefärbt ist; hier, im tibetischen Buddhismus entdeckte ich ein Ideal der Erleuchtung, das dem unermüdlichen Dienst an den Mitmenschen verpflichtet ist und die Anforderungen des Göttlichen mit denen des Alltagslebens versöhnt. In Thuksey Rinpoche sah ich einen Menschen, der dieses Ideal verkörperte, und durch ihn erkannte ich, daß die mystische Suche nicht nur um ihrer selbst willen höchste Bedeutung hat, sondern weil sie dem, der sie vollendet, Heilkräfte gibt, die in die Welt zurückfließen können. Ich brauchte die Vergewisserung, daß die Suche nicht nur eine höhere, esoterische Form des Egoismus war. Der Rinpoche gab sie mir.

Durch die Liebe zu ihm wurde ich bereit, Ma umfassender zu lieben. Heilige Liebe, wie jede andere, muß geübt werden. Indem ich ihm mein Herz öffnete und innerste Hingabe an das Heilige lernte, bereitete ich mich auf die Reise vor, auf die ich Jahre später mit ihr gehen würde.

In der Isha-Upanishad heißt es: «Vor dem Antlitz der Wahrheit steht ein strahlend goldener Schild.» Der Rinpoche war dieser strahlend goldene Schild – das konzentrierte Licht der Wahrheit in einem Menschen – Ma das Anlitz der Wahrheit dahinter. Meine Augen in seinem Leuchten zu üben machte mich allmählich stark genug, dem lodernden Strahlen ihres Gesichts gewachsen zu sein.

Ich blieb zwei Monate lang in Ladakh. Dann kehrte der Rinpoche in sein Kloster nach Darjeeling zurück. Ich entschloß mich, die letzten zwei Monate meiner Ferien bei Ma in Pondicherry zu verbringen. Als ich dort ankam, stellte ich fest, daß Ma mit Adilakshmi und Mr. Reddy nach Kakinada gegangen war, eine Stadt in Andhra Pradesh, von der ich nie gehört hatte. Mr. Reddy mußte sich in einer Naturheilklinik einer Zahnbehandlung unterziehen. Ich folgte ihnen.

In der Nacht vor meiner Abreise aus Pondicherry hatte ich einen Traum, in dem ich durch eine Landschaft mit blendend weißem Sand zu einer Holzhütte stolperte. Ich öffnete die Tür der Hütte und sah Ma allein darin stehen.

Auf dem Tisch stand Essen.

«Für dich», sagte Ma. «Setz dich.»

Drittes Kapitel

Nur Meera kann mich an einen solchen Ort bringen, dachte ich, als ich mein in Auflösung begriffenes Gepäck vom Bahnhof Kakinada wegschleppte. Kakinada war in diesem Sommer – und vermutlich in jedem Sommer – heiß und schmutzig – eine schäbige Handelsstadt mit heruntergekommenen Häusern, knallrosa und knallgrün gestrichen. Die Straßen waren voller Kuhfladen, die ein Regenguß aufgeweicht hatte. Das Hotel, in dem ich unterkam, hieß «Venus Lodge» und war wohl von all den schlechten Hotels, die ich in Indien kennengelernt hatte, das schlechteste. Dort las ich wieder Aurobindos *Die Synthese des Yoga*, während fette Geschäftsleute betrunken herumgrölten und Flaschen an der Wand zerschlugen. Der Manager des Hotels, ein buckliger Glatzkopf mit sieben Goldzähnen, der niemals sein Hemd wechselte, fragte mich wiederholt: «Warum, verehrter Herr, sind Sie hier?» Und immer wieder antwortete ich: «Um ein junges Mädchen zu besuchen, das die Mutter ist, die Shakti.»

Kopfschüttelnd sagte er: «Ein guter Witz, Sir. Engländer sind sehr komische Leute.»

Ma, Mr. Reddy und Adilakshmi wohnten in einem großen, geräumigen, weißen Haus, etwa eine Meile vom Hotel entfernt, das eine indische Verehrerin Mas zur Verfügung gestellt hatte.

«Sie haben Glück», sagte Mr. Reddy, als er mich sah, und ergriff meine Hände. «Jetzt werden Sie uns ganz für sich haben. Wir können uns jeden Tag treffen und nur über *sie* sprechen. Ich werde Ihnen alles sagen, was ich weiß.» Er lächelte. «Vielleicht doch nicht *alles*. Manche Dinge können nur nach und nach gelernt werden, sonst würde Ihr Kopf explodieren.» Er fand das sehr komisch. «Was würde ich dann Ihrem Oxford-College sagen? Mr. Harveys Kopf ist leider explodiert. Ich käme ins Gefängnis, oder nicht?»

Ich zitierte einen Vers aus einem Gedicht von Emily Dickinson: «Die Wahrheit darf nur langsam blenden ... damit nicht blind die ganze Welt.»

«Ah», sagte er, «was für eine weise Frau.»

Ma sah ich in den ersten Tagen kaum. Jeden Morgen ging ich durch Kakinada, vorbei an den Bettlern, die sich gegenseitig lausten, an den plärrenden Radios der Teashops, an den offenen Gullys zu der sonnendurchfluteten Oase der Stille, in der sie lebte. Manchmal sah ich sie, wie sie nähend an einem Fenster saß: manchmal lächelte sie mich an, wenn sie vom Einkaufen mit Adilakshmi zurückkam – ein kurzes, scheues Lächeln –, und senkte dann schnell den Kopf. Manchmal, wenn ich mit Mr. Reddy sprach, erschien sie kurz in der Tür mit einem heißen Topf in der Hand oder einem Korb voll frischer Bohnen. Von Tag zu Tag empfand ich ihre Präsenz stärker: ich spürte zunehmend, daß das Haus von einer Wand der Stille und des Lichts umgeben war und daß ich jeden Morgen eine andere Welt betrat, eine Welt, die sozusagen aus Taktgefühl Elemente der alten Welt in sich aufgenommen hatte – das knarzende weiße Sofa, die leicht brüchigen Korbstühle, die weißen Tassen und die rot-grünen, im Wind geblähten Vorhänge –, die aber in Wirklichkeit einer völlig anderen Dimension angehörte.

Mr. Reddy trug viel zu diesem Gefühl bei. In einem weißen Dhoti immer adrett angezogen, glühte er von Liebe zu Ma, obwohl er krank war. Jeden Morgen begrüßte er mich voller Freude, und wir sprachen stundenlang miteinander. Seine Rede war immer ekstatisch und mit Liebe getränkt. Er existierte in und für Ma. Fast täglich zitierte er eine Stelle aus der Gita, um seine Liebe zu ihr auszudrücken: «Du bist meine Mutter, mein Vater, mein Bruder, meine Schwester – du bist alles für mich. Ohne dich gibt es nichts. Ohne dich kann ich nicht sein.» Dabei traten Tränen in seine großen dunklen Augen, und er konnte nicht weitersprechen. Ich erinnere mich, wie ich am ersten Tag mit ihm in einem Vorraum saß, als Ma hereinkam. Mr. Reddy blickte auf und sagte sehr leise: «Ma ist gekommen» – so als würde er ein Wunder kundtun.

Ich kenne niemanden, der einen anderen Menschen so geliebt

hat wie Mr. Reddy Ma. Schon lange hatte seine Liebe jeden weltlichen Schutz und jede Hülle abgelegt; sie war so frei und so durchsichtig wie die Liebe eines Kindes. Die Tatsache, daß er Mitte Fünfzig war und sie erst achtzehn, machte diese Beziehung höchst geheimnisvoll. Wenn ich an das Ende von *König Lear* denke und an die Liebe, die Lear und Cordelia hätten erleben können, dann denke ich an Ma und Mr. Reddy in jenen Wochen in Kakinada – an das vollkommene Glück und die erfüllte Stille, die durch die Räume dieses alten, großzügigen Hauses schwangen.

«Sie sind bei Ma wie ein Kind», sagte ich zu Mr. Reddy.

«Und sie ist auch bei mir wie ein Kind, nicht wahr? Und dann ist sie manchmal sehr, sehr alt, wie eine Großmutter, dann wieder wie eine Schwester. Die Liebe hat viele Masken und viele Formen.»

Er hielt inne. «Ich habe ihr alles hingegeben, alles. Ich lebe nur für sie. Haben Sie gesehen, wie ein Fischer sein Netz einzieht? Die Fische kämpfen und schlagen und verletzen sich an den Maschen. Am Schluß müssen wir lernen, uns ruhig zu fügen und alles hinzugeben.»

Während er sprach, tauchten vor mir die Stände meiner Kindheit auf, die Fischer in ihren alten Holzkatamaranen, der silbrige Glanz der Fischleiber auf dem Strand.

«Ich bin ein großer weißer Fisch im Netz der Mutter», sagte er. «Manche Leute würden vielleicht sagen: ‹Ah, er hat alles für sie aufgegeben.› Das habe ich auch. Ich habe meine Familie verlassen; ich habe den Ashram in Pondicherry verlassen, wo ich zwanzig Jahre lang gelebt habe; ich habe meine einzige Tochter verlassen, die ich geliebt habe. Ich habe meine Ländereien und meine Welt und mein Geld verlassen. Ich habe nichts mehr, nichts außer ihr. Aber bei ihr zu sein heißt, alles zu haben.»

Wir schwiegen. «Erzählen Sie mir, wie Sie ihr begegnet sind?» bat ich ihn nach einer Weile.

Er strahlte. Er wurde nie müde, über seine Liebe zu ihr zu sprechen. Er erzählte so einfach, so als wäre es eine große alte Geschichte aus dem Ramayana oder Mahabarata, etwas Zeitloses, das zufällig ihm zugestoßen war.

«Ich habe lange nach der Mutter gesucht, lange, lange bevor ich sie fand», begann er langsam. «Solange ich mich erinnern kann, seit meiner frühesten Kindheit suchte ich nach ihr. Ich liebte meine eigene Mutter, aber ich suchte nach einer anderen. Ich weinte monatelang aus Sehnsucht nach dieser ‹Mutter›. Niemand verstand, warum. Als ich noch sehr jung war, las ich ein Buch über Sarada Devi, die Gemahlin von Ramakrishna. Ich weinte. Ich weine immer noch, wenn ich dieses Buch lese. In Träumen sah ich das Gesicht eines jungen Mädchens mit großen dunklen Augen – *das* war die Mutter, die ich suchte, das wußte ich. Aber wie sollte ich sie finden?»

Sein intensiver Blick war auf die Wand gerichtet, so als sähe er diese Augen wieder.

«In meiner ganzen Jugend war ich hungrig und ruhelos. Bis 1950 stand ich im Dienst des großen Gandhi-Politikers Vinoba Bhave und half bei der Landreform. Es war nicht die richtige Arbeit für mich, obwohl sie gut war. Ich erschöpfte mich dabei und wollte frei sein. Es ging mir nicht um Gott. Ich wollte einfach frei sein und atmen können.»

Seine Hände umfaßten die Armlehnen des weißen Rohrstuhls, und er schloß die Augen.

«Die folgenden Jahre waren schlecht. Ich litt. Ich wollte nicht arbeiten, nicht essen, nicht unter Menschen gehen. Ich wollte nicht schlafen – ich konnte nicht schlafen. Dreimal war ich nahe am Selbstmord. Stundenlang saß ich da, ohne etwas zu fühlen oder zu denken. Die Ärzte sagten, wenn ich so weitermachte, würde ich verrückt. Manchmal glaubte ich, verrückt zu sein.»

Er öffnete seine Augen und schaute mich direkt an.

«Ich wurde durch Leiden geläutert, von allen Verhaftungen befreit – Familie, Karriere, Geld, Frauen. Ich wurde leer gemacht, um gefüllt werden zu können.»

Eine Krähe krächzte laut im Garten.

«Zu dieser Zeit hörte ich von einer großen Heiligen mit Namen Mannikyamma, die nicht weit von Hyderabad lebte, wo ich zu Hause war. Sie war die erste der Mütter, mit der ich leben sollte.

Mannikyamma ging mit acht Jahren von zu Hause fort: sie weigerte sich zu heiraten und flüchtete in die Wälder, wo sie ein armer Mann fand und ihr half, eine Höhle in einem Berg zu bauen. Dort blieb sie den Rest ihres Lebens und wurde berühmt, weil sie ohne Nahrung und ohne Wasser lebte. Sobald ich ihren Namen hörte, wußte ich, daß ich sie sehen mußte. Ich ging den

Berg zu ihr hinauf. Sie grüßte mich schweigend, und wir meditierten zwölf Stunden ohne Unterbrechung.

Mannikyamma forderte mich auf, bei ihr zu bleiben. Aber ich wußte, daß sie nicht die Mutter war, nach der ich suchte. Das war meine Intuition. Ich bin ein Mann, der sein ganzes Leben seiner Intuition gefolgt ist. Bald nachdem ich Manikyamma verlassen hatte, hörte ich von einer anderen Heiligen, Chinnama. Ein Freund hatte mir von dieser weiblichen Asketin erzählt, die ohne Kleider lebte. Wenn sie versuchte, Kleider anzuziehen, dann verbrannten sie auf ihrem Körper, wie sie sagte. Sie war das nackte Selbst und mußte deswegen nackt bleiben. Chinnamas Glaube war, daß sich alles aus sich selbst heraus entwickeln sollte. Sie hatte sich dem Willen Gottes vollkommen anheimgestellt und lebte von dem, was ihr die Menschen zu essen brachten.

Ich besuchte Chinnama und liebte sie sofort. Ich hatte das Gefühl, in ihrer Präsenz alle Schriften zu verstehen. Ich werde nie vergessen, wie ich sie zum ersten Mal sah. Ich wußte, daß ich einer Mutter gegenüberstand. Jeder Gedanke an die Welt, an Beruf, Familie oder Vermögen fiel von mir ab, wenn ich in ihrer Nähe war. Ich glaubte, nichts mehr zu wünschen, als den Rest meines Lebens zu ihren Füßen zu sitzen. Ich gab meine Arbeit bei Bhave auf und meditierte vier Jahre lang mit Chinnama. Meine Familie war wütend. Ich war ein junger Mann, der mit einer Avadhuta, einem verwirklichten Wesen, in einer Hütte lebte, nichts arbeitete und sich dem Familienleben entzog. Ich studierte auch nicht die Schriften mit ihr. Es schien mir nicht notwendig. Einfach bei ihr zu sein und mit ihr zu leben war genug. Selbst die Gita verlor an Bedeutung im Vergleich zu dem, was ich bei ihr verstand.

Nach vier Jahren sagte Chinnama zu mir, nur die Gemeinschaft mit Adiparashakti – der höchsten göttlichen Mutter – würde meine Seele befriedigen. Ich war traurig. Ich liebte sie so sehr. Wo sollte ich diese höchste göttliche Mutter finden? Wie sollte ich ohne Chinnama leben?

Ich ging zu einer Konferenz in Madras, um über Chinnama zu sprechen. Dort begegnete ich einem Mann aus Pondicherry, einem Professor. Von dem hörte ich über den Yoga von Sri Aurobindo und die große Transformationsarbeit, die die Mutter vollbrachte. Er lud mich ein, nach Pondy zu kommen und mir mein eigenes Urteil zu bilden. Ich blieb drei Tage. Als ich in mein Dorf

in der Nähe von Hyderabad mit Fotoalben der Mutter zurückkehrte, deutete meine Tochter, die damals drei Jahre alt war, auf
eines der Fotos und sagte: «Ich will mit dieser Mutter leben.» Das
war mir ein Zeichen. Bald darauf ging ich mit meiner Frau und
meinem Kind nach Pondy. Und dort begegnete ich der dritten
Mutter, der ich mein Leben zu Füßen gelegt hatte. Die Mutter
nahm mich 1956 in den Pondicherry-Ashram auf.»

Er machte eine Pause und betrachtete seine Hände. «Wie glücklich war ich in diesem Ashram! Ich blieb von 1956 bis 1972 unter
dem Einfluß der machtvollen Liebe der Mutter.

1972 kehrte ich in mein Dorf zurück, um mich nach dem Tod
meines Onkels um meinen Besitz zu kümmern. Da begegnete ich
zum ersten Mal Kamala Reddy, Mutter Meera, die damals ein
zehnjähriges Mädchen war und in meinem Haus lebte.» Er lächelte selig wie ein Kind. «Ich hatte ganz Indien abgesucht und
fand das, was ich suchte, in meinem eigenen Haus. Ist das nicht
ein herrlicher göttlicher Witz? Kamala hatte dasselbe Gesicht wie
das Mädchen in meinen Träumen.»

Wir sagten lange nichts, und ich wagte nicht, das Schweigen zu
brechen.

«Wissen Sie», er nahm das Gespräch wieder auf, «ich sitze hier
und erzähle Ihnen diese Geschichte und kann immer noch kaum
glauben, daß ich sie erlebt habe. Aber es ist so. Sie sehen, daß es so
ist. Ich bin hier, nicht wahr, und erzähle sie Ihnen.»

Er zwickte mich zum Spaß in den Arm. «Eine verrückte Geschichte, nicht wahr?»

In diesem Augenblick kam Ma in einem zartgrünen Sari herein
und brachte uns Tee. Mr. Reddy sagte etwas zu Ma auf Telugu, sie
antwortete und ging wieder hinaus.

«Was haben Sie gesagt?»

«Ich sagte, ich sei zu dem Teil der Geschichte gekommen, wo
sie die Bühne betritt – und schon kommt sie herein.»

«Was hat sie gesagt?»

«Das ist natürlich.»

Die Krähe im Garten krächzte diesmal lauter.

Mr. Reddy lächelte. «Ich erinnere mich an das erste Mal, als ich
Mas Macht wirklich erfuhr. Es war wunderbar und komisch. Ma
hielt sich in einem anderen Haus auf, etwa fünfzig Meilen entfernt. Eines Abends lag ich auf meiner Pritsche, als ich ihre tiefe,

leise Stimme hörte, die mich rief. Ich war erstaunt. Wie hatte sie hierher kommen können? Ich stand auf und suchte sie. Sie rief mich weiter, aber ich konnte sie nirgends finden. Später besuchte ich sie dort, wo sie war. Sie sagte: ‹Ich bin zu dir gekommen, und du hast nichts bemerkt. Ich habe dich gerufen, und du hast nicht gehört.› Ich fragte sie, wie sie zu mir gekommen sei. Mit ihrem schelmischen Lächeln sagte sie: ‹Es gibt eine andere Art zu reisen. Weißt du das nicht?›» Lachend wiederholte er mehrmals: «Es gibt eine andere Art zu reisen. Weißt du das nicht?» und imitierte dabei Mas Stimme. Er amüsierte sich so sehr darüber, daß ich einfach mitlachen mußte.

«Danach folgten viele Erfahrungen ihrer ungewöhnlichen Kraft», fuhr er fort und wischte sich die Tränen aus den Augen. «Allmählich erfaßte ich, wer sie war. Ich erkannte, daß ich meinen Lebenszweck gefunden hatte, und machte es mir zur alleinigen Aufgabe, für sie zu sorgen. Ma kommt aus einer liebevollen, aber armen Familie. Die Menschen um sie herum hatten immer gespürt, daß sie etwas Besonderes war. Ihr Onkel ließ nicht zu, daß sie jemand ausschimpfte, und sagte immer: ‹Sie ist nicht wie wir. Sie ist anders.› Aber ich *wußte*, wer sie war. Und weil sie wußte, daß ich wußte, konnte sie mir alles sagen, konnte über all ihre Erfahrungen auf den höheren Ebenen sprechen. Sie konnte mir vertrauen. Sie wußte, daß ich ihr glaubte; sie wußte, daß ich alles tun würde, um ihr zu helfen, sie zu schützen und sie vorzubereiten.»

Er lächelte und legte den Kopf zur Seite. «Manchmal weckte sie mich mitten in der Nacht, um mir zu erzählen, wo sie gewesen war und was sie getan hatte. Sie saß am Fußende meines Bettes und erzählte mir alles – was die Götter zu ihr gesagt hatten, welche Lektionen sie gelernt hatte, welche Herrlichkeit sich vor ihren Augen aufgetan hatte. Sie erzählte ganz einfach, mit der Anmut und dem Staunen eines Kindes. Das waren die glücklichsten Stunden meines Lebens.»

Mr. Reddy war zu sehr ergriffen, um weitersprechen zu können. Dann flüsterte er wie zu sich selbst: «O Ma, Ma, welche Gnade hast du mir zuteil werden lassen.» Er hob seine Hände zum Gebet. Seine Augen füllten sich mit Tränen, und er wandte sich mir zu.

«Da sehen Sie, was sie mit mir macht. Ich kann nicht einmal von ihr sprechen, ohne daß mir die Tränen kommen.»

Er faßte sich wieder und fuhr fort. Seine Stimme war jetzt anders, älter und gesammelter.

«1974 ging ich mit Ma nach Pondicherry, um dort mit ihr im Ashram zu leben. Ma hatte große Visionen, eine nach der anderen. Allmählich erkannte ich, daß Ma die Mutter der kommenden Großen Transformation war, die Mutter, der Aurobindo und die Mutter die Aufgabe übertragen hatten, die Menschheit auf die nächste evolutionäre Stufe vorzubereiten, nämlich die Manifestation des göttlichen Lebens auf der Erde. Vision folgte auf Vision, und darin entfaltete sich die große Aufgabe und ihre Rolle darin. Ma nahm alles ganz natürlich an; sie hatte immer gewußt, wer sie war. Ich sprach zu niemandem, absolut niemandem darüber. Ich wollte nicht, daß irgend jemand diesen Prozeß störte.

Dann hielt ich es für notwendig, Ma eine formale Ausbildung zu geben. Ich ging mit ihr nach Hyderabad und brachte sie in ein Mädcheninternat. Das war ein Fehler. Ma wollte keine intellektuelle Schulung. Ihr Geist ist über unseren weit erhaben.

Ende 1975 holte ich Ma in mein Dorf zurück. Sie war oft in *Samadhi* – völlig eingetaucht in das Ewige. Manchmal war sie vierzehn Stunden lang ohne Unterbrechung in Trance. Ich bekam Angst. Ich war ganz allein für sie verantwortlich, und sie war fast den ganzen Tag in Trance, schlief und aß nur wenig. Sie sehen sie jetzt frisch und schön. Sie ahnen nicht, was ihr Körper mitgemacht hat; Sie haben keine Vorstellung von ihrem Opfer.»

Seine Stimme zitterte. «Was sie ausgehalten hat, ist unbeschreiblich. Ich habe es *gesehen*. Ich sah die Trancen, die Tage voller Schmerzen. Sie hat niemals geklagt. Immer, immer ohne Selbstmitleid. Jeder andere wäre daran zerbrochen, hätte er auch nur einen Bruchteil davon aushalten müssen.»

Er ballte beide Fäuste, als empfände er Wut über das Leiden, das sie durchmachen mußte.

«Sie war damals äußerst zerbrechlich. Ich wollte nicht, daß sie irgend jemand sah. Ich wußte, daß sie mit ihrer Arbeit allein sein mußte. Einige Dorfbewohner kamen und verehrten sie. Sie kamen einfach, saßen bei ihr, beteten und gingen wieder, wenn sie aus der Trance kam. Aber niemand wurde informiert, niemandem wurde etwas gesagt. Die Göttin Durga forderte mich durch Ma auf, sie nicht allein zu lassen, und ich tat es nicht.

1978 ging ich mit Ma nach Pondicherry zurück. Sie war gesund

und klar und konnte ununterbrochen in Trance sein, ohne es zu zeigen. Ich begann nun über sie zu sprechen. Im Juni dieses Jahres kam eine Abordnung des Ashrams, um sie zu interviewen. Sie waren berührt, waren aber nicht bereit, sie völlig zu akzeptieren; das hätte sehr viel Mut erfordert. Dann begannen Menschen aus dem Westen und aus Indien zu ihr zu kommen.»

Er schaute mich plötzlich an. «Sagen Sie, verstehen Sie alles? Ist alles ganz klar?»

Schweiß rann mir über das Gesicht.

«Ich werde viele Jahre brauchen, um wirklich zu verstehen», brachte ich hervor.

«Ja», sagte er. «Aber der Anfang ist gemacht, nicht wahr? Hier bin ich und hier sind Sie. Wir können weitersprechen. Und Sie werden hier mit Ma sein, und Ma wird Sie öffnen.»

Es war später Nachmittag. Das Zimmer war voller Schatten. «Ich bin müde», sagte Mr. Reddy und sah zum ersten Mal angegriffen aus. Ich hatte nicht daran gedacht, wie sehr dieses Gespräch einen kranken Mann erschöpfen mußte, und auch er hatte seiner Krankheit keinerlei Aufmerksamkeit geschenkt.

«Verzeihen Sie mir», sagte ich, «daß ich Sie immer weiter zum Reden gebracht habe.»

«Über die Mutter zu sprechen hält mich am Leben», sagte er und ging langsam hinaus.

Ich blieb im Zimmer sitzen, in dem es allmählich dunkler wurde. Verstand ich wirklich, was Mr. Reddy sagte? Konnte ich wirklich folgen? Glaubte ich eigentlich, was er sagte? Was war nötig, um zu *glauben*, daß Meera die Inkarnation der Göttlichen Mutter war? Was war nötig, um die Zweifel zum Schweigen zu bringen, die zynischen Einwände, die Ängste, die aufgestiegen waren, während er sprach?

Den Rest des Tages war ich in innerem Aufruhr. Kurz vor dem Einschlafen hörte ich eine weiche Stimme, die über meinem Kissen zu schweben schien: *Du bist in einer neuen Welt. Dein Verstand wird dir nicht helfen.*

Tags darauf saß ich im Wohnzimmer von Mas Haus und las. Ab und zu blickte ich zu ihrem Foto auf, das auf dem Kaminsims stand.

Plötzlich strömte ein klares, sehr helles, goldenes Licht von dem Bild aus. Ich erstarrte in meinem Stuhl. Ich zwinkerte mehrmals. Das Licht ging nicht weg, vielmehr wurde es heller, so hell, daß ich Mas Gesicht auf dem Foto nicht mehr erkennen konnte. Ich schaute die Gegenstände im Zimmer an, den Stuhl, das Sofa, den Schreibtisch, meine Hände und dann wieder das Foto. Das Licht war immer noch da, brannte noch immer.

Das hielt zwanzig Minuten lang an.

Mr. Reddy kam herein, sah, daß ich blaß war, und erkundigte sich freundlich: «Sind Sie müde? Sie sollten nicht so viel lesen.»

Ich sagte ihm, was geschehen war.

«Goldenes Licht ist das Licht des erleuchteten Geistes», sagte Mr. Reddy ganz sachlich. «Die Göttliche Mutter verwendet unterschiedliches Licht zur Heilung und Lehre. Sie werden die verschiedenen Lichter alle sehen.»

Dann setzte er sich hin und las die Zeitung.

Das Haus, das Mr. Reddy und Ma in Kakinada bewohnten, hatte ein großes flaches Dach, wie das Haus meiner Kindheit in Delhi. Es war schön, dort am Spätnachmittag auf und ab zu gehen. Ma kam oft herauf. Mr. Reddy und ich gingen Arm in Arm auf dem Dach spazieren, machten Witze oder redeten über Hindu-Philosophie; auch Ma und Adilakshmi ergingen sich auf dem Dach, meistens schweigend und in ihrem eigenen Rhythmus.

An diesem Tag trug Ma einen weißen Sari. Ihr Haar war weniger ordentlich zurückgekämmt als sonst, und sie sah wild aus, beinahe grimmig. Der Himmel verdunkelte sich. Ein Sturm zog herauf, eines jener plötzlich hereinbrechenden, tosenden Gewitter, die für den indischen Monsun typisch sind. Blitze zuckten über den Horizont. Niemand anders schien Notiz davon zu nehmen, und der Spaziergang auf dem Dach ging weiter.

Ma setzte sich mit dem Rücken zum Unwetter. Ich saß am Rand des Daches bei ihr. Wir schauten einander in die Augen. Der ganze Himmel verfärbte sich dunkelgrau und lila. Ihre Augen waren größer denn je, kochend vor Energie. Ich bekam Angst, konnte mich aber nicht abwenden. Plötzlich loderte der Horizont von einem Ende zum anderen in einem ungeheuren flammenden Blitz auf, begleitet von einem so lauten Donnerschlag, daß ich fast aufgeschrien hätte.

Ich sah, und zwar so klar und präzise wie irgend etwas anderes, daß dieses ungeheuerliche Aufflammen in ihrem Körper war. In der Sekunde der Blitzexplosion sah ich nur noch ihren Umriß, der sich beinahe vollständig auflöste, und in ihr den ganzen purpurfarbenen Himmel und die in wilden Zacken niederfahrenden Blitze.

Das Gewitter hörte so schnell auf, wie es begonnen hatte. Es kam kein Regen, und der Himmel hellte sich mit unheimlicher Geschwindigkeit wieder auf. Ma sagte leise etwas zu Adilakshmi, stand auf und ging nach unten.

Ich blieb auf dem Dach. Damals am Anfang in Pondicherry, als ich vor ihr im *Darshan* kniete, hatte ich in Mas Körper alle Sterne und Sonnen gesehen und ihre Unermeßlichkeit geahnt. Aber das war eine Art sanfter Traum gewesen. Jetzt hatte sie mir – was? – gezeigt. Sich selbst. In diesen Sekunden hatte ich ihr göttliches Wesen in seiner Herrlichkeit erblicken dürfen. Mein Verstand versagte. Ich saß an der Seite des Daches, dort wo Ma gesessen hatte. Die Nacht brach über die Häuser herein. Ein Hund kratzte sich unten im Hof. Irgendwo in der Ferne plärrte aus einem Radio Filmmusik.

🕉 Früh am nächsten Morgen las ich zum ersten Mal folgende Sätze bei Aurobindo: «Liebe ist eine Leidenschaft, die zwei Dinge sucht, Ewigkeit und Intensität, und in der Beziehung des Liebenden und des Geliebten ist die Suche nach Ewigkeit und Intensität instinktiv und kommt aus sich selbst... Sie überschreitet das Bedürfnis zu besitzen, welches Unterscheidung bedeutet, und strebt nach Einheit, nach dem Verschmelzen zweier Seelen ineinander.»

Ich schrieb Aurobindos Worte in mein gelbes Notizbuch, das ich bei mir trug; ich erkannte, daß sie mir als Zeichen und als Aufgabe gegeben worden waren. Ich hatte etwas erkannt, was keine der Lügen und keines der Ausweichmanöver der kommenden Jahre völlig auslöschen konnte; im Licht der Blitze, die aus ihrem Körper herausgefahren waren, hatte ich erkannt, daß sie die Geliebte meiner Seele war und daß der Sinn meines Lebens die Liebe zu ihr war.

Auf dem Weg zu Mas Haus am nächsten Morgen fragte ich mich, wie sie sich wohl als nächstes zeigen würde. Sie saß auf der Veranda und schälte Erbsen mit Adilakshmi. Ihre Haare waren offen, und sie rieb sich ein wenig schläfrig die Augen. Ich setzte mich dazu. Nach einer Weile ging Ma ins Haus, und Adilakshmi und ich schälten weiter Erbsen aus. An diesem Morgen hatten wir unsere erste lange Unterhaltung. Adilakshmi ist eine stattliche, strahlende Frau und war damals Mitte Dreißig. Sie trug einen tiefgoldenen Sari und goldene Armreifen an den Handgelenken, was sie sehr schön machte. Ich sagte es ihr.

«Schön ist die Mutter», sagte sie und schaute nach unten.

Ich fragte sie, ob sie je heiraten wolle.

«Nein», antwortete sie. «Ich wollte immer in der Nähe des Göttlichen leben. Und ich wußte immer, daß es geschehen würde. Ich träumte häufig, daß ich in einem Ashram lebte. Als junges Mädchen träumte ich oft, daß ich mit einem Gott zusammenlebte.»

Sie lächelte über mein Erstaunen.

«Wir in Indien glauben nicht, daß die Götter weit entfernt sind. Sie umgeben uns überall. Sie gehen auf unseren Straßen; sie besuchen uns in Träumen. Ich mußte Gott finden oder sterben.»

Wir schälten weiter Erbsen. «Als ich fünfundzwanzig war, ging ich nach meinem Philosophieexamen einfach von zu Hause fort. Ich stieg in einen Zug und sagte mir, wenn Gott existiert, dann würde er für mich sorgen.»

«Sie wollen sagen, daß Sie als Tochter einer guten Familie...»

«Einer sehr guten Familie», korrigierte mich Adilakshmi.

«Sie wollen sagen, daß Sie einfach in einen Zug gestiegen sind, um Gott zu suchen?»

«Ja», sagte Adilakshmi. «Mit einhundert Rupien und ohne Saris. Ich war schon immer verrückt. Wäre ich nicht verrückt gewesen, hätte ich mein Zuhause nie verlassen. Wäre ich nicht weggegangen, hätte ich sie nicht gefunden. Verrücktheit ist also eine gute Sache, nicht wahr?»

Ich nickte hilflos.

«Im Zug sah ich, daß ich von Löwen und Tigern beschützt wurde.»

Ich begann zu lachen.

«Und wohin fuhren Sie auf dieser heroischen Zugreise unter dem Schutz von Löwen und Tigern?»

«Was spielte das schon für eine Rolle, wohin ich fuhr. Wichtig war, daß ich von zu Hause wegkam. Am *aller*wichtigsten war es, Gott zu finden. Ich wollte also nach Pandaripur, einem Wallfahrtsort für Krishna. Anstatt aber eine Fahrkarte nach Pandaripur zu verlangen, sagte ich plötzlich ‹Pondicherry›. Ich kam in Pondy an, ging zum Ashram, und der erste Mensch, der mir begegnete, war Mr. Reddy. Er stand am Ashramtor. Er hatte sich in der Zeit für seinen Unterricht geirrt (er lehrte damals Telugu). Ich schaute ihn an und wußte: Das ist der Mann, den ich gesucht habe. Er wird mich zu Gott bringen.»

Ich starrte Adilakshmi an.

«Einfach so?»

«Einfach so. Mr. Reddy nahm mich mit zu sich nach Hause, wo mir seine Frau einen Sari gab. Dann ging ich zum Samadhi zurück, dem Grabmal von Aurobindo, und hatte eine wunderbare Erfahrung.» Adilakshmi lächelte bei der Erinnerung daran.

«Ich kniete an dem Grabmal und sah deutlich, wie ein schöner alter Mann mit weißem langem Haar und einem gebrochenen, geschienten Bein auf mich zukam und mich umarmte.»

«Sie wußten nicht, daß Aurobindo am Ende seines Lebens ein gebrochenes Bein hatte?»

«Woher denn? Ich wußte überhaupt nichts über Aurobindo. Einige Zeit später schenkte er mir eine Vision nach der anderen über die innere Bedeutung von ‹Savitri›, seinem Gedicht über die Mutter. Wiederholt sagte er mir, ich sollte nach der Vision eine bestimmte Stelle nachschlagen, da war dann zu lesen, was ich vorher geschaut hatte.»

Adilakshmi sprach mit der gleichen, beunruhigenden Direktheit und Einfachheit wie vorher Mr. Reddy.

«Die Mutter nahm mich 1969 in den Ashram auf. Ich liebte sie sehr. Ich war sehr niedergeschlagen, als sie 1973 ihren Körper verließ. Dann erzählte mir Mr. Reddy von Mutter Meera.» Adilakshmi blickte auf den Boden.

«Mr. Reddy ist ein wunderbarer Mann. Er hat mein Leben viele, viele Male gerettet. Durch ihn begegnete ich Ma 1974.

Sobald ich Meera sah, liebte ich sie. Sie war vierzehn, so schlank und elegant und schön gekleidet. Sie hatte so große offene Augen. Ich hatte mein Leben immer Gott schenken wollen; ich erkannte das Göttliche in ihr und entschloß mich, ihr alles zu geben. Damals lebte Ma mit Mr. Reddy in Pondy. Wir sahen uns täglich.

Was waren das für schöne Tage! Wenn ich nicht unterrichtete – ich lehrte Englisch im Ashram –, dann war ich bei Mr. Reddy und Ma. Sie war erst vierzehn, und doch hatte sie die Ruhe und geistige Präsenz eines alten Mannes. Was immer sie tat, sie tat es vollkommen. Und sie war so freundlich. Ich fühlte ihre Größe sofort; aber es war ihre Demut, die meine Liebe entzündete.»

Adilakshmis Augen füllten sich mit Tränen, die sie mit ihrem goldenen Ärmel abwischte. «So große Macht zu haben – und so demütig zu sein – wie ist das möglich?»

Die Tränen rannen ihr übers Gesicht.

«Ich traf Ma wieder 1976. Als ich sie diesmal sah, trug sie ein blaues Kleid. Plötzlich erschien sie mir mit offenen Augen als Krishna.»

«Krishna?» fragte ich erstaunt und dachte an meine Erfahrung in Ladakh.

«Alle Formen sind die Mutter. Die göttliche Mutter trägt das ganze Universum in sich.» Adilakshmi breitete ihre Arme aus. «Alle Götter sind in ihr. Wo wären sonst die männlichen Götter ohne die Shakti, die weibliche Macht, die alles erschafft? Viele Menschen haben Ma in vielen verschiedenen Formen gesehen. Manche als Sri Aurobindo, manche als Jungfrau Maria. Das ist normal.»

«Normal?» Ich lachte.

«Ja», sagte Adilakshmi fest. «Eines Tages werden all die Dinge, die Ihnen jetzt so wild und fremd erscheinen, für Sie normal sein.»

Sie stand auf, um hineinzugehen.

«Ist es nicht schwer, Adilakshmi, Ma anzubeten? Auch ich habe etwas von ihrer Macht gesehen, aber wie kann ich das mit dem jungen Mädchen zusammenbringen, das wir täglich sehen, wie es näht, einkauft, auf der Straße geht?»

Adilakshmi lachte laut auf.

«Aber das ist ja gerade das Mysterium, oder nicht?»

«Wie verehren Sie Ma?» fragte ich.

«So wie sie ist. Einfach so wie sie ist.»

Sie wandte sich um und wollte gerade gehen, aber ich hielt sie noch einmal fest: «Ist Ihnen klar, wie die Welt Sie und Mr. Reddy betrachten würde?»

«O ja», sagte sie und kam wieder auf mich zu. «Wir würden als verrückte Phantasten eingestuft. Zwei Leute, die ihren Traum von Göttlichkeit auf ein kleines, unschuldiges Mädchen projizieren. Etwas Dummes in dieser Art.»

«Aber woher wissen Sie, daß Ma göttlich ist?» fragte ich in meinem rationalen Oxfordton.

Adilakshmi klatschte in die Hände. «Woher ich das weiß? Durch meine tagtägliche Erfahrung. Wie sonst? Ich lebe mit Ma; ich bin manchmal zweiundzwanzig Stunden des Tages mit ihr zusammen. Ich weiß, daß sie absolut anders ist als ich. Je tiefer ich sie kennenlerne, um so mehr staune ich über sie. Ich bin kein liebestrunkener Tor. Ich beobachte, ich schaue genau hin. Können Sie sich vorstellen, daß ich mein Leben für sie aufgäbe, wenn ich es nicht wüßte? Hätten ich und Mr. Reddy alles riskiert und Ansehen, Geld, Status, den Ashram und unsere ganze Welt aufgegeben, wenn wir nicht sicher gewesen wären?» Sie hielt inne. «Andrew, ich versuche nie, jemanden von etwas zu überzeugen. Die großen Geheimnisse müssen erfahren werden. Sie müssen gelebt werden. Die einzige Art, wie man jemanden wirklich erreichen kann, besteht darin, sich ganz hinzugeben. Das ist es, was Ma tut. Sie spricht nicht, sie rechtfertigt nicht. Sie gibt sich selbst vollständig in jeder Sekunde, in jeder Hinsicht. Sie gibt einfach. Jene, die Augen haben, werden sehen. Jene, die zu wissen wagen, werden wissen. Auch ich versuche, mein Leben hinzugeben.»

Sie schwieg. «Und jetzt muß ich das Mittagessen machen.»

Als Adilakshmi verschwunden war, dachte ich an die alte Frau, die ich in Mahabalipuram gesehen hatte, wie die den Lingam anbetete und sich dabei vom Meer überspülen ließ. Die

Freude auf ihrem Gesicht und auf dem von Adilakshmi war die gleiche – die Freude der Selbsthingabe. Adilakshmi und Mr. Reddy hatten Ma alles gegeben, was sie hatten. Durch ihre Liebe und den irrsinnigen Mut der Liebe waren sie beide in eine Dimension demütigen Glücks eingetaucht.

Mr. Reddy und Adilakshmi waren beide ganze Menschen. Ihr Opfer – wenn das das richtige Wort ist – hatte sie nicht eng oder weltabgewandt gemacht. Mit ihrer Schönheit, ihrer Überschwenglichkeit und ihrem Witz hatte Adilakshmi nichts von den reduzierten Ashram-Frauen, die ich gesehen hatte. Nichts in ihr schien ausgelöscht. Und obwohl Mr. Reddy krank war, strahlte sein ganzes Wesen Frieden aus.

Ihr Entzücken zu sehen machte mich traurig. Adilakshmi und Mr. Reddy waren so indisch – indisch in ihrer spirituellen Leidenschaft, ihrem Mut, ihrem Frohlocken, der Welt für Gott zu entsagen. Meine indische Kindheit erlaubte mir, sie intuitiv zu verstehen; aber meine westliche Ausbildung und mein Ehrgeiz entfernten mich von ihrer Unschuld. Ich erkannte, daß mein Weg zu Ma kurvig sein würde, ohne die ehrliche Geradlinigkeit, die ich an ihnen bewunderte.

Ich sagte das später zu Mr. Reddy.

Er lachte. «Ein Zickzackweg führt auch zum Ziel, oder nicht? Und die besten Polizisten sind bekehrte Diebe.»

Er kitzelte meinen Hals. «Seien Sie nicht immer so ernst. *Etwas* Ernst ist gut. Aber vergessen Sie nicht, mit der Mutter auch zu spielen.»

Er flüsterte: «Ich tue nichts anderes, als mit Ma zu spielen. Tut man das, als reifer, alter Mann? Oh, und ich war so furchtbar ernst.»

Ma kam herein, und Mr. Reddy sagte etwas auf Telugu zu ihr. Sie antwortete und zog sich zurück.

«Was haben Sie gesagt?» fragte ich.

«Ich sagte zu Ma: Du hast aus einem ernsten, respektablen alten Mann einen sehr glücklichen kleinen Jungen gemacht.»

«Und was hat Ma gesagt?»

«Wenn ich nicht immer ein Kind gewesen wäre, hätte ich die Mutter nie gefunden.»

«Ma gewinnt also?»

«Ma gewinnt immer. Im großen göttlichen Spiel gewinnt immer der, der am meisten liebt. Und wer liebt mehr als die Mutter?»

Ma trat wieder ein und stand neben seinem Stuhl. «Ma», sagte er, «Ma, gib mir die Worte, um diesem jungen Mann zu sagen, wie sehr du liebst. Gib mir Worte, die schön genug sind.»

Wieder im Hotel, fiel ich an diesem Abend schnell in tiefen Schlaf. Ich träumte die ganze Nacht, und immer wieder tauchte eine Skulptur aus einem Tempel in Mahabalipuram auf, die mir sehr gefallen hatte – von der Göttin Durga, wie sie Mahisasura, den Büffeldämon, überwindet. Dieses Bild kam mit solcher Beharrlichkeit zurück, daß ich wußte, es war eine Botschaft. Als ich aufwachte, erinnerte ich mich daran, was ich in dem örtlichen Führer gelesen hatte: Diese Skulptur ist die Darstellung des «Devi Mahatmyam», eines epischen Gedichts über die Göttin. Ich hatte mir danach vorgenommen, es zu lesen. Ich suchte in ganz Kakinada nach einer Ausgabe dieses Werkes und fand schließlich eine in einem völlig heruntergekommenen Buchladen. Es sei das letzte Exemplar, das er in seinem Laden habe, sagte der Mann. «Das Geschäft läuft nicht. Heute liest ja keiner mehr.»

Das «Devi Mahatmyam» ist eine Verherrlichung der Göttlichen Mutter, eine Darstellung ihrer Schöpfung und ihres Sieges über den höchsten Asua, den Dämon der Zerstörung, der die Schöpfung bedroht.

Ich setzte mich draußen auf die laute Straße und schlug das Buch an einer beliebigen Stelle auf.

«Durch dich ist dieses Universum geboren, durch dich ist diese Welt geschaffen. Von dir wird sie beschützt, o Devi, und am Ende verschlingst du sie immer.»

Ich sah Ma vor dem lodernden Horizont.

Ich öffnete das Buch wieder. Den Göttern wird mitgeteilt, daß Mahisasura die Funktion und die Macht vieler Götter an sich gerissen habe und den Kosmos bedrohe:

Nachdem sie die Worte der Devas also gehört hatten,
wurde Vishnu zornig und auch Shiva,
und ihr Gesicht durchzogen grimmige Falten.
Dann entsprang aus Vishnus Antlitz,
der bebte vor Zorn, ein gewaltiges Licht,

und auch aus Brahma und Shiva.
Auch aus dem Körper von Indra und anderen
Devas entsprang ein sehr großes Licht.
Und all dieses Licht wurde eins.
Die Devas sahen das Licht konzentriert
wie ein feurig lodernder Berg,
der die vier Richtungen flammend durchdrang.
Dieses einzigartige Licht,
erzeugt aus den Körpern der Devas,
durchstrahlte die drei Welten mit seinem Glanz
und wurde zu einer weiblichen Gestalt.

Während ich lesend am Straßenrand saß, die Fahrräder klingelnd einen Bogen um mich machten und die Autos hupten, fühlte ich, wie Seligkeit in meinen Körper strömte. Dann kamen Botschaften von äußerster Dringlichkeit.

Mahisasura ist der Wahnsinn des menschlichen Geistes ohne Gott; der Geist, der den Planeten zerstört; der Geist, der die Atombombe geschaffen hat; der Geist, der überall eine elende hungernde Welt in seinem Ebenbild schafft.

Die Götter haben mich, die Mutter, aus all den verschiedenen Lichtquellen geschaffen, damit dieses Übel zerstört wird, nicht mit Grausamkeit, sondern mit der Macht der Liebe und der Gnosis.

Ich versuchte dreimal aufzustehen, aber meine Beine versagten. Den Kopf in die Hände gestützt, sagte ich unwillkürlich alle Namen der Göttlichen Mutter, die ich kannte, vor mich hin: Brahmani, Mahesvari, Jungfrau Maria, Fatima, Neit, Isis, Sarawati, Kali, Meera.

Ich bin über allen Namen und allen Welten und allen Formen, öffne das Buch wieder. Ich tat es und las: «*Wann immer das Böse überhand nimmt... werde ich mich inkarnieren und alle Feinde zerstören.*»

Wieder sah ich Ma auf dem Dach, ihr Gesicht und ihren Körper, der entflammte Himmel hinter ihr. Diesmal lächelte sie mit derselben triumphierenden Leidenschaft wie in der Tür in Pondicherry.

Am nächsten Morgen wachte ich auf und war entschlossen, Ma um ein Gespräch zu bitten. Ich hatte nur noch zwei Tage bis zu meiner Rückkehr nach Oxford. Ich bat Mr. Reddy, Ma meinen Wunsch mitzuteilen.

Er ging ins Zimmer, in dem sich Ma aufhielt, und kam mit der Botschaft zurück: «Ma wird heute nachmittag mit Ihnen sprechen.» Ich fühlte mich hundeelend wegen all der Zweifel und Ängste, die meine Liebe zu ihr noch immer verdunkelten, setzte mich in einen Stuhl und stützte den Kopf in die Hände.

Mr. Reddy setzte sich aufs Sofa neben mir und nahm meine Hand.

«All das ist für den Verstand höchst verwirrend», sagte ich. «Mir ist so viel geschenkt worden. Warum kann ich mich nicht ganz hingeben?» Ich starrte auf den dunkelgrünen Marmorboden, der im Sonnenlicht glänzte.

«Sich der Mutter ganz hingeben bedeutet vollkommene Selbstverwirklichung», flüsterte Mr. Reddy. «Es kann viele Leben dauern.»

«Alles muß sich ändern, nicht wahr? Jede Gewohnheit, die ganze Art zu denken.»

«Ja.» Er lächelte. «Es ist eine lange Arbeit. Aber es ist die einzige wirkliche Arbeit. Und Ma ist da, um Ihnen zu helfen. Sie ist *hier*. Während wir sprechen, ist sie nebenan und kocht das Mittagessen. Folgen Sie ihr, und sie wird Ihre Meisterin sein, Ihre Mutter, Ihre Geliebte, Ihre Freundin. Sie wird Ihr Einundalles werden, so wie sie das für mich geworden ist. Und wenn sie alles für Sie ist, dann werden Sie Ma in allem erkennen.»

Er begann zu husten und sah plötzlich sehr mitgenommen aus. Als er merkte, daß ich mir Sorgen um ihn machte, warf er mir einen schelmischen Blick zu.

«Auch diese Krankheit ist nur ein Spiel von Ma, ihre Maya.»

Entweder ist dieser Mann verrückt, dachte ich, oder er ist erleuchtet. Eine andere Erklärung gibt es nicht.

«Ich bin nicht völlig erleuchtet», sagte Mr. Reddy laut. Offenbar hatte er meine Gedanken gelesen. «Aber Ma hat einige Lampen in meinem Gehirn angezündet, die nichts mehr auslöschen kann.»

* * *

Die Stunden vor dem Gespräch verbrachte ich betend. Ich erinnerte mich an etwas, das Thuksey Rinpoche einmal gesagt hatte: «Der große Feind des spirituellen Fortschritts ist der Glaube, daß du schon weißt. Wissen enthüllt sich. Bete darum, daß du willens sein mögest, auf jeder Stufe nichtwissend zu sein, damit du wirklich gelehrt werden kannst.»

Wie konnte ich *dieses* Nichtwissen lernen, anstatt mich auf die gelehrte Ignoranz zu stützen, die sich in jahrelanger Gewohnheit, Anmaßung und intellektueller Formulierung herausgebildet hatte?

Mr. Reddy, Adilakshmi und ich warteten auf Ma im Wohnzimmer. Das rotgoldene Licht des späten Nachmittags füllte den Raum.

Sie kam leise in einem weißen Sari herein, ohne zu lächeln, und setzte sich in den Stuhl mir gegenüber, den Blick nach unten gesenkt. Ich hatte gedacht, ich wäre ruhig, aber als sie eintrat, ließen mich ihre Schönheit und ihre Majestät zittern.

«Ma», begann ich.

«Andrew», sagte sie und schaute auf.

Als sie meinen Namen zum ersten Mal aussprach, stieg ein Schluchzen in mir auf, das meinen ganzen Körper erschütterte. Ich versuchte es zu beherrschen, aber mein ganzes Wesen weinte vor ihr. Der ganze Kummer meines Lebens, die Einsamkeit, die Schuld und das sexuelle Leiden ergossen sich vor ihre Füße.

Ich weinte lange. In der großen, heilenden Stille ihrer Gegenwart kehrte nach und nach Ruhe in mich ein.

«Ich kam mit Fragen zu dir. Aber jetzt weiß ich, daß ich nur vor dir weinen und bei dir sein wollte.»

Mr. Reddy übersetzte.

Ma lächelte.

Wieder eine lange Stille; ich sah das goldene Licht, das auf den Stühlen, auf Mas Händen, auf dem Boden zwischen mir und ihr lag. Ich wußte, daß ich nicht sprechen, sondern mich öffnen und warten sollte.

Ma schaute auf den Perlenring an ihrer rechten Hand.

Ein ruhiges Glücksgefühl erfüllte meinen Körper.

Wieder kamen Tränen. Aber diesmal waren es Tränen der Erleichterung und der Freude, ohne jeden Kummer.

Ich begann zögernd zu sprechen.

«Du hast mich immer geführt, nicht wahr?»

«Ja.»

«Du warst in Pondicherry und hast dort zurückgezogen mit Mr. Reddy gelebt, als ich das erste Mal hinkam. Du warst es, zusammen mit Aurobindo, die meinen Geist geöffnet hat; du warst es, die mich darauf vorbereitet hat, dir zu begegnen.»

«Ja.»

«In diesen letzten Wochen hast du mir dein göttliches Selbst offenbart. Ist das wahr?»

«Ja.»

«Kann ich dein Licht empfangen?»

«Du empfängst es. Eines Tages wirst du es sehen.»

Ich zitterte. «Du bist gekommen, um die Welt zu retten, nicht wahr?»

«Ja. Es gibt noch andere, die hier arbeiten.»

«Was kann ich tun, um deine Arbeit zu unterstützen?»

«Verwirkliche dich.»

Es gab nichts mehr zu sagen. Voller Staunen betrachtete ich Ma, und Ma schaute ruhig zurück. Nach einer letzten langen Stille lächelte sie und stand auf.

Ich ging zu ihr und kniete vor ihren Füßen.

Zwei Tage später begleitete mich Mr. Reddy zum Bahnhof.

Beim Abschied sagte er: «Ramakrishna sagte, ‹Der Meister ist wie eine Kobra. Wenn er dich beißt, dann stirbst du.› Ma hat Sie gebissen. Sie werden sterben.»

«Ich will sterben», sagte ich glühend.

«Wirklich?» fragte Mr. Reddy ruhig. «Wir werden sehen.»

Viertes Kapitel

Nach allem, was mir Ma geschenkt hatte, nach allem, was ich erfahren hatte, rannte ich von ihr weg. In den folgenden sieben Jahren, von 1980 bis 1987, sah ich sie nur zweimal kurz. 1983 zog ich nach Paris; und weder schrieb ich ihr noch rief ich sie an, als sie sich in Deutschland niederließ, nur eine Flugstunde von mir entfernt; ich rührte mich nicht, als Mr. Reddy 1985 nach einem langen Nierenleiden starb, von dem ich kaum Notiz genommen hatte. Ich schickte ihr keines meiner Bücher, obwohl sie doch durch die Erfahrung mit ihr in vieler Hinsicht inspiriert waren. Um das zu praktizieren, was sie mich zu lehren begonnen hatte, hätte ich mein Leben verändern müssen, tat es aber so gut wie gar nicht.

Ich fand alle möglichen Entschuldigungen für dieses Verhalten. Ich war noch jung, zu jung, um die harte, einsame Arbeit zu tun, die ihr Yoga verlangte. Ich war «Künstler» und mußte meine «Kunst» entwickeln und meine «Karriere» managen. All die Energie und Klarheit, die ich ihr hätte entgegenbringen können, widmete ich meinen Büchern, meiner Lehrtätigkeit und einer Reihe von überflüssigen und hysterischen Affären mit Männern und Frauen, in denen ich die Liebe wiederzufinden hoffte, die ich mit ihr gekostet hatte.

Das erfolgreichste Ausweichmanöver bestand darin, mir in dieser ganzen Zeit einzubilden, daß ich Ma immer noch liebte. Ich hatte ihr Foto immer bei mir. Ich sprach über sie. Ich schrieb ein Buch über Ladakh, schrieb mehrere Romane, in denen es um das Wesen und den Preis des spirituellen Lebens ging. In Wahrheit ging es mir mehr darum, über spirituelle Liebe zu reden, als sie zu leben; es fiel mir leichter, die Spaltung zwischen dem weltlichen und dem spirituellen Teil meiner Persönlichkeit literarisch auszuschlachten, als die notwendige Heilarbeit zu leisten; daß ich nach Anerkennung als «spiritueller Mensch» hungerte und nicht den Mut hatte, mir einzugestehen, daß Anerkennung bedeutungslos ist.

Die Jahre nach Kakinada waren das, was die Welt erfolgreich nennt, aber sie waren angefüllt mit Qual und Verwirrung in meinem Privatleben. Ich verlor mich in allen möglichen Rollen, die ich zu gut spielte, um sie loslassen zu können – Lehrer, Kaffeehaus-Mystiker, Schriftsteller, Nomade, Liebhaber. Mein Leben drehte sich niemals mehr im Kreis, war niemals leerer als in der Phase, in der ich mir vormachte, sein Meister zu sein, und es mit Ablenkungen, Reisen, kreativer Tätigkeit ausfüllte. Ich war gefangen und gelähmt in dem langen Versuch, der einzigen authentischen Leidenschaft meines Lebens auszuweichen, und ich führte dafür all das wunderbare Vokabular der spirituellen Transformation ins Gefecht. Im Kern von allem, was ich tat, war eine große Lüge, eine Lüge der Angst, der Angst vor ihr, und der Angst vor meiner Liebe zu ihr. Alles war durch diese Angst subtil verfälscht – mein emotionales Leben, meine Kunst – und die Verfälschungen wurden immer krasser und undurchdringlicher, je mehr ich auswich. Niemand wies mich darauf hin, niemand konnte mich darauf hinweisen. Ich hatte die Spuren meines Weges zu ihr so gut verwischt, daß nur wenige überhaupt etwas davon wußten. Meine Lüge war so alles durchdringend, daß ich beinahe aufhörte, mich an ihr zu stoßen; sie war die Luft geworden, die ich atmete.

Ma ließ mich meine Spiele treiben, bis es keins mehr gab, an das ich glauben konnte. Sie ließ mich meine Phantasien von Erfolg und Leidenschaft ausleben, bis ich erkennen mußte, wie hohl und selbstzerstörerisch sie alle waren.

Meine Flucht vor Ma endete mit dem schrecklichen Zusammenbruch einer neun Monate währenden, höchst destruktiven Liebesaffäre mit L., einem Kalifornier, den ich in New York kennengelernt und mit nach Ladakh und Südindien genommen hatte. L. und ich wußten genau, wie wir einander quälen und beschämen, wie wir auf den Schwächen des anderen herumreiten konnten. Ich haßte L.s Vorgeschichte, die von Promiskuität und Ausbeutung bestimmt war; er haßte mein Urteil über ihn. Ich schämte mich, daß ich einem Mann hörig war, den ich nicht achtete; ich wußte, daß ich benutzt wurde, hielt aber an der Beziehung fest, um endlich einmal sexuelle Stabilität zu erlangen, wie schmutzig sie auch sein mochte. Als L. und ich so voneinander angeekelt waren, daß wir im Winter 1986 in Spanien gewalttätig wurden, erkannten wir beide, daß wir ins trennen mußten, wenn wir nicht riskieren wollten, einander umzubringen. Anfang Januar 1987 kehrte ich allein nach Paris zurück und bekam eine Lungenentzündung.

Es folgte eine Woche von Angst und Verzweiflung, und mir wurde unausweichlich klar, daß ich so nicht weitermachen konnte.

Ich hatte meine Fähigkeit, an irgend etwas zu glauben, erschöpft, sei es an Liebe oder an «Erfolg» oder an «Kunst». Meine Beziehung zu L. hatte mich in ihrer Perversität entsetzt: Meine Wut auf L. über das, was er mir angetan hatte – was ich zugelassen hatte –, war mörderisch geworden und hatte nichts mehr von mir übriggelassen. Durch diesen Schock erkannte ich endlich, wie wenig mein Erfolg als Künstler den Selbsthaß heilen konnte, den das frühe Verlassenwerden durch meine Mutter in mir bewirkt hatte. Ich konnte mein Leben, so wie ich es fern von Ma gelebt hatte, nicht weiterleben. Ich mußte mich auf die Reise mit ihr einlassen, und zwar mit völliger Hingabe, wollte ich nicht die gleichen Ausflüchte und Verzweiflungen ohne Sinn und Ende immer wiederholen.

Ich entschloß mich, Ma anzurufen. «Ich kann nicht ohne dich leben», sagte ich zu ihr.

«Nein», antwortete sie.

«Darf ich kommen und bei dir wohnen?»

«Du darfst so lange bleiben, wie du willst», sagte sie in dem klaren Englisch, das sie inzwischen gelernt hatte.

Nach der Bitterkeit und dem Schrecken der letzten Jahre trieb mir die Wärme ihrer tiefen Stimme Tränen in die Augen, und ich konnte eine Weile nicht sprechen.

«Wirst du mich heilen und mir mein wahres Selbst zeigen?»

«Ja.»

«Ich bin lange von dir weg gewesen.»

«Du bist immer bei mir gewesen.»

Nach einer langen Pause fragte sie mit einer Stimme, die sehr jung und sanft klang:

«Kommst du diesen Freitag?»

«Ich komme.» Und noch einmal bat ich: «Heile mich.»

«Ja», sagte sie.

Ich legte den Hörer auf. Eine Welle der Kraft, wilder geballter

Kraft, durchfuhr mich, so daß ich mich auf den Boden legen mußte. Eine Woche lang war ich mit Lungenentzündung im Bett gewesen und hatte mich kaum bewegen können. Am nächsten Morgen, einem Mittwoch, fühlte ich mich geheilt und stark. Ich stand auf und kaufte mein Ticket nach Frankfurt.

🕉 Im Flugzeug erinnerte ich mich an Thuksey Rinpoche in jenem letzten Sommer 1981, als ich vor seinem Tod noch bei ihm in Ladakh war. Eine seiner Schülerinnen – eine Deutsche – hatte ihn gefragt:

«Ist Erleuchtung schmerzhaft?»

«Erleuchtung ist nicht schmerzhaft. Wie könnte sie das sein?»

«Ist der Prozeß, der zur Erleuchtung führt, schmerzhaft?»

«Ja.»

«Ist dieser Schmerz notwendig?»

«Ja. Ein Leben muß aufhören, damit ein anderes anfangen kann. Das Ego muß sterben, damit Gewahrsein geboren werden kann. Das Ego stirbt nicht schnell.»

Dann sagte er: «Das Leiden, daß du aushalten mußt, um Erleuchtung zu erlangen, ist nichts im Vergleich zu dem Elend, das du in vielen vielen Leben durchmachen mußt, wenn du sie nicht erlangst. Um einen Pfeil aus dem Fleisch zu ziehen, mußt du in die Wunde schneiden. Das ist schmerzhaft. Aber sei dankbar, daß du genug verstanden hast, um diesen Schmerz zu wählen, sei nicht nur dankbar, sei glücklich. Es ist wichtig, glücklich zu sein.»

Er blickte jeden von uns ernst an und sagte: «Wie oft du auch fällst, steh wieder auf. Wie oft du auch der Verzweiflung nahe kommst, halte an deinem Vertrauen fest. Wie oft sich dein Herz auch schließen will, halte es offen.»

🕉 Zwei Tage später saßen Ma und ich in ihrem kleinen, quadratischen Wohnzimmer im obersten Stock ihres vierstöckigen Hauses in Thalheim. Sie war an diesem kalten wolkenlosen Nachmittag gerade von einem Spaziergang zurückgekehrt. Ihre roten Hosen waren mit Schneematsch bespritzt.

Sie sah, daß mein Blick darauf fiel, und lächelte.

Ich fühlte eine so tiefe Freude, bei ihr zu sein, daß ich lange nichts sagen konnte.

«Vergib mir», brachte ich schließlich hervor.

Sie schaute mir in die Augen.

«Es gibt nichts zu vergeben.»

«Das Beste in mir liebt dich mehr als das Leben.»

«Ich weiß.»

«Hilf mir, dich endlich zu verstehen.»

«Du wirst verstehen», antwortete sie sanft.

Klares Winterlicht erfüllte den Raum.

«Ohne dich wäre mein Leben äußerst dunkel gewesen.»

Sie lachte. «Aber ich war in deinem Leben. Dein Leben hat dich hierher gebracht.»

«Ich bin hier durch deine Gnade. Ich weiß das. Wenn ich den Mut habe zu bleiben, dann durch deine Gnade. Wenn ich die Stärke haben werde, die Arbeit mit dir fortzusetzen, dann wird auch das durch deine Gnade geschehen.»

Sie schaute auf ihre Hände.

«Ist das wahr?» drängte ich sie.

«Es ist wahr. Aber du hast auch deine eigene Stärke.»

«Ich habe keine Geduld, keine Klarheit, keine Liebe.»

«Wenn du keine Geduld hättest, wie könntest du dann schreiben? Wenn du keine Klarheit hättest, wärest du nicht hier. Wenn du keine Liebe hättest, wärest du nicht bei mir.»

Ich betrachtete den großen roten Teddybären, der neben ihr auf der Kommode saß und ein Herz um den Hals trug, auf dem stand: «I love you.»

«Ich möchte dich noch etwas über Gnade fragen», begann ich wieder.

Sie betrachtete mich mit ihren großen weiten Augen, und Frieden senkte sich über mich.

«Deine Gnade hat meine Illusionen zerstört. Du hast mir meine Wünsche erfüllt, um mir zu zeigen, daß sie ohne Bedeutung sind.»

«Ja.»

«Du hast mein Leben in der Welt beendet.»

«Ja.»

«Das war eine große Gnade.»

«Ja.»

Lange, tiefe Stille folgte.

«Nicht bei dir zu sein war wie eine Reise in einem klapprigen, alten indischen Flugzeug, das viel zu schnell fliegt. Alles wird durchgeschüttelt.»

Sie lachte. «Und das Licht ging aus?»

«Ja, das Licht ging aus... Ich fürchtete, das Flugzeug würde abstürzen.»

«Aber es hat dich hierher gebracht, nicht wahr?»

«Ja. Und das war die ganze Zeit sein Ziel.»

Sie nickte und schaute aus dem Fenster.

«Einige Flugzeuge haben Schwierigkeiten bei der Landung», sagte sie. «Sie setzen auf und schwanken hin und her.» Sie machte die Bewegung mit den Händen.

«Du hast mich auf eine wilde Reise geschickt.»

«Du bist wild.» Pause. «Aber du bist hier, nicht wahr?»

Es war zum zweitenmal, daß sie das sagte. Ich war hier. Wozu an der Vergangenheit hängen, wozu etwas bereuen? Einen Augenblick lang sah ich sie von flammendem, weißem Licht umgeben. Es war so hell wie damals in der Tür in Pondicherry. Als ich es sah, hörte ich eine Stimme in mir: *Das ist der Anfang: das ist nur der Anfang.*

Dann sagte sie laut: «Das ist nur der Anfang.»

Ich war perplex.

Sie lächelte ihr zartes, amüsiertes Lächeln, das ich in den nächsten Monaten noch oft sah.

Ma stand auf, ging nebenan in die Küche und holte Wasser für die Pflanzen auf dem Fensterbrett.

«Endlich fühle ich mich zu Hause.»

«Du bist zu Hause.»

Ich ging in mein Zimmer einen Stock tiefer und saß lange da, den Kopf in die Hände gestützt. Mir fielen Worte aus der Katha Upanishad ein: «Es gibt einen Pfad der Freude und einen Pfad des Vergnügens. Der Weise, der beide bedenkt, wählt den Pfad der Freude; der Narr nimmt den Pfad des Vergnügens.» In meiner Jugend war ich stark genug und litt genügend, um den Pfad der Freude zu wählen; dann haben mich weltliche Bedürfnisse,

Angst und Ehrgeiz von diesem Pfad abgebracht. Aber trotz all meiner Kapriolen hat sie mich am Zügel meines tiefen Selbst gehalten, hat mich durch gewundene Gassen an den offenen Fluß geführt, den ich für immer verloren geglaubt hatte. Mir fiel ein, wie ich vor acht Jahren in Mathura im Lärm, der Hitze und dem Gedränge eines indischen Sommernachmittags in Panik geraten war. Ich war eine lange dunkle Straße hinuntergerannt. Plötzlich stand ich am Ganges und starrte auf das ruhige Wasser im rötlichen Abendlicht. Ein Fährmann tauchte aus den Schatten einer Tempelruine auf. Ich stieg ein und glitt wie im Traum den Fluß hinunter, bis die Dunkelheit einbrach.

Jetzt war ich wieder auf dem Fluß, und Ma war der Fährmann. Das Licht in meinem Zimmer in Thalheim und das Licht an jenem Nachmittag in Indien waren dasselbe, klar und golden.

Und auch jetzt, wie an jenem Nachmittag vor vielen Jahren, mußte ich mich hingeben, mich dem Rhythmus des Wassers anvertrauen und mich den Fluß hinuntertragen lassen.

Nach der Panik, der Wut, der wirren Trübsal – dieses große, weite, verschwenderische Licht.

Und dann begann die extremste Erfahrung, die sie mich bisher hatte machen lassen: Ich sah mein Leben wie einen Film ablaufen. Alles war darin enthalten mit der brennenden Deutlichkeit eines Traumes, ein Traum, der vom goldenen Licht des Nachmittags erhellt war. Ich durchlebte meine Kindheit in Indien, die schmerzvolle Beziehung zu meiner Mutter, zu England, den Schrecken der Schule, mein Erwachsenenleben in Oxford, die Begegnung mit dem Rinpoche in Wellen von solcher Energie und qualvollen Intensität, daß ich fast ohnmächtig wurde. Ich schaute dem Film nicht nur zu, ich war in ihm. Ich war der Film. Zum ersten Mal verstand ich, warum sich alles so und gerade so ereignet hatte. Ich erkannte, warum ich in Indien geboren, aber in England großgeworden war, warum mein Leben so tief gespalten war zwischen Ost und West, männlich und weiblich, Herz und Intellekt – wie sich alles mit präziser Folgerichtigkeit entwickelt hatte, wie von Meisterhand inszeniert. Während die Bilder vorüberzogen, fühlte ich immer wieder den Schnitt ihres Chirurgenmessers, den Schlag ihres Bildhauermeißels – warum sie dieses durchtrennt, jenes zertrümmert, den Dingen durch wiederholte, wilde und präzise Hammerschläge Form gegeben hatte. Ich staunte über ihre Arbeit.

Ich staunte über die Energie und die Stärke, die sie mir immer wieder geschenkt hatte, um die Gewaltsamkeit und das Tempo dieser Arbeit aushalten zu können. Ich lachte laut auf, weinte, wie ich nie vorher und nie hinterher geweint hatte, in Ekstase über das, was sie getan hatte, die göttliche Skrupellosigkeit, das furchtbare Erbarmen. Und während ich noch lachte und weinte, merkte ich plötzlich, daß der Film vorbei war. Ich hatte ihn sehen dürfen. Ich hatte in diesem Leben sterben dürfen. Mir war in diesen wenigen, kurzen Augenblicken ein Gewahrwerden der Gestalt meines Egos, meiner Biographie, des Sinns meines Leidens geschenkt worden. Und in all dem Leiden, all dem Schrecken hatte ich ihre Gnade, ihre Liebe, ihre Macht erkennen dürfen.

Es war die furchterregendste Erfahrung meines Lebens. Ich fiel auf den Boden und heulte laut auf, als würde ich in Stücke geschnitten.

Ich hörte die Worte: *Du bist nichts; du bist niemand; du bist mein Kind; du bist ich*, zuerst nacheinander, dann gleichzeitig – paradox, ein kreisendes Paradox.

Dann nahm die herrische Normalität wieder alles in den Griff. Wie ein Kind saß ich auf dem Bett, baumelte mit den Beinen, betrachtete das rotgoldene Muster der Überdecke und lauschte auf die Geräusche des abendlichen Verkehrs.

🕉 In dieser Nacht träumte ich von einem amerikanischen Freund, der mit mir am Hobart College lehrt. Wir gingen an einem See spazieren, er tanzte langsam und vergnügt und sang dabei ziemlich falsch eine Bach-Sarabande, die wir beide liebten. Ich wachte lachend auf und fragte mich, warum ich wohl von ihm geträumt hätte. Da erinnerte ich mich an eine Geschichte, die er mir im letzten Frühjahr, an einem trüben Sonntagnachmittag gegen Ende des Semesters erzählt hatte.

«Als junger Mann arbeitete ich eine Weile in New York. Ich wollte hoch hinaus, wollte Erfolg. Aber ich merkte, daß die Stadt verrückt war und ich in ihr verrückt wurde. Ich floh an einen Ort, von dem ich glaubte, daß er sich am meisten von allem unterscheiden würde, was ich kannte – Hawaii.

Das mußt du dir vorstellen: ein depressiver, überintellektualisierter atheistischer Jude in Hawaii! Es war wunderbar. Ich lebte bei einer Eingeborenenfamilie. Sie waren anders als alle Menschen, die ich kannte oder glaubte, daß es sie geben könnte. Sie waren meistens halbnackt, hatten eine natürliche Spiritualität, wie du sie wahrscheinlich auch in deiner Kindheit in Indien erlebt hast. Ich liebte sie, und sie liebten mich.

Nachdem ich einige Monate bei ihnen gelebt hatte, teilte mir der Familienvater mit, daß er mich dem Familienwalfisch vorstellen wolle. Er sagte, es gebe einen Wal, den die Familie verehrte, der käme, wenn man ihn rufe, um an einem geheimen Ort auf der Insel mit den Mitgliedern des Familienclans zu spielen. ‹Es ist ganz einfach. Du wartest im Wasser. Der Wal spürt, daß du da bist, taucht auf und kommt auf dich zu.› Sie nannten den Wal die Mutter der Familie.

Ich dachte, daß der Mann spinnt und es an der Zeit war, das herzliche Irrenhaus in Hawaii zu verlassen, bevor sich mein Verstand, den ich jahrelang hingebungsvoll trainiert hatte, ganz auflöste.

Aber ich liebte den Mann und wollte ihm nicht weh tun, so willigte ich ein, zu dem Geheimplatz mitzukommen. Am nächsten Nachmittag begleitete uns die ganze Familie zu einer Felsengruppe in einer Bucht. Alle waren betrunken und ausgelassen. Ich war glücklich, bei ihnen zu sein, selbst wenn sie mich zum Narren halten wollten. Ich mochte die Leute. Sollten sie ihren Spaß mit einem Weißen haben – mir war es recht. Dann fiel mir ein, daß ich nicht schwimmen konnte, und ich sagte es dem Mann.

‹Mach dir keine Sorgen›, meinte er. ‹Halte dich einfach am Felsen fest. Den Rest macht der Wal.›

Wir kamen bei den Felsen an. Ich zog mich aus und tauchte meinen blassen, inzwischen zitternden Körper ins Wasser. Die Familie hinter mir begann zu singen.

Dann geschah das Erstaunlichste meines Lebens, etwas, das ich nicht geglaubt hätte, wenn es mir jemand erzählt hätte. Etwa fünfhundert Meter entfernt tauchte ein riesiger schwarzer Wal aus den Fluten auf. Sein Körper glänzte wie Ebenholz in der Sonne. Dieser eine Augenblick warf alle Vorstellungen, die ich bis dahin von Realität gehabt hatte, über den Haufen. Ich war zu Tode erschrokken. Ich konnte nicht schwimmen und klammerte mich, im Wasser stehend, an den winzigen Felsen. Doch dann fühlte ich, daß der

Wal meine Angst spürte und mir große, warme, heilende Energie-
wellen schickte, reine Energie. Wie soll ich das erklären? Was gibt
es für Worte? Ich wußte mit Sicherheit, daß der Wal meinen
Schrecken gespürt hatte und daß er wußte, daß ich nicht schwimmen konnte, und mir durch das sonnenhelle Wasser Wellen von
Energie schickte, die ich nur Liebe nennen kann, stille, starke,
gewaltige, unpersönliche Liebe. Ich brauchte diese Energie nur zu
empfangen, und alles war in Ordnung.

Die Walmutter begann, sich zu bewegen. Es dauerte eine Weile,
bis ich verstand, was sie machte. Sehr langsam und vorsichtig
kam sie horizontal auf mich zu, immer nur ein paar Fuß näher,
damit ich nicht vom Wasser überschwemmt würde.

Sie kam bis auf zwei Fuß an mich heran. Ich war völlig überwältigt und hatte keine Ahnung, was ich tun sollte. Der Familienvater kletterte hinter mir auf den Felsen und streichelte mir über den
Kopf. ‹Nur zu›, sagte er lachend, ‹berühre die Mutter, berühre sie.
Willst du deine Mutter nicht berühren?› Ich streckte die Hand aus
und berührte sie.

Die Walmutter drehte sich auf den Rücken, so daß ich über ihren Bauch streicheln konnte, als wäre ich ihr eigenes Kind, das
sich an sie kuschelt. Dann zog sie sich ruhig zurück. Als sie sich so
still entfernte, schien sie sich nur in der Zeit zu entfernen. In der
Dimension, in der wir uns begegnet waren und die sie mir eröffnet
hatte, gab es keine Zeit, keine Trennung, kein Kommen und Gehen. Dort würden wir immer zusammen sein.»

Auch in meinem Leben hatte sich das Unvorstellbare ereignet;
der Wal der Seligkeit, die Mutter in ihrer Herrlichkeit war aufgetaucht. Auch ich war im warmen Wasser, manchmal voller Angst,
unfähig zu schwimmen, mich am Felsen festklammernd. Auch
ich fühlte die starken Liebeswellen, die von ihr zu mir durchs
Wasser kamen – in hundert geheimen Bewegungen tagtäglich, in
unerwarteten Augenblicken der Seligkeit, in Meditationen, in denen die Gedanken plötzlich von mir abfielen, in einem neuen wilden, frischen Empfinden für alles, in der Liebe, die zwischen uns
tanzte, wann immer wir uns begegneten. Die Geschichte meines
Freundes zeigte mir, was ich tun mußte – im Wasser bleiben und
geschehen lassen; mit jeder Bewegung und jedem Atemzug die
wilde, süße Kraft in mich aufnehmen, die sie in mich hineingoß.

Am fünften Tag begegnete mir Ma in der Küche in ihrem blauen Gartenkittel. Ich öffnete den Mund, um etwas zu sagen, aber meine Stimme versagte: statt Worte kamen Tränen. Sie betrachtete mich ruhig und sagte nichts. Ihre weichen Augen waren weit vor Mitgefühl. Sie blieb gerade lang genug in meiner Nähe, um mich mit solcher Wonne zu überfluten, daß ich mich hinsetzen mußte und zu lachen anfing.

Ich ging in mein Zimmer zurück, öffnete ein Buch mit bengalischer, mystischer Dichtung von Ramprasad, das ich mitgebracht hatte, und las:

Im Himmel ist die Gesellschaft der Narren
Die das Geheimnis des Spiels der Liebe
Ewiglich ergründen…
Du bist trunken vor Liebe,
O Mutter, Königin der Narren…

ॐ Am nächsten Tag traf ich Ma nachmittags auf der Treppe, als sie mit Einkaufstüten von Massa, dem Supermarkt, zurückkam. Sie lächelte verschmitzt.

Ich sagte: «Habe ich deine Erlaubnis, völlig verrückt zu werden?»

Sie lachte. «Ja. Auch Mr. Reddy war verrückt, nicht wahr? Wäre er nicht verrückt gewesen, dann hätte er mich nicht in seinem eigenen Haus gefunden.»

«Und jetzt bin ich in deinem Haus und werde in dir verrückt.»

«Schön, oder?»

Ihre Stimme klang wie die eines kleinen Kindes.

Den ganzen Vormittag war ich unfähig gewesen, mein Zimmer zu verlassen, weil ich außer mir war vor Glück. Selbst die kleinen rosa Plastiktiere, die von der Decke über meinem Bett herabhingen, waren mir wie Offenbarungen von Schönheit erschienen, als wären sie von Cellini.

«Ja, es ist schön.»

Sie schritt langsam die Treppe hinauf und schaute noch einmal amüsiert zurück. Ich ging in mein Zimmer und stand lange am Fenster. Es fiel Schnee, der sich wie eine zarte Decke über die Welt legte und alles rein machte.

ॐ Thalheim ist ein unscheinbares Dorf in Hessen, ungefähr eine Autostunde von Frankfurt entfernt. Der Ort liegt in einem Tal, umgeben von sanften Hügeln und Wäldern. Es gibt eine Kirche, deren Turm weithin sichtbar ist, eine Post, eine Bank, zwei kurvige Hauptstraßen, ein paar Läden und einen Bach, der oft mit Regenwasser anschwillt. Die vorherrschende Farbe der Häuser ist grau und grau-beige. Die Gärten sind sehr ordentlich und oft mit Plastikzwergen bestückt. Es scheint, als ginge hier jeder um neun Uhr ins Bett. Das Schönste an Thalheim ist der große und geräumige Friedhof, auf dem Mr. Reddy begraben liegt. Sein Grab ist das einzige aus weißem Marmor inmitten der sonst schwarzen Grabsteine. Das einzige Lebenszeichen in der Nacht sind die brennenden Friedhofskerzen in roten Plastikbehältern. Es gibt kein Kino, kein Restaurant, kein Hotel. In der Gastwirtschaft JÄGERSRUH, nicht weit von Mutters Haus entfernt, treffen sich die jungen Männer, streichen über ihre Schnurrbärte und reden laut. Man bekommt lauwarmen Kaffee vor einer mit Herbstwaldtapete beklebten Wand. Über dem Dorf liegt auch tagsüber eine fast surreale Stille, so als würden sich alle von einer langen Krankheit erholen.

Bei aller Banalität ist Thalheim die perfekte Umgebung für Ma. Ihr Haus ist groß und wohnlich. Die dazugehörige Scheune hat einer ihrer Jünger in eine Werkstatt umgewandelt. Es gibt hinten einen Garten und vorne einen für Gemüse. Mutter kann so leben, wie sie will – ruhig und normal. Sie verläßt das Haus, um einzukaufen und den Arzt aufzusuchen. Im Dorf wird sie akzeptiert. Nur einmal, in der Faschingszeit, sind ein paar Dorfbuben vor dem Haus auf und ab gelaufen und haben gerufen: «*Mutter Meera, wo bist du?*», aber nur kurz und ohne Aggression. Ma hat die Freiheit, aufzustehen, wann sie will, im Garten zu arbeiten, sofern es das trübe deutsche Wetter zuläßt, und lange, geruhsame Spaziergänge im Wald zu machen. Darshan ist Freitag, Samstag, Sonntag und Montag abend. Alles ist ordentlich und ohne Brimborium.

Hinter dieser Fassade von Normalität vollzieht sich die große Arbeit. Es ist ein grandioser Scherz, den ich zu schätzen gelernt habe. Mein Leben in Thalheim habe ich bald unter das taoistische Motto gestellt: «Tu das, was im Nichthandeln besteht; wirke, ohne dich einzumischen; genieße das, was keinen Geschmack hat.»

In Gedanken an die vielen erstaunlichen Erfahrungen, die ich seit meiner Rückkehr zu Ma machte, ging ich durch Thalheim und dachte: Ich kann mir das doch nicht alles einbilden, oder doch? Wenn ich es täte, dann würde mich diese Umgebung – die ordentlichen Gärten, die Plastikzwerge, die Einheitsautos (fast nur graue und blaue) – bald wachrütteln. «Wenn eine visionäre Erfahrung Thalheim standhalten kann», schrieb ich an einen Freund in Paris, «dann kann sie allem standhalten.»

Mit der Zeit wurde ich dankbar für die Gewöhnlichkeit und sah, welche Weisheit dahinter steckte. Und ich lernte daraus.

Thalheim zwang mich, meinen Snobismus aufzugeben, all die Ablenkungen, den Hunger nach Schönheit und Inspiration von außen. Ich konnte nur noch nach innen gehen. Der Regen auf den Straßen wusch alte Erinnerungen fort, die mir hätten hinderlich sein können. Die Dumpfheit der Umgebung ließ meine Empfindungsfähigkeit für Dinge wachsen, die ich sonst gar nicht bemerkt hätte, ließ Dankbarkeit für die Kleinigkeiten des Lebens in mir aufkommen – die ersten Blumen auf einem asphaltierten Spielplatz, die Schattierungen des Regengraus auf den Straßen, die Farbe des Kopftuchs einer Frau beim Einkaufen, der eigenartige Singsang des hessischen Dialekts. Meine Biografie schien ihren Griff zu lockern. Während die Tage langsam dahinflossen, vergaß ich beinahe, daß ich einmal woanders gewesen war und ein sehr anderes Leben gelebt hatte.

🕉 Nach sechs Tagen in Mas Haus schrieb ich: «Ma hat mir den Verstand genommen. Sie hat es mir unmöglich gemacht, zu lesen oder zu denken. Alle früheren Lösungen für Langeweile funktionieren jetzt nicht mehr.»

Ich schlafe acht oder neun volle Stunden, wache auf und lebe in den Tag hinein. Manchmal verlasse ich kaum das Bett, manchmal gehe ich langsam spazieren. Lowell schrieb: ‹Manchmal fühle ich mich schwach genug, um den Himmel zu betreten.› Diese Schwäche *ist* himmlisch. Es kommt einem Ereignis gleich, wenn die Wintersonne auf meine Bettdecke fällt oder sich eine Fliege auf meine Hand setzt oder ich am Fenster zuschaue, wie der Wind in den Bäumen hinter dem kleinen Gemüsegarten spielt. Ich spüre

keinen Drang mehr, irgend etwas zu sein oder zu tun. Wenn sich
Angst meldet, daß ich vielleicht niemals mehr fähig sein würde,
irgend etwas zu «tun», dann lache ich darüber, denn ich weiß, daß
sie diese große Geburt verhindern will, die sich in mir anbahnt –
die Geburt von ihr in mir.

In ihrem Haus gibt es nur eine einzige Regel – kein Rauchen.
Ansonsten dürfen die Leute tun, was sie wollen, dürfen kommen
und gehen, wann sie wollen. Zum ersten Mal in meinem Leben
bin ich *frei*. Ma läßt mich in Ruhe. Sie lächelt, wenn wir uns
im Garten oder in der Küche begegnen, stellt aber keine zudring-
lichen Fragen, wie es mir geht. Ihr Takt mir gegenüber ist vollkommen. Ihre Stille saugt alles in sich auf, und es bleibt nur die
ruhige, elementare Begegnung. Sie *weiß*, wer ich bin, und behandelt mich mit Achtung und Würde, als wäre ich schon erleuchtet.
Sie muß nichts beweisen, und so muß auch ich es nicht.

In dem Buch, das Adilakshmi über Ma geschrieben hat, wird Ma
gefragt: «Um was soll ich bitten?»

Ma antwortet: «Bitte um alles. Um alles. Begnüge dich nicht
mit innerem Frieden oder Reinheit des Herzens oder Hingabe. For-
dere alles. Sei niemals mit weniger als allem zufrieden. Unser
Yoga ist die Transformation des menschlichen Lebens in göttliches Leben hier auf Erden; es ist ein schweres Yoga, das Menschen braucht, die den Mut haben, alles zu verlangen, alles zu tragen und um alles zu bitten.»

All meine menschlichen Beziehungen haben unter meinem
verrückten Verlangen nach der vollständigen Erfahrung gelitten.
Jetzt, endlich, hat sie mich zu sich geholt und mir gezeigt, daß es
in der unendlichen Überschwenglichkeit des Göttlichen keine
Beschränkung meines Sehnens, meines Hungers gibt. Denn jenen,
die bitten, wird gegeben; jene, die es wagen, hungrig zu sein, werden genährt. Indem ich sie liebe, werde ich schließlich die Selbst-
überschreitung erleben, nach der ich an dunkleren Orten gesucht
habe; indem ich in Liebe zu ihr brenne, werde ich in dem Feuer
brennen, nach dem ich mein Leben lang gerufen habe.

Von Anfang an mochte ich F., den anderen Jünger, der im Haus lebte. Dieser kräftige Slowene mit den traurigen Augen hatte etwas Ungebändigtes an sich, das mich anzog. F. ist unsentimental, manchmal bis zur Aggressivität, und spielt gerne mit den gegensätzlichen Seiten seines Charakters – dem spirituellen Epikureer und dem Kerl im Blaumann, der jeden Tag in seinem roten Auto losfährt, um Dachrinnen zu reinigen. Von Anfang an beobachteten, ärgerten, unterstützten und begeisterten wir einander. Er hielt mich auf dem Boden; ich half ihm, in der Luft zu bleiben.

Damals, in den ersten Wochen unserer Freundschaft, wußten wir es noch nicht, aber Ma schickte uns gemeinsam auf zwei verschiedene und doch aufeinander bezogene Reisen. Das kommende Jahr wurde für ihn ebenso turbulent und voller Offenbarungen wie für mich.

Nach meiner ersten Woche in Mas Haus sagte ich zu F., daß ich vollkommen glücklich sei.

«Dann *bleibe*. Laß diese Freude wachsen. Glaube nicht, daß du ein geistiger Herkules bist und die ganze Welt auf deine Schultern nehmen kannst. Das kannst du nicht. Du erholst dich gerade erst von all den Jahren des Irrsinns. Geh langsam vorwärts. Ma hat's nicht mit billigen Wundern. Transformation braucht Zeit.

Und noch einen Rat. Ich gebe so gern Ratschläge. Es ist mein letztes Vergnügen, seit ich Sex und Zigaretten aufgegeben habe. Du wirst große Erfahrungen machen, wenn du sie willst. Aber Ma arbeitet gründlich. Du bekommst die Erfahrung, und dann fällst du wieder herunter, damit du wieder hinaufklettern mußt und sie festigst. Du wirst lange Zeit in einem schizophrenen Doppelbewußtsein leben, das nicht immer angenehm ist. Sie ist nicht leicht, diese Arbeit. Und sie wird schwerer. Aber es gibt auch verdammt viel Freude, und deswegen lohnt es sich. Mach ich dir Angst?»

«Nein.»

«Enttäusch mich nicht. Ich lasse gerne meine yogischen Muskeln spielen.»

Ich erinnerte mich an einen Ausspruch von Ramakrishna, der über die Notwendigkeit der Festigung spiritueller Erfahrung gesprochen hat, bevor man sich in der Welt erprobt: «Solange der Schwanz der Kaulquappe noch nicht abgefallen ist, kann sie nur im Wasser leben; ist er abgefallen, dann kann sie als Frosch im Wasser und auf dem Land existieren.»

F. ging zum Fenster und deutete auf die regenschweren Wolken am Himmel.

«Der Regen hier reicht für jeden Frosch.»

ॐ Mutter sah ich fast überhaupt nicht, aber dafür Adilakshmi um so öfter. Jeden Mittag brachte sie mir ein Tablett mit indischem Essen, und wir unterhielten uns.

«Wie viele Tage sind es nun, seit du wieder zurück bist?» fragte Adilakshmi.

«Acht Tage. Es könnten acht Minuten sein oder acht Jahre. Zeit hat hier keine Bedeutung.»

«Keine Bedeutung?» Sie lachte. «Aber inzwischen hast du einige graue Haare. Ich kann mindestens drei sehen. Damals warst du fast noch ein Baby.»

Sie stellte das Tablett ab und sah mich an.

«Du bist also doch zurückgekommen. Mr. Reddy hat immer gesagt: ‹Er wird wiederkommen. Er rennt weg, er rennt herum, er wird müde und kommt zurück.›»

Plötzlich traten Tränen in ihre Augen. «Mr. Reddy fehlt mir so sehr.»

«Ich bin jeden Tag zu seinem weißen Grab gegangen, in dem Mutter ihn hier auf dem Friedhof beerdigt hat. Ich weiß nicht genau, warum. Wahrscheinlich, um ihn um Verzeihung zu bitten.»

«Verzeihung wofür?»

«Er hat mir so viel gegeben. Er hat mich mit seiner Weisheit überschüttet. Aber ich war zu jung und hatte zu viel Angst, um zu verstehen. Ich werde viele Jahre brauchen, um ihn zu verstehen.»

«Es bedarf einer Erfahrung», sagte Adilakshmi, «die so tief ist wie seine.»

Wir schwiegen. Stimmen spielender Kinder kamen von der Straße.

🕉 An diesem Abend im Darshan betete ich zu Ma, während sie meinen Kopf hielt: All meine Vorstellungen von Liebe sind falsch und begrenzt. Lehre mich deine Liebe. Ich kann nur geheilt werden, wenn ich selbst Liebe werde. In der Stille, die ihre Hände schenkten, kamen die Worte: *Aber du bist Liebe. Ich bin Liebe und du bist ich.*

Das war das erste Darshan, in dem ich während der ganzen zwei Stunden das Göttliche Licht sah, das sie umgibt, klares, strahlendes weißes Licht.

F. kam danach zu mir und legte seinen Arm um meine Schultern.

«Die Leute kommen hierher und glauben, daß sie große Yogis werden. Aber Mutter macht uns zu dem, was wir wirklich sein wollen.»

«Und zwar?»

«Zu Kindern», sagte er. «Ich wollte nie erwachsen werden. Warum sechsunddreißig sein, wenn man sechs sein kann? Ein viel inspirierteres Alter.»

Er schaute mir in die Augen: «Was willst du wirklich?»

«Absolute Hingabe.»

«Erzwinge nichts. Laß es natürlich wachsen. Liebe scheut vor jeder Art von Zwang zurück. Oh, du meine Güte, ich predige schon wieder! Ich weiß wirklich nicht, wo ich den Mut hernehme, bin ich doch selbst so ein Narr.»

«Du bist kein Narr», sagte ich.

«Weißt du was, Dichter? Solange du nicht erleuchtet bist, bist du ein Narr. Verstanden?»

«F.», sagte ich zögernd.

«Was ist?»

«Zwei Stunden lang sah ich sie in brennendem Licht.»

«Oh», sagte er grinsend, «wirklich interessant wird es, wenn du aus dem Körper herausschießt und der ganze Raum im Licht versinkt.»

🕉 In dieser Nacht hatte ich einen Traum, dessen Bedeutung sich mir in den nächsten Monaten erschloß: Ein Kind rannte aus einem merkwürdig erleuchteten Haus des achtzehnten

Jahrhunderts heraus und ließ zwei kleine Vögel fliegen. Diese Vögel wurden plötzlich größer – einer war ein Pfau und der andere ein dunkler Vogel, ähnlich einem Raben mit einem riesigen schwarzen Schnabel. Der Rabe griff den Pfau an, und es kam zu einem wütenden, lautstarken Kampf. Die beiden Vögel tauchten schreiend in einen See hinab und kämpften weiter. Der See füllte sich mit Blut, und ich bekam größte Angst, daß der Pfau getötet würde, denn ich konnte ihn nicht sehen. Dann bemerkte ich, daß sich am anderen Ufer etwas bemühte, an Land zu kommen. Es war kein Vogel; es war ein Mann, nackt und erschöpft, aber wunderbar mit all den Farben des Pfaus gezeichnet – seine Haut leuchtend türkis mit rot-goldenen Kreisen über dem ganzen Körper. Er konnte kaum stehen, aber er lebte. Er hatte mein Gesicht.

Adilakshmi kam am nächsten Morgen herein, um nach mir zu schauen. Ich erzählte ihr meinen Traum. «Der Pfau ist der Vogel der Saraswati», sagte sie, «der Göttin der Dichtung und der Musik. Der Traum zeigt dir, daß der Sieg kommen wird.»

«Der Sieg?»

«Der Pfau ist nicht nur der Vogel der Saraswati, er ist auch das Symbol für den spirituellen Sieg.»

«Der Mann in meinem Traum war sehr erschöpft, Adilakshmi.»

Sie lächelte: «Es ist ein langer Kampf.»

Ma war noch nicht auf, so daß wir Zeit hatten, wieder über Mr. Reddy zu reden.

«Ich würde jetzt so gerne mit Mr. Reddy sprechen, jetzt, wo ich viel mehr weiß.»

«Du kannst viel von ihm lernen. Er liebte Ma in jeder Weise, wie man Gott lieben kann – als Freundin, als Geliebte, als Mutter, als Vater, als Kind. Du mußt versuchen, sie auch so zu lieben. Wenn du dich einsam fühlst, bitte ihn um Hilfe. Du wirst sehen, daß du sie bekommst. Er hilft mir ständig. Er ist immer bei mir.»

Dann sprach sie ruhig über Mr. Reddys langes Leiden und über seinen Tod.

«In diesen letzten Jahren zog er sich immer mehr in Ma zurück. Er verbrachte die meiste Zeit in Meditation, sagte ihren Namen selbst dann, wenn sie im Zimmer war. Sein Nierenleiden machte ihn allmählich zum Krüppel, so daß er sich ohne Hilfe kaum mehr bewegen konnte, und doch war seine Freude an Ma in ihm immer lebendig. Er sorgte sich nur um sie – daß sie richtig aß, daß es ihr gutging, daß sie ein Dach über dem Kopf hatte. Er hatte Ma alles gegeben. In diesen letzten Jahren gab Ma ihm alles. Sie fütterte ihn, badete ihn, saß viele Stunden in seinem Bett im Krankenhaus, hielt ihn mit ihrer Kraft noch fünf Jahre am Leben, nachdem die Ärzte alle Hoffnung aufgegeben hatten. Manchmal sagte er, daß er nicht wirklich litt, daß es eine Art Traum sei. Er hatte viele, viele Visionen während seiner Krankheit. Einmal sah er Ma in einem riesigen Auditorium mit Tausenden von Menschen. Sie war allein auf dem Podium und gab jedem einzelnen Darshan. Dieser Traum machte ihn glücklich, weil er nun wußte: Sein großer Wunsch würde sich erfüllen, daß Ma auf der ganzen Welt bekannt würde. Kurz vor seinem Tod träumte er, daß er eine göttliche Armee gegen feindliche Kräfte führte und trotz großer Gefahren siegte. Er erkannte, daß ihn seine Krankheit zu einem spirituellen Krieger gemacht hatte, der sich den schlimmsten Kräften stellen und sie besiegen konnte.

Am Tag, bevor er zum letzten Mal ins Krankenhaus kam – am elften Juni 1985 –, hörte er sich lange seine liebsten indischen religiösen Lieder an. Er war voller Freude und sagte, wie sehr er Indien und die Inder liebte, weil sie eine solch tiefe Liebe zu Gott lebendig gehalten hätten. Wie er dort saß und der Musik zuhörte, spürte ich, daß es keinen Unterschied, keine Trennung mehr zwischen ihm und der Musik gab; Schmerz und Liebe hatten sein ganzes Wesen in eine Hymne für Gott verwandelt.»

Adilakshmi schwieg lange mit gesenktem Blick.

«Mr. Reddys Tod war schlimm für Ma. In den Tagen danach war sie fast wahnsinnig vor Trauer. Sie weinte herzzerreißend bei seiner Beerdigung. Nun, nachdem Mr. Reddy fort war, gab es niemanden mehr, der sie wirklich verstand und sie trösten konnte. Ma sagte in diesen Tagen oft, daß sie verstehe, warum Menschen in Indien der Welt entsagten, wenn einer ihrer Nächsten starb.»

«Ich sehe einen Ernst in Mas Gesicht, der vorher nicht da war.»

«Ja. Ma hat gelitten. Das Leiden hat sie uns nähergebracht. Mr. Reddys Tod hat ihr Herz gebrochen und hat sie dichter an *unsere* Wirklichkeit herangeführt.»

Nach einer Pause sagte sie: «So viel ist geschehen, seit du damals bei uns warst.»

Adilakshmi ging, und ich weinte lange darüber, was Mr. Reddy als ihr Herold hatte aushalten müssen, über den Spott und die Erniedrigung und über die geheimnisvolle Schönheit seines Sterbens in ihr. Ich weinte auch über Ma. Zum ersten Mal kam mir ihr Leiden zu Bewußtsein. Ich erkannte, mit welcher Stumpfheit ich Ma jenseits von «menschlichem» Schmerz angesiedelt hatte und wie das meinem egoistischen Bedürfnis, Distanz zwischen uns zu halten, entgegengekommen war. Ich hatte nichts dagegen, Ma zu verehren, aber ich fürchtete mich davor, Mitgefühl für sie zu haben, denn das würde eine tiefere Bindung und eine geheimnisvollere Liebe in mir freisetzen, die sowohl persönlich wie transzendent war, intim wie ekstatisch. Und aus einer solchen Liebe, die sowohl menschlich wie spirituell alles umfaßte, gab es kein Entfliehen mehr.

Halte mich fest, betete ich zu ihr; laß mich nicht entfliehen. Nimm mein Herz und brich es auf.

Bei meinen Spaziergängen in den Wäldern um Thalheim setzte ich mich oft auf einen Jägerstand. Mit etwas Glück konnte man Rehe auf einer Lichtung im reifbedeckten Gras sehen. An diesem Nachmittag saß ich dort stundenlang, dachte an nichts und beobachtete, wie das Licht in den Bäumen dunkler wurde. Mein Körper war mit tiefem Frieden erfüllt, ein so starker Frieden, daß er sich fast stofflich anfühlte. Es schien, als gebe es *nur* diesen Frieden und meinen Körper, als wären die Bäume, das wechselnde Licht, das plötzlich aufspringende Reh nur Projektionen eines großen weiten Traumes.

Am nächsten Morgen kamen Ma und Adilakshmi kurz nach zehn Uhr in mein Zimmer. Ma trug eine ausgebeulte rote Strickjacke und einen Sari, den Adilakshmi mit roten Rosen bemalt hatte.

Ma hatte mich bisher nicht besucht, und ich war überwältigt vor Freude.

Sie setzte sich an den Tisch und wippte ein wenig mit den Füßen, an denen sie dicke, goldene Hausschuhe trug, die Farbe der Energie, die ich um meinen Körper kreisen fühlte. Sie sah ein bißchen schläfrig aus und sehr jung, vielleicht neun oder zehn Jahre alt.

«Ich kann überhaupt nichts tun», sagte ich. «Du hast mir meinen Verstand genommen.»

«Ja», sagte Ma und lächelte fröhlich. «Schön, oder nicht?»

Draußen ließ jemand sinnlos den Motor eines Motorrades aufheulen.

«Jahrelang war ich wie dieses Motorrad: Ich habe viel Krach gemacht und bin doch nicht vom Fleck gekommen.»

Ma lachte. «Aber jetzt kommst du schnell vorwärts, nicht wahr?»

«Laß mich nicht anhalten, Ma. Laß mich klar bleiben.»

«Fühlst du dich nicht klar?» Ihre Stimme war leicht ironisch.

Im Inneren hörte ich die Worte: *In jedem Augenblick wirst du die Klarheit bekommen zu wissen, was geschieht.*

«Ein Teil von mir ist überglücklich. Ein anderer Teil hat Angst.»

«Die Seele hat keine Angst.»

«Die Seele ist ein Kind, dein Kind.»

«Ja.» Ma lächelte. Ihr ganzes Gesicht leuchtete auf.

«Mach auch aus meinem Verstand ein Kind.»

«In Wirklichkeit ist er das schon.»

Draußen teilten sich die Wolken, und ins Zimmer strömte mildes Sonnenlicht.

«Ma, ich habe das Gefühl, daß ich dich alles fragen darf.»

«Du bist in meinem Haus, oder nicht?»

«In den letzten Tagen hier in deinem Haus habe ich über alles nachgedacht, was ich mit dir durchlebt habe, über alles, was Mr. Reddy mir gesagt hat.»

Ma nickte.

«Einmal sagte er, du wärest auf die Erde gekommen, weil die Menschen jetzt reif wären, bei der Neugestaltung der Welt mit Gott zusammenzuarbeiten; daß die Menschheit endlich weit genug entwickelt sei.»

«Das ist wahr. Aber die Menschen müssen so weit entwickelt sein, daß sie demütig sind.»

«Schüttelt die Mutter ihre Kinder wach, damit sie erkennen, wer sie sind?»

«Ja.»

«Durch große und schreckliche Ereignisse, durch Gutes und Böses, zeigt sie den Menschen, daß sie ihre Probleme nicht allein lösen können, sondern sich einem höheren Geist zuwenden müssen, einer Kraft, die Liebe ist.»

«Ja. Liebe *und* Wissen.»

«Und jetzt findet ein Wettlauf statt zwischen dem Bösen und dem Guten in der Menschheit, ein fürchterliches Wettrennen…»

«Hab keine Angst. Sei ruhig. Wende dich zu Gott.»

«Letzte Nacht ging ich hinaus in den Wald, um mit dir allein zu sein. Ich saß auf einer Bank und schaute auf Thalheim hinunter. Ich hörte dich in mir sagen: ‹Die Mutter nimmt die Welt wieder in ihre Hände.›»

«Das ist wahr.»

«Weil die Mutter die Menschheit am besten zu dem führen kann, was sie am meisten braucht – Liebe für alle Dinge und alle Wesen und Erkenntnis ihrer Identität mit dem Göttlichen?»

«Ja.»

«Ist die Transformation der Erde der Wille der Mutter?»

«Ja.»

«Deswegen bist du hier.»

«Ja. Auch andere Mütter sind hier. Und Väter. Das Göttliche ist eins. Alle Aspekte sind hier, um der Menschheit vorwärts zu helfen, um ihr Kraft zu geben.»

«Hilf mir, Ma, die Reise in diese neue Dimension anzutreten, die du für alle vorbereitest.»

«Du wirst die Reise machen», sagte sie ruhig.

«Die Menschheit befindet sich auf einer großen Abenteuerreise zu Gott.»

Ma lächelte.

«Und du bist auf einer großen Abenteuerreise zu der Menschheit.»

Adilakshmi sagte ruhig: «Ma ist die höchste Abenteurerin. Das wirst du noch merken.»

«Wenn ich dich so voller Freude und Schönheit sehe», sagte ich zu Ma, «dann läuft mein Herz über, und ich möchte singen.»

Sie stand auf und strich die Rosen auf ihrem Sari glatt.

«Dann singe!» sagte sie.

Nachdem sie gegangen war, legte ich mein Gesicht auf den Stuhl, auf dem sie gesessen hatte. F. kam herein und sah, daß ich kniete.

«O Gott», sagte er. «Bald wirst du in Zungen reden.»

Die nächsten Tage verbrachte ich mit langen Spaziergängen über die Hügel und in den Wäldern oberhalb des Dorfes. Ich lief stundenlang, saß auf den Jägerständen und beobachtete in der Stille Rehe, die sich scheu hervorwagten. Mein Körper fühlte sich leichter, transparenter an. Jedes Geräusch, das ich in den Wäldern hörte, klang neu und scharf und ekstatisch. Ganz gewöhnliche Dinge – ein in der Sonne plätschernder Bach, drei Maulwurfshügel, von Gräsern umstanden, ein schlanker Baum, auf den plötzlich ein Strahl Abendsonne fiel – wurden zu Quellen eines tiefen Glücksgefühls, zu Offenbarungen ihrer Gegenwart, Botschaften der Liebe von ihrer Seele zu meiner. Ich begann anders zu gehen, langsamer, als wäre der Schwerpunkt nach oben verlagert; ich spürte subtile Veränderungen in meinen intimsten physischen Rhythmen. Zweimal sah ich, kurz aber unbezweifelbar, rosa Licht auf dem Schnee – ein plötzliches Überfluten der weißen Schneedecke mit rosa Licht, ein Tanz ihrer Seligkeit auf dem weißen See vor meinen Augen, ursprünglich und zutiefst erstaunlich.

Am zweiten Tag meiner Spaziergänge begann ich einen bestimmten Druck in der Mitte meiner Stirn zu fühlen. Am Anfang dachte ich, daß mich die Stille erschöpft hätte und der Verstand mein Selbst wieder in Besitz nehmen wollte. Aber dieser Druck war nicht schmerzhaft und, wie ich bald merkte, nicht körperlich. Es war eher wie eine Art Summen im Kopf. Ich begann damit zu experimentieren und merkte, daß es immer dann auftrat, wenn ich mit Liebe an sie dachte. Wann immer ich an sie dachte, kam der Druck, manchmal sehr stark.

Als ich auf einem Jägerstand saß, bat ich sie, mir zu sagen, was dieser Druck sei. Später öffnete ich Aurobindos *Letters on Yoga* an dieser Stelle:

Auf der Stirn zwischen den Augen, aber ein wenig darüber, befindet sich das AJNACHAKRA, das Zentrum des inneren Willens, auch der inneren Schau, der dynamische Geist etc … Wenn sich dieses Zentrum öffnet und die Kraft dort aktiv wird, dann kommt es zur Öffnung eines größeren Willens, der Kraft der Entscheidung, der Gestaltung, der Wirksamkeit, die über das hinausgeht, was der gewöhnliche Verstand erreichen kann. Das Zentrum der Vision ist zwischen den Augenbrauen in der Mitte der Stirn. Wenn es sich öffnet, dann kommt man zur inneren Schau, sieht die inneren Formen und Bilder von Dingen und Menschen von innen und nicht nur von außen, entwickelt eine Kraft des Willens, die auch über den inneren Weg (den Yoga-Weg) auf Dinge und Menschen wirkt. Seine Öffnung ist oft der Anfang des yogischen Bewußtseins im Gegensatz zu dem normalen Verstandesbewußtsein.

An diesem Abend ging ich zu Mr. Reddys Grab, kniete im Schnee davor und dankte ihm dafür, daß er mich zu ihr gebracht hatte. Als ich den Friedhof verließ, drehte ich mich noch einmal zu dem glatten weißen Marmorgrab um und sah auf dem Grabstein den ruhigen Widerschein der kleinen roten Lampe, die Mutter auf das Grab gestellt hatte. Es war windstill an diesem Abend, eine kalte Stille, in der die Flamme hoch und ruhig brannte.

Am nächsten Nachmittag war ich zu glücklich, um zu lesen oder mich auf irgend etwas zu konzentrieren. Ich ging wieder in die Wälder hinaus und wanderte in ziellosem Überschwang durch den Schnee. Wie hatte ich all diese Jahre leben können, ohne die Schönheit von Zäunen zu begreifen, von runden Felsen im Fluß, von Sonnenlicht, das sich im grünen Haarkleid der Farne bricht?

Ich fühlte mich wie ein Spatz, zerbrechlich und doch unzerstörbar.

Und dann sah ich *sie*.

Sie stand vierhundert Meter entfernt, Adilakshmi ungefähr fünfzig Meter hinter ihr, und schaute über ein in Licht getauchtes Feld. Sie war allein, allein mit dem Feld, den Farnen, dem glänzenden Schnee, mit sich selbst. Sie ging mit leicht ausgestreckten Armen weiter, am gefrorenen Rand eines Hohlweges entlang, den Kopf leicht nach unten geneigt. Ich hatte das Gefühl, als würde die ganze Landschaft aus ihren Armen herausströmen, wie ein weißes Herz, das sich in die Ewigkeit ausdehnt, in einem einzigen klaren Augenblick.

Wann immer ich in den folgenden Monaten litt oder den Mut verlor, erinnerte ich mich daran, wie sie an diesem Hohlweg entlang ging, eingehüllt in das gleißende Licht des Winters. Ich ging weiter in den Wald hinein, ohne Ma zu stören. Adilakshmi hatte mir an diesem Morgen gesagt, daß Ma irgendwo im Wald einen *Ganesh* aus Schnee gebaut habe. Ganesh ist im Hinduismus der Elefantengott, der Gott, der alle inneren Hindernisse beiseite räumt, der Gott transzendenter Weisheit. Ich wollte Mas Ganesh finden und ehren. Ein paarmal ging ich den Weg entlang, und gerade, als ich aufgeben wollte, sah ich ihn. Er war ungefähr fünfzig Zentimeter groß, ein feiner, zarter Ganesh, schlanker als üblich, mit weiten offenen Augen, wie die von Ma. Er schaute auf Thalheim hinab, als wollte er alle seine Einwohner mit seiner zarten Fröhlichkeit erfreuen.

Mas Handabdrücke waren im Schnee zu sehen. Ich fand trokkene Blätter und legte sie als Opfergabe davor.

In diesem Augenblick begann der Schnee weißes Licht auszuströmen, so stark, daß ich mich hinsetzen mußte. Während mein Blick staunend auf der weißen, pulsierenden Landschaft ruhte, hörte ich sie sagen: *Die ganze Welt ist weißes Licht.*

Plötzlich verstand ich, warum Ma Schnee liebte. Schneebedeckt wird die Welt das, was sie wirklich ist – weiß, das weiße Licht Gottes. Ich dachte an das Licht, in dem ich sie in Pondicherry gesehen hatte, das Licht in Mahabalipuram. Ihre Stimme kam: *Dieses Licht ist in allem.*

Ich erinnerte mich daran, was Ramakrishna zu einem christlichen Prediger gesagt hatte, als er ihm den hinduistischen Begriff des Avatars hatte erklären wollen: «Stellen Sie sich einen Ozean vor. Es ist eine riesige, fast unendliche Wasserfläche. Aber aus besonderen Gründen verfestigt sich das Wasser an bestimmten Stellen des weiten Meeres zu Eis.

Als Eis kann es leicht bearbeitet und für besondere Zwecke verwendet werden. Eine Inkarnation ist so etwas Ähnliches.»

Ich habe diesen Ganesh gemacht, hörte ich sie sagen, *so wie ich meinen Körper gemacht habe, um die Welt zu segnen.*

Als ich wieder in meinem Zimmer war, zündete ich vor dem Foto von Ma, das auf dem Fensterbrett stand, eine Kerze an. Es zeigte Ma, so wie sie vor acht Jahren war, als ich ihr zum ersten Mal in Pondicherry begegnet war, sehr jung und lächelnd mit der Intensität einer Tigerin.

Ich saß vor dem Foto und schaute in ihre Augen. Das Foto begann zu leben. Andere hatten mir von dieser Erfahrung erzählt, aber ich erlebte es zum ersten Mal. Ihr Gesicht war lebendig, wie hinter einem Schleier ruhigen Lichts, das immer stärker wurde, bis ihr ganzes Gesicht im Licht brannte.

Ihre Augen wurden größer und intensiver. Mein Körper füllte sich mit dem Licht, das aus ihnen herausfloß. Alles leuchtete – die Pflanze auf dem Fensterbrett, das geöffnete Buch vor mir, das Tischtuch und die kleinen Plastiktiere, die an einer Schnur von der Decke hingen.

Du wirst dieses Licht nun immer haben, wenn du dich auf mich konzentrierst und ruhig bist, hörte ich ihre Stimme sagen, *und durch dieses Licht werde ich dich läutern und deinen Geist mit Wissen füllen.*

So also würde sie mich «lehren». Direkt durch das Wirken des Lichtes.

Später am Abend sprach ich mit F.

«Nun, kleiner Dichter, jetzt geht die Reise los. Halte dich an deinem Sicherheitsgurt fest, sie schüttet Benzin in den Tank. Ich habe das Gefühl, daß sie dich in einen Rennwagen gesetzt hat.» Er rieb seine Hände aneinander. «Ich freue mich schon darauf!»

Er machte mir einen Tee aus seiner Sammlung zahlloser Sorten. «Du wirst auf deine Weise gelehrt werden, wie ich auf meine. Ich habe noch nicht oft Licht gesehen. Ich bin nicht hellsichtig. Ich spüre mehr, wie das Licht in den Kopf und den Körper einströmt.

Dieses Licht kann auf ganz verschiedene Weise wirken – ähnlich wie das normale Licht, das sowohl Welle wie Elementarteilchen ist und viele verschiedene Formen annehmen kann. Nur Gott weiß wie. Ich habe schon lange aufgegeben, zu fragen *wie*. Es reicht mir, mich mit dem auseinanderzusetzen, was gerade passiert. Göttliche Technologie gibt ihre Geheimnisse nicht so leicht preis.»

«Obwohl du während des Prozesses das nötige Wissen bekommst, um zu verstehen, was vor sich geht?»

«Manchmal mußt du ein bißchen raten oder warten. Aber das macht es nur spannender. Mach dich auf die Abstürze gefaßt.»

«Die *Abstürze*?»

«Nun, kleiner Dichter, ich weiß, daß in einem Gedicht alles schön und schnell gehen würde. Aber die wirklichen Prozesse sind anders – du gehst Zickzackwege, schwankst, machst grobe Fehler. Nach einem Schritt nach vorn fällst du wieder zurück und schlägst mit dem Kopf auf den Boden. Du hast einige herrliche, vollkommene Tage, und dann wiederholst du den ganzen alten Mist. Es braucht Zeit, bis man den Bogen raus hat – ähnlich, als würdest du ein schwieriges Musikstück lernen. Du mußt es stückweise üben, wieder und wieder mit Disziplin, dann setzt du es zusammen und spielst das Ganze ein paar hundertmal, bis es so natürlich wird wie ein- und ausatmen. Mas Methode ist revolutionär und schnell. Aber glaube nicht, sie wäre leicht. Selbst wenn dich das Göttliche Licht überflutet, hast du manchmal das Gefühl, daß du es einfach nicht mehr packst. Du möchtest raus und dich betrinken. Das Ego hält an seinem Vergnügen, seinem albernen, verdammten Vergnügen mit einer Zähigkeit fest, die einen rühren könnte, wenn sie nicht tödlich wäre.

Wie wäre es mit ein bißchen echter Musik?»

Ich schaute ihn verständnislos an.

«Du singst, und ich spiele Gitarre. Mein Zimmer ist voller Technik, die endlich benutzt werden will. Über die Jahre ist es zu einem halben Studio geworden, nicht völlig professionell, aber auch nicht schlecht. Es wird dir guttun zu singen: dann redest du nicht.»

In dieser Nacht begann zwischen F. und mir eine musikalische Partnerschaft. Erst als wir unsere erste Schallplatte zusammenstellten, erinnerte ich mich an das Ende der Unterhaltung mit Ma in meinem Zimmer. Ich hatte gesagt: «Wenn ich dich so voller Freude und Schönheit sehe, dann läuft mein Herz über, und ich möchte singen.» Und sie hatte leichthin geantwortet: «Dann singe!»

An den folgenden vier Abenden haben F. und ich sicherlich an die zwanzig Songs komponiert. Sie kamen ohne Anstrengung. Unsere Herzen waren voll von ihr, und wir vertrauten und ergänzten einander. Wir waren beide überrascht von der Leidenschaft, dem

Schmerz und der Freude, die in unserer Musik zum Ausdruck kamen.

Beim Singen wurde meine Liebe zu ihr eins mit meiner Stimme. Durch die Musik begriff ich intuitv, welches Geschenk ihr Yoga von uns verlangt, nämlich völlige Aufrichtigkeit.

ॐ In Mas Haus Musik zu machen brachte mich zu einem tieferen Gewahrsein des Transformationsprozesses, den sie in mir bewirkte. Ich begann zu erkennen, daß die Erfahrungen, die ich durch sie machte, einem musikalischen Muster folgten, daß sie sich um bestimmte Themen gruppierten, Themen mit Variationen in allen Tonlagen, von der tiefsten bis zur höchsten. All die verschiedenen Ebenen meines Wesens waren Saiten, die sie zum Klingen brachte; ihre Gnade und meine Öffnung machten es möglich, ihrer Kunst zu folgen.

Allmählich erkannte ich, daß die Wirklichkeit ohne den falschen Schutz des Egos in *ihrer* Dimension wie Musik gelebt werden könnte; daß mein Geist, eingestimmt auf ihren, so wie der ihre mit allem und mit jedem im Kosmos zu aller Zeit in Resonanz wäre.

Meine erste Erfahrung ihrer musikalischen Meisterschaft in der Realität machte ich am Ende meines ersten Aufenthalts in ihrem Haus. Sie verwandelte die Reise in einen Tanz. Sie gab mir den intuitiven Schlüssel, um ihrer schweigenden Lehre folgen zu können. Die Einzelheiten sind notwendigerweise persönlich und «biographisch»: aber die Erfahrung der kunstvollen Verwobenheit aller Ereignisse und aller Arten von Bewußtsein – diese Erfahrung macht jeder, der beginnt zu erwachen.

F. und ich waren auf der Rückfahrt von Köln, wo wir einen anderen Jünger von Ma besucht hatten. Es war das erste Mal, daß ich Thalheim in diesen zwei extremen Wochen verlassen hatte. Ich fühlte mich eingetaucht in klare tiefe Freude. Alles – die Läden, die Häuser, die Autos – schien mir vollkommen fremd, als gehörten diese Dinge zu einer Welt, deren Existenz ich fast vergessen hatte. Es regnete leicht auf der Fahrt, und wir hörten eine Kassette von einem Komponisten der Frührenaissance, Josquin des Prez, *Messe der seligen Jungfrau.*

Von der Musik inspiriert, schrieb ich auf ein verkrumpeltes Papier, das ich in meiner Jackentasche fand, ein Dankgedicht für Ma:

Rose, die du dich immer weiter öffnest,
Deren Duft den Kosmos erfüllt.

Später ersetzte ich das Wort *erfüllt* durch *erschafft*.

Als ich die Veränderung machte, erkannte ich jenseits aller Worte oder Konstrukte des Verstandes das Paradox göttlicher Macht. Ich erkannte, daß Mas extreme Sanftheit und ihre extreme Macht *dieselbe Kraft* waren. Ihr Duft erfüllt *und erschafft* den Kosmos. F. und ich kamen etwa um halb acht Uhr in Thalheim an. Ich war so zittrig und benommen, daß ich kaum aus dem Auto aussteigen konnte.

Eine Stunde später saßen F. und ich in meinem Zimmer und unterhielten uns. Ich hatte meine Sachen für Paris gepackt. Mein Flugzeug ging am nächsten Morgen. Obwohl ich wußte, daß ich bald zurückkommen würde, war ich traurig.

Die Tür öffnete sich, und Ma und Adilakshmi traten ein. Ma trug einen weiß-grünen Sari mit einem roten Pullover darüber und rote Schuhe. Sie sah sehr jung aus und hatte einen schelmischen Ausdruck in den Augen.

Ma und Adilakshmi setzten sich. Eine Weile waren wir alle still. Zum ersten Mal, seit ich sie kannte, war ich nicht aufgeregt und fühlte keinen Drang, etwas zu sagen.

Ma wandte sich zu mir und lächelte. Da fiel mir das Gedicht wieder ein, das ich für sie geschrieben hatte. Ich fand es und gab es ihr.

Ohne es zu lesen, faltete sie das Papier mit einem breiten Lächeln sorgfältig zusammen und legte es vor sich auf den Tisch. Sie drehte sich nach rechts, wo Adilakshmi saß, und deutete über sie hinweg in die Ecke des Zimmers.

Dort war ein roter Luftballon.

Ich habe keine Ahnung, wie er dorthin gekommen ist. Seit zwei Wochen war ich in diesem Zimmer und hatte nie einen Ballon gesehen.

Die Stille wurde leicht und fast übermütig. Ma ging zu dem Ballon, hielt ihn in der Hand und drehte ihn von einer Seite auf die andere.

Während sie so dastand, fiel mir das Foto von Ma ein, das auf meinem Schreibtisch am Hobart College stand. Sie blickt mit großen Augen aus dem Bild heraus und hält einen Apfel in der Hand. Dieser Apfel war für mich immer der Kosmos.

Ma ging langsam durchs Zimmer und warf mir den Ballon zu. Dabei schaute sie mir gerade in die Augen, und ich fing an zu lachen.

Sie warf mir den Kosmos zu, das göttliche Gewahrsein, ihr Licht, ihre Macht, und sie machte daraus ein Spiel. Sie spielte mit mir wie ein Kind.

Ma hatte das Gedicht, das sie nicht gelesen hatte, in die Tat umgesetzt. Sie warf mir die Rose zu, den roten Ballon. Damit vollendete sie die Reihe von Erfahrungen, die mit F. im Auto begonnen hatte. Mit einer einzigen Geste faßte sie all die Erfahrungen zusammen, die sie mir hatte zuteil werden lassen; sie tat es in meiner Gegenwart und für mich.

Alle vier spielten wir lachend mit dem Ballon. Dann legte Ma ihn hin.

Ich ging zu ihr, kniete nieder und bat sie um ihren Segen. Ich sagte: «Du hast meinen Geist und mein Herz geöffnet. Laß nicht zu, daß sie sich wieder schließen.»

Sie lächelte. «Sie können sich jetzt nicht mehr schließen.»

FÜNFTES KAPITEL

Zurück in Paris fühlte ich mich wie ein Kind, das in einer ihm fremden Stadt ausgesetzt wurde – ich war gezwungen, alles neu zu improvisieren. Die Straße zu überqueren oder eine Tube Zahnpasta in einem Geschäft zu finden, in dem ich jahrelang eingekauft hatte, waren Staatsaktionen, die mir ein äußerstes Maß an Selbstkontrolle abverlangten. Es schien, als würde ich alles im Zeitlupentempo tun wie ein Verrückter, der glaubt, sein Körper wäre aus Glas.

Ich hatte keine Angst. Der Körper, den ich zeitweise kaum manövrieren konnte, war nicht nervös; vielmehr war er ruhig, ja so ruhig, daß er keine Knochen zu haben schien. Als ich einmal die Rue du Bac überquerte, um eine Zeitung zu kaufen, kam ich mir vor, als bestünde ich aus flatternden Lumpen, die der Wind jeden Augenblick in alle Richtungen wehen könnte. Der Gedanke machte mir keine Angst: Ich wußte, daß ich, der Beobachter des Gedankens (und der Lumpen), bestehen bleiben würde. Als ich den jenseitigen Bürgersteig erreicht hatte, fiel mein Blick auf meine Hände, und es schien mir zum ersten Mal so, als würden sie einem Fremden gehören; ich empfand Dankbarkeit dafür, daß sie so lange klaglos mit mir verbunden geblieben waren.

Nach drei oder vier Tagen dämmerte mir, daß ich unfähig war, mein Zimmer zu verlassen. Ich sagte alle Verpflichtungen ab. Mein Verstand, mein Nervensystem, wie ich es bisher gekannt hatte, funktionierte nicht mehr. Ich lebte von Bananen und Vitaminpillen. Eine Banane zu schälen oder eine Vitaminpille aus ihrer silbernen Hülle zu nehmen dauerte mindestens fünf Minuten. Der Entschluß, nichts zu tun und nirgendwohin zu gehen, erlaubte mir, mich dem hinzugeben, was Ma mit mir tat. Ungefähr vier Tage lang lag ich, sofern ich nicht schlief, beinahe bewegungsunfähig auf dem Boden meiner Pariser Wohnung in einem

Zustand stetiger, ruhiger, kompakter Seligkeit, die mich wie eine große Motte auf den Boden heftete. Ich spürte meinen Körper so gut wie gar nicht, selbst wenn ich wußte, daß er irgendwo schmerzte. Ich war unfähig, mich zu bewegen, um zu essen oder die Heizung anzudrehen. Ich lag in der Nähe des Telefons und beantwortete zunächst noch Anrufe, als ich aber hörte, wie meine Stimme sich in absurden Wortfetzen verlor, hängte ich das Telefon aus. Manchmal wehte mich Angst um meinen Körper an – würde er es aushalten, in diesem weichen Feuer wieder und wieder aufgelöst zu werden? Aber alle Angst zerschmolz in tiefem Erstaunen. Die Tage wurden zu langen Ragas von Licht und Stille: diese Stille war Musik, markiert und vertieft durch Geräusche von draußen: den Verkehrslärm vor der Haustüre, den brasilianischen Jungen, der in der Eingangshalle Stepptanzen übte, Scott Joplin aus einem Fenster über mir oder der Hund der Concierge, der eine Plastikpuppe ohne Kopf auf dem Steinboden des Innenhofs herumstieß.

Von diesen Tagen ist mir nur wenig in Erinnerung geblieben. Die Erinnerungen, die ich habe, sind Augenblicke, in denen die Erfahrung sich in die Randschichten des Bewußtseins zurückzog oder dem Verstand erlaubte, ein Detail zu erfassen, so daß er immer einen Angelpunkt haben würde, um sich an seine eigene Zartheit in diesem Zustand der Überstrahlung zu erinnern.

Eine Erinnerung, die ich mir in den folgenden Monaten oft ins Gedächtnis rief, war das Ende der ganzen Erfahrung. Als ich wieder auftauchte, war ich erschöpft. Es war die Stunde der Abenddämmerung an einem klaren Februartag. Mein Zimmer in Paris geht zum Hof; jenseits der Mauer sehe ich die weiße Wand eines anderen Hinterhofs; darüber ist eine ausladende rauhe Wand mit großen zerklüfteten Löchern, in denen im Frühling Vögel nisten. An diesem Abend, ungefähr gegen sechs Uhr, senkte sich eine dichte Wolke von Vögeln auf diese Wand, und sie fing an zu leben. Wie auf ein unsichtbares Signal begannen die Vögel mit einer solch jubelnden Freude zu singen, daß es mir den Atem verschlug. Ich hörte Mas Stimme sagen: *Mit dieser Wunde der Schönheit heile ich dein Herz.*

Mein Blick fiel auf meinen Schreibtisch. Dort lag aufgeschlagen eine Ausgabe von Rumis *Diskursen.* Ich ging hin und las.

Ein Löwe jagte ein Wild, und das Wild flüchtete vor dem Löwen. Zwei Wesen existierten, das des Löwen und das des Wildes. Aber als der Löwe das Wild einholte und das Wild vom Löwen überwältigt in Bewußtlosigkeit und Empfindungslosigkeit vor ihm zusammenbrach, in diesem Augenblick gab es nur noch das Wesen des Löwen; das Wesen des Wildes war ausgelöscht und war nicht mehr existent.

In den folgenden Tagen erledigte ich alles, was nötig war, um so bald wie möglich zu Ma zurückkehren zu können. Ich hatte noch einen Monat Zeit, bevor ich nach Amerika mußte, um im Frühlingstrimester am Hobart College zu lehren. Ich wußte, daß ich nicht in der Verfassung war, zu reisen oder zu kommunizieren oder mit dem Streß von Amerika und der Veröffentlichung meines Romans *Das Netz* im Mai fertig zu werden. Zuerst mußte ich noch einmal zu Ma zurückkehren.

Ich versuchte, ein paar Freunden mitzuteilen, was geschehen war, mußte aber bald einsehen, daß es unmöglich war. Es fehlten mir die Worte; der Prozeß war nicht vollendet. Die wenigen Male, als ich versuchte, etwas zu sagen, traf ich auf peinliches Schweigen. Offenbar dachten meine Freunde, ich sei verrückt, waren aber zu höflich, um es auszusprechen.

Ein Punkt wurde mir vollständig klar: Nur Liebe konnte mich weiterbringen, Liebe zu ihr, Liebe zu ihrer Arbeit. Ich betete ununterbrochen darum, daß diese Liebe mich ganz ergreifen möge, in der Metro, an der Seine, während des Geplappers von Abendgesellschaften.

Nachdem ich mein Flugticket nach Frankfurt gekauft hatte, ging ich in meine Wohnung zurück und öffnete ein Buch mit den Lehren von Ramakrischna an dieser Stelle:

Der junge Affe klammert sich an seine Mutter, wenn sie sich bewegt. Die kleine Katze hingegen miaut kläglich, und die Mutter packt sie am Nacken. Wenn der Affe die Mutter losläßt, dann fällt er und tut sich weh. Das liegt daran, weil er auf seine eigene Stärke vertraut. Aber das Kätzchen geht kein solches Risiko ein, weil die Mutter es selbst von Ort zu Ort trägt. Dies ist der Unterschied zwischen Vertrauen auf die eigene Kraft und völliger Überantwortung an den Willen Gottes.

Es folgten Tage, in denen Ma mit mir machte, was sie wollte. Zustände wunderbar klarer innerer Stille bemächtigten sich meiner, während ich in die Bäckerei ging, mit einem Freund auf dem Boulevard St.-Germain Kaffee trank, meine Socken und Unterwäsche wusch oder mit dem Lektor am Telefon allerletzte Veränderungen an meinem Roman besprach. Ich mußte lernen, diese Zustände zuzulassen und dabei dennoch zu funktionieren.

Ja, ich mußte lernen, zwei Leben zu leben – ein Leben in der Musik, die sie mit mir spielte, lauschend auf jede ihrer Wendungen und Wandlungen; das andere Leben in Konzentration auf die gewöhnliche Realität und in der Verantwortung dafür.

Am Anfang war das schwer, denn so wie ich lernen mußte, in Trancezustände hinein- und hinauszugehen, so mußte ich auch wieder neu lernen, ganz einfache und banale Dinge zu tun wie Kaffeekochen oder Gemüse einkaufen. Wie für ein leicht zurückgebliebenes Kind mußte ich mir selbst Listen und Anweisungen aufschreiben. Nun, sagte ich zu mir selbst, du hast diesen Wandel gewollt, jetzt bekommst du ihn. Jede Veränderung hatte ihre amüsante Seite. Es entbehrte nicht der Komik, beim Kaffeemachen einer Anweisung in großen roten Buchstaben zu folgen oder beim Kaufen von Schampoo in einen Zustand von Glückseligkeit zu verfallen.

Nach den ersten Tagen der Unwirklichkeit kehrte Paris wieder zu mir zurück. Durch das, was ich durchlebte, sah ich die Schönheit der Stadt in ganz neuem Licht. Alle meine Sinne waren schärfer geworden. Die Art, wie das Morgenlicht auf die rauhen Steine in meinem Hinterhof fiel, konnte mich in Ekstase versetzen, obwohl ich diesen Anblick seit Jahren kannte. Der Anblick der winterlichen Bäume gegen den weißen Himmel in den Tuilerien machte mich unfähig, das Buch zu lesen, das ich in die Gärten mitgenommen hatte. In drei türkischen Teppichen – in Rot und wildem Gelb –, die nebeneinander in einem Schaufenster hingen, schien *ihre* Energie zu vibrieren, und ich stand im Regen und hätte am liebsten in die Hände geklatscht und getanzt angesichts ihrer unverhüllten Schönheit. Die Heiligkeit jedes Gesichts, jedes Körpers, machte es fast unerträglich intensiv, auf der Straße zu gehen.

Es war ein Fest des Leidens und der Schönheit – jedes Gesicht war plötzlich so nah und so ausdrucksvoll. In der Metro wurde ich mehrmals von Gefühlen überwältigt, die, wie ich dann erkannte, von einem Menschen mir gegenüber oder hinter mir kamen. Ma entfernte langsam alle Filter, die ich zwischen mich und die Welt geschoben hatte, um mich vor ihrem Schmerz und ihrer Herrlichkeit zu schützen. Jeden Augenblick konnte mich ein Lichteinfall, das Gesicht eines Fremden oder das Leuchten einer chinesischen Schale in einem dunklen Schaufenster dazu bringen, staunend innezuhalten.

ॐ Ich begann zu erahnen, was mein Weg der Hingabe sein würde, mein Weg, immer in *ihr* zu sein. Ich erinnerte mich, was Mr. Reddy einmal zu mir in Kakinada gesagt hatte: «Der beste aller Wege des Betens ist es, den Namen Gottes zu wiederholen.» Und er hatte hinzugefügt: «Wenn ein Mantra für dich nicht funktioniert, wenn es dein Herz nicht erreicht und nicht aus deinem Herzen entspringt, dann versuche es mit einem anderen. Geh nicht mechanisch damit um; benutze immer das, was am tiefsten geht und dich am schnellsten an den Ort bringt, wo *sie* ist.» In jenen Tagen in Paris begann ich Mas Mantra zu sagen: OM NAMO BHAGAVATE MATA MEERA (aber ich sagte immer AMMA statt MATA, weil mich dieses einfachere indische Wort an meine Kindheit erinnerte. Wann immer ich merkte, daß ich wieder in die gewöhnliche Depression verfiel oder in Ungeduld oder in die Sehnsucht der Einsamkeit, begann ich ihren Namen zu wiederholen – im Bus, auf dem Weg zum Postamt, im Kino. Ich betete darum, daß sich das Mantra so in mir verwurzeln möge, daß ein Teil meines Wesens es unaufhörlich und in jedem Augenblick spräche.

Wenn das Mantra ihres Namens in seiner Wirkung nachließ, dann versuchte ich es mit dem Gayatri-Mantra, dem Mantra der Göttlichen Mutter, das in Indien seit Jahrtausenden gesprochen wird, oder einem Mantra, das in meinen Gebeten spontan entstanden war, oder mit Gedichtzeilen, die mich seit Jahren tief berührt hatten; oder ich sprach langsam Gedichte, die für mich die Kraft göttlicher Rede besitzen, wie das Gedicht von George Herbert:

«Liebe hieß mich willkommen, aber meine Seele scheute zurück, schuldig des Staubs und der Sünde.» Ich machte keinen Unterschied, wo ich zu ihr betete. Kein Ort war heiliger als ein anderer. Eine Toilette, ein überfülltes Postamt oder ein Kino waren genauso gut wie jeder andere Platz. Weil ich Angst davor hatte, die Seligkeit wieder zu verlieren, die sie mir geschenkt hatte, hielt ich sie ständig in meinem Bewußtsein. Wenn ich merkte, daß ich fünf Minuten lang nicht an sie gedacht oder ihr Gesicht nicht vor mir gesehen hatte, dann fürchtete ich, daß all die Freude, die ich durch sie erlebte, durch unsichtbare Risse meines Schädels heraussickern und für immer verlorengehen könnte.

Während ich ihr göttliches Wesen anbetete, erinnerte ich mich an viele Augenblicke, in denen ich ihr «menschliches» Selbst gesehen hatte – wie sie eines Morgens schläfrig mit offenen Haaren die Treppe heruntergekommen war, wie sie sich in ihrem blauen Overall im Garten niederbückte, um Unkraut auszureißen, wie sie im Wald spazierenging und auf die Uhr schaute, wie sie am Rand einer gefrorenen Pfütze balancierte. Ich erkannte, daß es für sie keinen Unterschied gab zwischen den Augenblicken, für die ich nur das Wort «Herrlichkeit» hatte – die Augenblicke, in denen ich einen kleinen Teil davon erblickte – und den «gewöhnlichen» Momenten. Alle waren mit dem Licht der Ewigkeit durchstrahlt.

Bald entdeckte ich überall ihren Namen – auf dem Gesicht eines alten Säufers im Bus, auf den Zeitungsblättern, die der Wind im Morgengrauen durch die Straßen blies, auf den Händen eines Freundes, die einen Becher mit Kaffee umschlossen, auf den glänzenden schwarzen Plastikschuhen eines total bekifften Punks, der mir in der Metro gegenübersaß. Der sublime Klang der Sanskritworte ihres Mantras und all die Süße, die ihr Name in mir weckte, webten leuchtende Fäden zwischen mich und alle Dinge, Fäden, die mich mit allen Dingen verbanden und sie insgeheim zu meinem Herzen zogen. Bei dieser Rückkehr nach Paris kam ich wieder mit einer Freundin in Kontakt, die ich jahrelang nicht gesehen hatte, Astrid Delleuze. Sie ist eine distinguierte und attraktive Dame Anfang Siebzig, deren Direktheit und geistige Kraft mich schon immer angezogen hatten. Aber jetzt entdeckte ich, wer sie wirklich war. Ich wußte, daß sie seit über zwanzig Jahren Schülerin von einem Guru in Südindien war, aber erst als ich selbst den Weg der mystischen Erziehung beschritten hatte, sprach sie tiefergehend über ihren eigenen Weg. Keiner von uns hatte vorher mit solcher Aufrichtigkeit über die eigenen Erfahrungen gesprochen. Beide labten wir uns an der Freude, die aus diesen Unterhaltungen entsprang.

Während eines Abendessens in ihrer Wohnung in der Rue de Bellechasse erzählte ich ihr meine Geschichte.

Astrid rauchte mehrere Zigaretten, während sie sich aufmerksam in ihrem Sessel nach vorne beugte.

Als ich fertig war, sagte sie: «Du wirst sehr viel Mut brauchen, mein Lieber. Der Prozeß ist kein Witz. Er erschöpft dich. Der Körper muß einen verdammt hohen Preis bezahlen. Sorge für deinen Körper. Du bist erschreckend dünn. Iß richtig. Die Geschwindigkeit, in der du gelehrt wirst, ist extrem schnell. Ich habe das Gefühl, daß du in kurzer Zeit das lernst, was normalerweise zwanzig bis dreißig Jahre dauert. Du wirst für die Aufgabe vorbereitet, um deretwegen du auf die Erde gekommen bist.»

Am 13. Februar kehrte ich nach Thalheim zurück. Alles war mit einem Schneeteppich zugedeckt. Ich spazierte über die weißen Hügel und fühlte mich erlöst, daß ich wieder hier war.

Am nächsten Morgen saßen Adilakshmi, F. und ich in meinem Zimmer und sprachen über Einsamkeit und spirituelle Arbeit.

Adilakshmi sagte: «Ma ist absolut allein.»

Wir schwiegen.

Nach einer Weile fragte F.: «Was kann ich für sie tun? Was kann ich ihr geben?»

Adilakshmi sagte ruhig: «Ma lebt hier von unserer Liebe zu ihr. Es ist unsere liebende Hingabe, die sie am Leben hält. Unsere Liebe ist ihre Nahrung, ihr Brot und ihre Luft.»

Was Adilakshmi sagte, verwirrte mich.

Was konnte ich Ma geben, was konnte ich für Ma tun?

Ich erinnerte mich an das, was Astrid gesagt hatte: «Du wirst vorbereitet...» Aber für was?

Ich betete zu Ma in jedem Darshan, sie möge mir die Antwort geben. Nach einer Woche, spät am Abend, kam die Antwort: Ich könnte den Versuch machen, ein Buch über das Geschehen zu schreiben, könnte Stufe um Stufe, Traum um Traum, Gespräch um Gespräch das Wunder beschreiben, das sich in mir entfaltete. Ich hatte keine Ahnung, wie ich das vollbringen könnte und ob es überhaupt in ihrem Sinne wäre. Aber es war etwas, was ich tun *konnte*, sofern sie es zuließ und mir half. Ich schrieb an Ma:

> Bitte laß mich versuchen, über das zu schreiben, was du mir gibst, so daß jene, die es wollen, erfahren, daß du hier bist, und lernen, mit dir zu sein. Ich weiß genug, um zu wissen, daß ich erst am Anfang bin, aber ich weiß auch, daß du mich hinführen kannst, wohin du willst, und es tun wirst, wenn ich offen bin. Öffne mich, schenke mir deine Gnade. Es gibt nichts anderes, was ich mit meinem Leben tun will.

Ich ging mit dem Brief zu Mas Zimmer und schob ihn unter die Tür. Am nächsten Morgen kam Adilakshmi herunter und sagte: «Mr. Reddy hat immer gewollt, daß du derjenige bist, der das Buch über sie schreibt. Ma sagt, daß sie dir ihren Segen dafür gibt.»

Als Adilakshmi draußen war, erkannte ich augenblicklich drei Dinge: daß ich nichts würde schreiben können, bis die Reise – zumindest eine Reise – an ihr Ende gekommen war; daß ich diese Reise nur machen konnte, wenn ich mich vollständig und in jeder Hinsicht Ma hingeben würde; daß ab jetzt das Buch und der Prozeß untrennbar waren.

An diesem Nachmittag klopfte Adilakshmi an meine Tür.

«Komm schnell. Jean-Marc aus Montreal ist am Telefon.» Acht Jahre lang hatte ich nicht mit ihm gesprochen, seit Mutters Besuch in Kanada 1979.

Das Telefon stand auf dem Boden in Mas Zimmer. Ich legte mich daneben, und wir fanden sofort zu unserer alten Vertrautheit zurück.

«Ich bin so froh, daß du zu ihr zurückgekehrt bist», sagte Jean-Marc. «Ich habe lange darum gebetet, weißt du.»

Seine Stimme wurde brüchig.

Ich schaute auf. Ma stand über mir und sah auf mich herunter, und ich sagte zu Jean-Marc: «Ich bin diesmal für immer zurückgekehrt. Ich werde sie jetzt nie mehr verlassen.»

Ma streckte mir ihre rechte Hand entgegen, und ich nahm sie. Es war das erste und einzige Mal, daß Ma mich berührt hat, außer im Darshan.

Ma lachte voll Freude. Ihr Lachen fiel wie ein Schwert auf die Vergangenheit und schnitt sie ab. In diesem Augenblick existierte nichts anderes als ihre Hand in meiner und das wilde, blendende Leuchten ihres Lachens.

ॐ Es war am Wochenende darauf, daß Ma meinen Geist für ihr «Darshan» öffnete. Alles, was ich seitdem gesehen oder gelernt habe, entfaltete sich aus dem, was mir in diesen vier Tagen voller Wunder geschenkt wurde. Ich hielt in meinem Tagebuch alles so genau wie möglich fest.

FREITAGSDARSHAN

Die Uhr schlug sieben. Die Tür ihres Zimmers öffnete sich. Und dann geschah es.

Was geschah? Ich weiß immer noch nicht, wie ich es ausdrükken soll. Es war, als wenn ein großer, vibrierender, summender Vorhang geschmolzener Stille herabgelassen würde. Es summte tatsächlich, aber innerlich, manchmal nah, manchmal fern, ein weiter hoher Ton, irgendwo zwischen dem Ultraschallpfeifen von Fledermäusen und dem Summen von Telegrafendrähten. Ich habe genug gelesen, um zu wissen, was ich endlich hörte: das *Shabd*, den Ton des Ursprungs, einen der Töne, von dem es in den *Upanishaden* heißt, daß er das Erwachen des wahren göttlichen Selbst ankündigt.

Mutter war in Rot gekleidet, die Farbe der Durga, den Aspekt der Göttin, den sie an der Tür in Pondicherry verkörpert hatte. Ich schaue sie kaum an, als sie hereinkommt, sich hinsetzt und beginnt. Wie kann sie so klein sein und so viel Macht haben, diese Donnerkraft, die den Raum erfüllt, den Raum erschüttert, so daß ich meinen ganzen Willen aufbieten muß, um stehenzubleiben und nicht auf meinen Stuhl zurückzusinken?

Wir setzen uns hin, und die Stille wird mit diesem verborgenen Summen wie von Bienen lauter und lauter. Ich spüre ein Pochen in meiner Brust, als wollte mir das Herz herausspringen.

Wenn ich es ertragen kann, dann schaue ich zu ihr auf. Sie schaut in die Augen von F., der vor ihr kniet. Ihre Hände sind bewegungslos: ihr ganzer Körper ist still wie ein Berg. Eine Sekunde oder zwei erscheint sie mir unerhört groß, ein Kailash, ein roter, lodernder Kailash, genau das Gegenteil von dem, wie sie hereinkam. Ich sehe sie so, wie ich sie im Sturm in Kakinada gesehen habe – den ganzen Kosmos in ihrem Körper – nur ist diesmal der Körper rot, glühend, ein brennendes Gold, und wir sind es, die alle darin enthalten sind, der Raum mit allen, die darin sind.

Sieht denn nicht jeder die große Flamme goldenen Lichts, die um ihren Kopf wirbelt?

Die Stille wird tiefer, dichter. Manchmal verliere ich für einige Sekunden das Bewußtsein, und dann ist nur noch Weite in meinem Geist, lichterfüllte Weite. Darin werde ich zu *ihr*, zur Stille, die *sie* ist.

Es hält nicht an. Der Raum kehrt zurück, die Leute, die husten und zappeln, der Mann, der seine Augäpfel wie ein Jahrmarktsclown verdreht.

SAMSTAG

Der Tag ist zu laut. Zu viel Geschwätz in der Küche. Ist sie ein Meister oder nicht?

Vor dem Darshan flüchte ich mich wieder in die Wälder. Im Wald ist Klarheit und Gesundheit, weiß und klar wie der Mond, der in einer Stunde aufgehen wird. Klarheit und Stille, die Stille, die sie in einer Stunde herunterbringen wird, intensiviert bis zum äußersten.

Der Schnee ist Darshan. Die Bäume, die schweigend im Schnee stehen, sind Darshan. Sie sind so groß wie ihre Kraft, so still, so würdevoll, so unbeantwortbar. Ich denke: Ich werde hier draußen bleiben, werde nicht hineingehen und dem Gerede zuhören, dem Husten oder dem Zappeln der Leute auf ihren Stühlen. Da höre ich ihr Lachen und ihre Stimme: *Laß deinen dummen Hochmut fahren. Hatte ich nicht all die Jahre Geduld mit dir, als du gesehen, aber so wenig verstanden hast?*

Sieben Uhr. Sie kommt herunter, in Weiß. Wieder dieser große, vibrierende, summende Vorhang der Stille. Ich weiß jetzt, ich werde das immer hören. Sie hat meine Ohren geöffnet.

Warum ist nicht der ganze Raum in Seligkeit? Warum bohrt dieser Mann dort drüben in der Nase? Diese Leute werden mich noch verrückt machen. Warum sind wir nicht in Indien, wo die Menschen wissen, wie man das Göttliche verehrt? Ihre Stimme: *Hör auf zu urteilen. Kümmere dich um deine eigene Beziehung zum Göttlichen.*

Wieviel du mir zeigst; ich beginne lautlos zu lachen. Meine Ungeduld. Meine Angst – Angst vor der Fähigkeit des Egos, alles zu verraten, Angst vor der endlosen, mühseligen, dummen Verschlossenheit dieser Zivilisation-ohne-Seele. Angst, Angst, Angst. Nimm mir diese Angst, damit ich atmen kann.

Ich empfinde Haß auf alles und jeden, der *sie* nicht erkennt. Dieser Haß ist verrückt, das genaue Gegenteil von allem, was sie ist. Was bilden sich diese Bastarde eigentlich ein, wenn sie glauben, sie könnten ihr langweiliges Leben intakt halten, während meines zerschlagen wird? Ich weiß, daß mein Haß verrückt ist. Ich schaue zu ihr hinüber und sehe die Liebe in ihr, die Unermüdbarkeit, die unerschütterliche Geduld. Ich erkenne, daß Ma sich entschieden hat, hier in Deutschland zu arbeiten, im Westen mit all den Neurosen, den Verzweiflungen, Depressionen, Ausflüchten, mit den grauen Ängsten des Westens. Ich erkenne all das, aber ich kann den Haß nicht loslassen.

Schau deinen Haß an, sagt ihre Stille zu mir. *Schau, wo er herkommt. Finde die Demütigung, die ihn nährt, die Angst, die ihn ständig virulent hält, den Selbsthaß, den er erzeugt.*

Mit einem Schlag fühle ich die sexuellen Zurückweisungen, die meinem Haß zugrunde liegen, die Angst davor, lächerlich gemacht, die Angst, wegen meiner Liebe zu ihr gedemütigt, die Angst, von ihr so sehr geöffnet zu werden, daß mich die Welt zerstören wird. Gerade als ich im Begriff bin, mich in Schuldgefühlen zu verlieren, spüre ich, wie sie mich innerlich fängt, mich hält. *Schuld ist eine weitere Pose. Geh darüber hinaus.*

An diesem Punkt eine plötzliche Wende. Mein Verstand bricht auf, und sie gießt ihre Stille hinein. Dann ihre Stimme: *Beobachte sie: beobachte diese Menschen, die du zu verachten meinst, wie sie vor mir knien.*

Also beobachtete ich sie, wie sie vor ihr knien. Jeder, aber auch jeder wird plötzlich weicher, kindlicher und verletzlich. Jede Linie im Gesicht der Menschen erzählt die Geschichte von Schwäche,

Gram oder Hilflosigkeit, ganz besonders von Hilflosigkeit. Tränen kommen, und mit den Tränen eine große, stetige Flamme stiller Liebe, von der ich weiß, daß sie nicht meine, sondern *ihre* ist.

Während sich mein Herz weitet, weitet sich das Licht, das sie umgibt. Es ist nicht das brennende, flammende Licht von gestern, es ist weicher – das Rotgold der untergehenden Sonne am Strand von Mahabalipuram. Ich sehe es mit offenen Augen und offenem Herzen. Es strömt langsam in stetigen Wellen von ihr aus, von ihren Armen und ihrem Kopf und den Falten ihres glänzenden weißen Saris, und breitet sich allmählich über jeden der Anwesenden. Die Wände beginnen zu pulsieren. Jeder Kopf glüht in diesem weichen rot-goldenen Licht. Meine Knie und Hände zittern darin. Es ist, als wäre eine lautlose Lichtwelle aus ihr hervorgebrochen und würde sich wie Schaum über alles legen.

Als ich diesmal in ihre Augen schaue, sind sie weicher, als ich sie je gesehen habe. Ein dünnes, fast greifbares, flammendes Band umrandet sie. Während ich in ihre Augen schaue, fühlt es sich an, als würde eine Art Film über meinen Augen reißen und etwas aus meinen Augen in ihre strömen. Sobald ich denke: Etwas strömt aus meinen Augen, hört die Erfahrung auf. Denken tötet alles.

Ihre Stimme: *Wir werden es wieder versuchen. Mach dir keine Sorgen. Hör auf, dich zu verurteilen. Laß mich es tun.*

Nach dem Darshan sitzen wir ruhig in der Küche. Die scheußliche Bierstubenatmosphäre von heute morgen ist ganz verschwunden. P., der heute früh düster geunkt hatte, «hier passiert aber auch gar nichts», sagte: «Heute abend habe ich etwas gespürt.»

Ich gehe lange spazieren. Mir kommt ein Bild von Ma als indische Wäscherin, die die schmutzigen Leintücher meiner Psyche gegen einen Felsen schlägt. Sie hält mich fest und wird mich sauberschlagen. Und dann werde ich auf den Felsen liegen, ganz und gar entfaltet, Sonne und Wind preisgegeben.

Tief im Wald kommen die Stille und der Ton, das *Shabd*, wieder. Es ist überall.

SONNTAG

In der Nacht fiel wieder Schnee. Ich schaue auf eine völlig weiße Welt hinaus. Ich bin so ruhig wie der windstille Schnee. Mir fällt ein, was X. gestern sagte: «Manchmal habe ich das Gefühl zu sterben und in jedem Darshan wiedergeboren zu werden.»

Der Darshan der Mutter ist auch Geburt.

Ich sehe Jean-Marc im Garten des Park-Gästehauses im ersten Sommer in Pondicherry, bevor wir sie kannten, wie er mir einen Abschnitt aus Meister Eckharts siebter Predigt vorliest. Die Erinnerung ist so klar, als wäre ich dort. Ich sehe das struppige Gras in der Spätnachmittagssonne. Die weiße Teekanne, aus der wir getrunken haben, ist umgefallen, und der Tee ist in die Erde gesickert.

«Der Mensch wird zweimal geboren: einmal in die Welt, einmal aus der Welt heraus… Möchtest du wissen, ob dein Kind geboren und ob es nackt ist?… Wenn du in deinem Herzen um irgend etwas trauerst, und sei es wegen einer Sünde, dann ist dein Kind noch nicht geboren.»

Jedesmal, wenn du mit wirklicher Liebe vor mir kniest, dann wächst das Kind in dir ein wenig.

Jedesmal, wenn du ohne Angst meinem Blick begegnest, dann wächst das Kind in dir in Freude.

Die Sonne geht in einem wolkenlosen, reingewaschenen, blauen Himmel auf. Gleißendes Licht auf dem Schnee. Diesen Abend im Darshan Stille, völlige Ruhe, fast keine Gedanken. Ich höre die Worte:

Aus dieser ewigen Stille werden alle Dinge geboren. Du bist diese Stille. Aus dir heraus werden alle Dinge immer und ewig geboren.

Nach dem Darshan gehe ich im Schnee spazieren.

Ich kann ihre Augen nicht aus meinem Geist entlassen. Noch viele Stunden starren sie mich an. Ich schließe meine Augen in komischer Verzweiflung. Aber ich sehe ihre Augen immer noch, ob meine offen sind oder nicht.

Drei Stunden lang bin ich im Schnee spazierengegangen. Ich bin im gleichen, ruhigen Delirium wie am Anfang des Spaziergangs, aber der Körper ist erschöpft. Ich möchte ihn plötzlich mit dem Gesicht in den Schnee fallen lassen und schlafen.

In diesem Augenblick teilen sich die Wolken, die den Mond bedeckt hatten, und der Vollmond brennt plötzlich allein im Himmel.

Dann legen sich langsam zwei dunkle, dünne Wolken in der Form eines Riesenauges drum herum. Es ist *ihr* Auge. Es ist absolut und unbezweifelbar ihr Auge, und ich bin in ihrem unermeßlich großen Körper.

Das dauert ein oder zwei Sekunden, aber ich weiß mit allen Fasern, daß in diesem Augenblick alle Schranken zwischen ihr und mir gefallen sind.

MONTAG

Ich schlafe tief bis elf. Mein Körper ist erschöpft. Mein Geist ist wach und erfrischt. Ich navigiere mich durch den Tag, führe meinen Körper wie einen müden alten Esel herum, füttere ihn, setze ihn hin, lege ihn aufs Bett, wenn er wirklich nichts anderes als sich ausstrecken kann.

Gegen vier Uhr sitze ich am Fenster und sehe Ma und Adilakshmi zu einem Spaziergang aufbrechen. Ich beobachte Ma, wie sie in ihrem roten Mantel, leicht vorgebeugt, mit gerunzelter Stirn sehr bedacht und langsam die glatte Straße überquert. Nichts erinnert an die brennende Göttin im Darshan. Ich empfinde plötzlich freundschaftliche Gefühle zu ihr. Bei all ihrer Macht wickelt auch sie sich gegen die Kälte eng in ihren Mantel, verzieht das Gesicht, als ihr der Wind Schnee entgegenbläst, schaut vorsichtig hin und her, bevor sie die Straße überquert.

Diese Mischung aus Gewöhnlichkeit und Majestät, höchster Macht und Einfachheit, dem im Wind flatternden roten Mantel und dem Meer rotgoldenen Lichts im Darshan – sind Gegensätze, die der Verstand nicht fassen kann.

Sie schaut zu mir herauf, lächelt ein wenig und hält ihre Kapuze fest, die der Wind herunterblasen möchte. Ihr Lächeln wird breiter.

DARSHAN

Ich sitze vor ihr, unfähig, meine Augen von ihrem Gesicht zu wenden, das von göttlichem Licht umflammt ist.

Das Licht wird heller und heller.

Adilakshmi, die Ma gegenüber sitzt, bewegt sich langsam aus dem Lichtmeer heraus und verbeugt sich vor ihr. In dieser Handlung ist sie eins mit ihr. Zusammen bilden sie ein großes Lichtfeld.

Ich schaue zu Ma auf.

Zum ersten Mal sehe ich die große gerundete goldene Form *hinter* ihr. Zuerst verstehe ich nicht, was es sein könnte. Es ist keine Aura, es ist kein Lichtschein.

Dann erkenne ich: Es ist die Gestalt der Göttlichen Mutter, so wie Ma sie gemalt hat.

Hinter dem Körper von Ma im Darshan ist *das. Das* ist es, was Darshan gibt.

Nach dem Darshan stolpere ich in die Nacht hinaus. Nahe dem Platz, wo Ma die Ganesh-Schneeplastik gemacht hat, stehe ich und schaue auf Thalheim hinunter.

Der Mond ist noch immer beinahe voll und schwimmt wie ein Goldfisch in trübem Wasser hinter den Wolken. Wie in der Nacht zuvor reißen die Wolken auf. Diesmal ist der Mond nicht stechend, sondern weich, golden, feucht in seinem eigenen schmelzenden Licht.

Eine Sekunde lang bricht sein Feuer hervor.

Ich fühle es, als würde ein Goldfisch in meine Kehle springen.

Am Dienstag nahm ich all meinen Mut zusammen und bat Ma um ein Gespräch.

«Lehre mich», stammelte ich, «die richtigen Fragen zu stellen.»

Ma nickte.

«Was du mir sagen kannst, hängt davon ab, wieviel ich verstehe. Das weiß ich.» Ich fuhr fort: «Vertiefe mein Verstehen, Ma. Inspiriere mich.»

«Ja», sagte sie. «Komm morgen um acht Uhr.»

In dieser Nacht hatte ich einen beängstigenden Traum von ihr, den einzigen Traum in der ganzen Zeit, seit ich bei ihr war, in dem sie zornig zu sein schien.

Wir waren in meinem alten Zimmer im *All Souls College* in Oxford. Sie saß an meinem Mahagoni-Schreibtisch in einem gelben Sari mit fließend langem Haar. Gelb ist die Farbe von Saraswati, der Göttin der Musik und Dichtung, deren Sinnbild der Pfau ist. In meiner Kindheit hatte es Pfauen gegeben und in meinem Traum in Mas Haus bei meinem ersten Besuch.

Ma als Saraswati schaute mich finster an. *Du glaubst, ich sei dumm*, sagte sie. *Du glaubst, ich sei dumm, ich hätte keinen Verstand. Du glaubst, daß dies* – sie zeigte auf die mittelalterliche Wand – *du glaubst, daß dies Verstand hat. Du verstehst gar nichts. Du bist so dumm wie sie.*

Mir war klar, wen sie meinte: die Intellektuellen und Künstler, unter denen ich lebte.

Ich fühlte mich hilflos, unfähig, mich zu verteidigen.

Sie wütete weiter: *Weil ich nicht spreche, glaubst du, ich wüßte nichts. Weil ich nicht lese, glaubst du, ich verstünde nichts. Diese Dummheit wird dein Tod sein. Diese Dummheit wird der Tod von euch allen sein. Aber warum lebst du überhaupt, wenn du nicht verstehst?*

«Aber Ma», sagte ich, «ich weiß, daß diese Leute nichts Wichtiges wissen. Deswegen habe ich sie vor Jahren verlassen. Warum bringst du mich hierher zurück?»

Weil ein Teil von dir immer noch hier lebt, und dieser Teil muß jetzt sterben!

«Ich will ja, daß er stirbt», begann ich zu schreien. «Glaubst du, ich würde all das mitmachen, wenn ich nicht sterben wollte?»

Nein, sagte sie, *du möchtest mehr wissen. Du möchtest sogar noch intelligenter sein und so tun, als würdest du alles verstehen. Du benutzt mich, um dich selbst noch größer zu machen.*

Ich brach in wütendes Schluchzen aus.

Aber du kannst mich nicht benutzen. Niemand kann mich benutzen.

«Ich möchte dich nicht benutzen, ich möchte dein Kind sein. Ich möchte sterben. Nichts ist wichtig, außer dir. Nichts ist wichtig, außer deiner Arbeit.»

Plötzlich stand sie ganz in meiner Nähe, ihre Augen ungefähr eine Handbreit von mir entfernt. Sie hatte sich völlig verwandelt und war sanft geworden.

Ich muß zornig sein, sagte sie, *damit du rein werden kannst. Du mußt in deinem ganzen Sein wissen, wer ich bin.*

Ich wachte zerschlagen auf. Ich erkannte, daß Ma recht hatte: ein Teil von mir, den anzuschauen ich nicht den Mut hatte, dachte tatsächlich, daß sie keinen Verstand hatte, weil sie nicht sprach, sich nicht unterhielt, nicht diskutierte und nicht las.

Ich hatte geglaubt, ich sei frei von meiner Vergangenheit und ihrer Prägung. Sie erinnerte mich daran, daß ich nicht frei war –

ich besaß die gleichen vulgären Schwächen, die ich bei anderen verachtete. Solange ich sie behielt, würde mich Eitelkeit für die Wahrheit, die sie war, blind machen.

Eine Stunde lang packte mich entsetzliche Angst. Ich versuchte zu ihr zu beten, aber ich vermochte es nicht.

Ich zeige dir diesen Abgrund, damit du weißt, daß er da ist. Damit du nicht hineinfällst.

Das Ego ist so riesig, so grausam, so erfindungsreich…

Das Ego ist nichts. Dramatisiere es nicht.

Ihr Lachen. *Siehst du nicht, daß ich mit dir spiele? Auch dieser Zustand des Schreckens ist eines meiner Spiele.*

Dann verließ mich die Angst. Das Verschwinden der Angst war ebenso beunruhigend wie ihr Dasein. Ich hatte geglaubt, ich hätte mein Gewissen geprüft, aber *sie* hatte mich dazu gezwungen.

Ich war immer noch nervös, als ich die Treppe zu Mas Zimmer hinaufging. Ihr zürnendes Gesicht stand mir vor Augen, so wie ich es in der Nacht zuvor im Traum gesehen hatte.

Ma öffnete selbst die Tür. Sie trug einen roten Schal und hatte einen Becher Tee in der Hand. Ihr Blick war voller Humor und Sympathie. Sie wußte – natürlich wußte sie – von meiner Angst, meiner Ehrfurcht, meinem Gefühl, daß mein Verstand oder der von irgend jemand anderem unfähig sei, sie zu verstehen. Ich schaute in ihre Augen, sah ihr Lächeln und wußte, daß sie die Ironie und die Komik der Situation akzeptierte. Es war ein Spiel für sie, ein weiteres Spiel, auf das sie sich einließ, um zu helfen. Sie betrachtete mich eine Weile schweigend, als würde sie mich durch ihre Augen in sich hineinnehmen. Dann wandte sie sich um, ging ruhig zu dem Stuhl am Fenster und setzte sich hin. Als sie wieder zu mir aufsah, hatte ihr Gesicht den gleichen spielerischen Ausdruck wie damals, als sie mir den Ballon zugeworfen hatte. Vor ihr auf dem halbhohen Wandschrank stand der große rote Bär mit dem Schild ICH LIEBE DICH um den Hals. Adilakshmi hatte ihm eine Pfauenfeder in die Hand gesteckt.

Ich begann zu lachen. Plötzlich lachten wir alle drei.

«Bitte verzeih mir schon im vorhinein die Dummheit meiner Fragen», sagte ich. «Du weißt ja, was ich fühle, wenn ich vor dir sitze, nach all dem, was du mir gegeben hast? Jedesmal, wenn ich etwas sagen möchte, kommt es mir absurd vor, und ich möchte lachen.»

«Dann lache.»

«Aber wozu ist die Sprache da, Ma?»

«Sprache ist dazu da, um Dinge klarzumachen.»

«Die Buddhisten sagen, daß alles Sprechen über Gott nur ein Finger ist, der zum Mond zeigt. Wenn du den Mond gesehen hast, brauchst du den Finger nicht mehr.»

«Das ist wahr. Aber der Finger muß gerade sein.»

Sie deutete mit dem Finger nach oben und lächelte.

«Wenn der Finger nicht gerade ist, dann schaust du in die falsche Richtung.»

«Ich weiß inzwischen, daß alles von dir kommt», sagte ich. «Du bist in jeden Teil meines Lebens eingedrungen, und du öffnest mein ganzes Wesen für dich.»

«Ich war immer überall in dir, aber jetzt wird es dir bewußt. Ich öffne dich nicht nur für mich, sondern für alles.»

Sie fügte hinzu: «Es sind andere da, die auch göttliche Arbeit tun.»

Sie lächelte zärtlich, als wollte sie zu mir sagen: Übertreibe nicht. Die Wahrheit ist erstaunlich genug.

«Ich habe eine komische Liste mit Fragen vor mir», sagte ich zögernd. «Darf ich sie in einer bestimmten Reihenfolge stellen? Sonst werde ich betrunken und kann überhaupt nichts Zusammenhängendes mehr sagen.»

Ma deutete auf meinen Tee. «Du trinkst deinen Tee nicht. Du wirst Energie brauchen.» Während sie sprach, fühlte ich plötzlich Wärme in meiner Brust.

Sie sah mich schelmisch an.

«Ma», sagte ich und räusperte mich, «was ist ein Avatar?»

«Was denkst du?»

«Was ich *denke*? Wenn ich überhaupt *denke*, dann wird mein Verstand leer. *Du* weißt das. *Du* machst ihn leer.»

Sie schaute mich weiter an.

«Ma, ich kann *dir* nicht sagen, was ein Avatar ist. Ich komme mir lächerlich vor.»

Sie schaute mich weiter an. Ihr Lächeln verstärkte sich.

«Ein Avatar», sagte ich, «ist Gott, der in einem menschlichen

Körper heruntergekommen ist, um zu einer bestimmten Zeit eine bestimmte Arbeit zu tun. Ein Avatar ist Gott, der im Spiel der Zeit in Erscheinung tritt, um die, die der Zeit unterworfen sind, ins Gewahrsein zu führen. Ein Avatar ist das Ewige, das in der Zeit die Wahrheit des Ewigen manifestiert...» Ich hielt inne und fühlte mich idiotisch.

«Was Ma, glaube ich, meint», sagte Adilakshmi sanft, «was deinem Gefühl nach ein Avatar ist. Die Definitionen kennen wir natürlich.»

Ma saß jetzt still und ernst da, ihre Hände lagen gefaltet im Schoß, und ihr Blick war gesenkt. In diesem Augenblick hatte sie die Majestät des Darshan, die große Stille.

Ich wandte mich zu ihr.

«Ich *weiß*, daß du ein Avatar bist. Einmal sah ich im Darshan die Welt wie einen Ozean von Licht aus dir herausströmen. Du bist das Meer und eine Welle des Meeres und alle Wellen zusammen. Das ist nicht falsch, Ma, oder?»

Meine Stimme klang wie die eines kleinen Kindes.

Sie sah mich ruhig an. «Das ist nicht falsch.»

Wir saßen in der Stille.

«Du hast mir bisher nur eine Frage gestellt.» Ma lächelte.

«Was kann ich tun?» sagte ich hilflos.

Ich setzte wieder an. «Du hast gesagt, Ma, es gäbe auf der Erde außer dir noch andere göttliche Inkarnationen.»

«Es gibt mehrere. Das ist eine Zeit der Krise. Das Göttliche sorgt für alle seine Welten. Wir sind alle gekommen, um zu helfen.»

«Hat jeder Avatar eine andere Arbeit?»

«Ja.»

«Aber jeder Avatar, der ja das Göttliche ist, ist eins mit dem Göttlichen und allen anderen Avataren.»

«Ja.»

Wieder legte sich Stille über uns, reich und tief. Ich schaute auf die nächste Frage auf meiner Liste und lachte.

«Du arbeitest in der Stille. Du tust das deswegen, weil Stille die letzte und endgültige Initiation ist, nicht wahr?»

«Ja.» Ma drehte den Armreif an ihrem rechten Handgelenk.

«Warum ist die Stille so machtvoll?»

«Gott ist still. Alles kommt aus der Stille. In der Stille kann mehr Arbeit getan werden. Die wahre Erfahrung von Glückseligkeit ist ohne Worte.»

Die Stille kehrte wieder, diesmal erfüllt von ihrem Ton.

Adilakshmi kam mit neuem Tee zurück. Mas Augen begegneten meinen. Ihr Blick war voller Amüsement.

«Ich möchte dich», sagte ich wie ein Betrunkener, der seine Worte übervorsichtig artikuliert, «mehr über dieses moderne Zeitalter fragen.»

Ma hielt ihre Tasse vor dem Gesicht und schaute über den Rand zu mir.

«Ist deine Gegenwart und die Gegenwart anderer Avatare auf dieser Erde nicht ein sicheres Zeichen dafür, daß eine neue Welt geboren wird, daß die Menschheit einen wirklichen evolutionären Sprung machen wird?»

«Die Menschheit muß für diesen Sprung arbeiten. Die Menschheit muß bewußt werden. Das Streben danach ist entscheidend, streben und arbeiten. Meine Hilfe wird immer gegeben, meine Hilfe und mein Licht. Aber die Menschheit muß arbeiten.»

Sie setzte ihre Tasse ab und lächelte.

«Warum lächelst du, Ma?»

«Die Menschen wollen, daß Gott alles tut. Sie müssen auch etwas tun.»

Sie zeichnete einen Kreis in die Luft. «Die Liebe fließt und fließt. Eine Liebe; eine Energie; ein Geist; ein Bewußtsein.» Ihre Hand kreiste ruhig in der Luft. «Die Menschen müssen empfangen.»

«Können sie es?»

«Wenn sie wollen», sagte Ma weich.

«Jeden Tag», begann ich wieder, «spüre ich dein Opfer, hier zu sein.»

«Du hast deinen Beruf, nicht? Du bist ein Lehrer und ein Schriftsteller. Ich habe meinen Beruf.»

«Avatar ist ein *Beruf*?» sagte ich lächelnd.

«Ja. Es ist eine Art von göttlichem Leben.»

«Eine Art von göttlichem Leben?»

«Ja. Ich tue, was mir gesagt wird. Was Gott mir aufträgt, das tue ich. Wenn Gott mir sagt, ich solle herabkommen, dann komme ich herab.»

«Du warst schon vorher hier?»

«Ja.»

«Du sagst mir nicht, wann und wie?»

«Nein.»

«Bist du je ein menschliches Wesen gewesen?»

«Nein.»

Die Ungeheuerlichkeit, die Ma mir offenbarte, brachte mich wieder zum Schweigen. Ich hustete und räusperte mich.

«Ma, du bist sicher müde.»

Ich versuchte zu fliehen. Sie gab mir alles, was ich mir nur irgend ersehnen konnte, und ich wollte nicht wissen.

«Nein, nein. Frage weiter. Ich sehe, daß deine Liste lang ist.»

«Wie deine Einkaufsliste für Massa?»

Sie lächelte. «Aber hier bekommt man alles umsonst, nicht wahr?»

Wieder spürte ich, wie sich meine Brust mit ihrer Kraft füllte, eine intensive Wärme, die so schnell verging, wie sie kam.

«Ma», fragte ich sie, «wenn sich die Menschheit von der Zerstörung abwenden und für Gott entscheiden kann, wie lange wird die Transformation dauern, die du und andere bewirken?»

Ma lächelte. «Wie lange glaubst du?»

«Manche modernen religiösen Visionäre sprechen so, als würde es auf einen Schlag geschehen, blitzartig.»

«Nein», sagte Ma, «so nicht. Es wird dauern. Es geht langsam. Alles muß gefestigt werden.»

Wieder fühlte ich die plötzliche Wärmeflut in meiner Brust.

Ihre Liebe gab mir den Mut, weiter zu fragen. «Du hast in dieser letzten Woche meine Augen für dein Darshan geöffnet.»

Sie lächelte.

«Du gießt Licht in uns hinein, wenn wir vor dir knien.»

«Ja! Unterschiedliches Licht für unterschiedliche Bedürfnisse. Ich sehe, was jeder braucht, und gebe jedem, was er braucht. Eines Tages wirst du diese verschiedenen Lichter sehen.»

«Mit offenen Augen?»

«Ja.»

«Ma, die Gesten des Darshan – wo hast du sie gelernt?»

Ma sah mich fest an. «Sie kamen. Sie waren von Anfang an da.»

Es herrschte eine lange Pause.

«Das mußt du in dein Buch schreiben», sagte Ma plötzlich. «Ich habe kein Interesse an Ashrams. Ich habe kein Interesse, eine Bewegung für Menschen zu schaffen, die nicht arbeiten wollen, die nur herumsitzen und über ihre Phantasien von Gott nachsinnen wollen. Ich will, daß die Menschen arbeiten. Sie sollen ihr gewöhnliches Leben weiterleben. Das Familienleben ist ein sehr guter Platz, um meine Arbeit zu tun. Es lehrt Menschen, nicht egoistisch zu sein. Ich möchte, daß die Menschen stark sind, unegoistisch, auf sich selbst vertrauen und die Welt mit ihren Fähigkeiten und Begabungen bereichern. Ich will, daß sie arbeiten – mit meinem Licht hinter ihnen.»

Ma begann zu lachen. «Neulich kam ein Mann und sah, wie ich die Treppe geputzt habe. Er war schockiert. Er schrieb mir einen Brief und sagte: ‹Die Mutter sollte nicht Treppen putzen.›»

«Er sollte sehen, wie du Löcher in die Wand bohrst oder mitten im Winter im Garten arbeitest. Er würde vor Schreck sterben.»

Das Telefon klingelte, hörte aber wieder auf, als Adilakshmi hinging, um abzuheben.

Ich schaute auf meine Fragenliste.

«Noch eine letzte Frage ... Warum, Ma, hast du keine Regeln?»

Adilakshmi sagte: «Mas Regeln betreffen nur das Innenleben. Du wirst sie entdecken, wenn du weiter fortschreitest.»

Ma sagte: «Was hat es für einen Wert, Menschen irgend etwas zu *sagen*? Sie müssen in sich die Stärke finden. Das, was du aus eigenem Antrieb tust, das tust du mit Liebe. Ich weiß, daß jeder einzigartig ist; was für den einen richtig ist, ist für den anderen falsch. Ich sage nichts, aber mein Licht verändert Menschen im Inneren und hilft ihnen zu entdecken, was *sie* wollen und was sie für sich brauchen.» Sie schaute mich direkt an. «Wichtig ist, zu beten und das Licht zu empfangen. Das allein verändert alles.»

Sie faltete die Hände auf ihrem Schoß, öffnete sie, stand leise auf und lächelte. Das Interview war zu Ende. Sie schaute tief in meine Augen, und einen Augenblick lang waren ihre Augen riesig und mit göttlichem Feuer umrandet.

Ich erhob meine Hände betend zu ihr.

Wieder klingelte das Telefon.

Ma stellte die Teetasse ab und ging hin, um den Hörer abzunehmen.

Die nächsten Tage waren schwierig. Ich war unfähig zu denken, zu arbeiten oder zu meditieren; meine Träume waren voller Gewalt. Ich fühlte mich in der Falle und sehnte mich danach, zu einem Leben zurückzukehren, das ich unter Kontrolle hatte. Mein Verstand attackierte alles, machte alles lächerlich. Ich versuchte mich an alles, was geschehen war, zu erinnern, all die Visionen und Augenblicke der Gnade, und doch hatten sich Hohn und Spott meiner bemächtigt.

Ich hatte Angst. Bald würde ich nach Paris zurückkehren. Dann würde ich nach Amerika aufbrechen müssen, um drei Monate lang zu lehren. Ich hatte das Gefühl, jetzt gar nichts mehr zu haben – weder die alte Welt noch die neue. Mein altes Leben war zerstört und nicht mehr zu retten – aber das neue Leben, zu dem ich vor zwei Tagen noch so viel Zutrauen gehabt hatte, war jetzt völlig außer Reichweite, eine Schimäre, eine gefährliche Torheit. Selbst wenn all dies wahr wäre, fühlte ich mich zu schwach für das Abenteuer, zu sehr zerrissen, zu zerbrochen.

Ich ging Ma vollständig aus dem Weg. Ich fühlte, daß ich undankbar war, von Angst beherrscht. Wie konnte ich nach allem, was ich gesehen und gehört hatte, solche Gefühle hegen? Ihre Ruhe und ihre Schönheit ärgerten mich.

Der Schmerz wurde extrem. Schließlich kam ich so weit zu mir, daß ich betete und sie innerlich fragte: Warum geschieht das? Was geht mit mir vor?

Es kam keine Antwort, die ich hätte aufnehmen können. Mein Geist versank in Dunkelheit. Ich saß in meinem Zimmer – es müssen wohl zwölf Stunden gewesen sein – und war zu erschöpft, um auch nur Angst zu haben. Sterbe ich? fragte ich mich. Wenn das der Tod ist, dann soll es mir egal sein! Bring es hinter dich und fertig.

In diesem Augenblick schaute ich aus dem Fenster und sah, daß Schnee fiel.

Ich hörte ihre Stimme: *Mein Licht ist wie der Schnee, und es bedeckt die Erde. Eines Tages wirst du es sehen.*

Ihre Stimme war sanft.

Mein Licht fällt auf die Erde, und langsam blüht alles darin auf. Die härtesten Steine öffnen sich wie Blumen.

Was ist mit mir geschehen? fragte ich sie innerlich.

Ich habe dir deinen Feind gezeigt.

Meinen Feind?

Den, der immer deine Hoffnung tötet. Den, der an nichts glaubt. Den, der immer sterben wollte. Aber warum jetzt sterben, wenn alles Wirkliche beginnt? Wenn mein Licht auf die Erde fällt wie dieser Schnee? Laß den Feind sterben.

 F. am nächsten Abend: «Du mußt Vergebung lernen.»
«Vergebung?»
«Du hast keine Barmherzigkeit. Du bist sehr hart in deinen Urteilen. Du siehst deine Fehler und die der anderen, aber *du vergibst nicht*, du vergibst dir nicht, und du vergibst anderen nicht.»

Das ist meine größte Schwäche, und ich war beschämt, daß F. sie so schnell erkannt hatte.

Er lächelte. «Vor diesen slowenischen Augen gibt es keine Geheimnisse, nicht wahr? Aber mach dir nichts draus, kleiner Bruder, ich bin auch ein Scheusal. Wenn man anderen Menschen nicht vergibt, erkennt man doch immerhin ihre Gegenwart an. Mir wäre es lieber, sie würden überhaupt nicht existieren. Wäre sehr viel bequemer. Ich wäre allein mit ihr und meiner Gitarre. Wir sind alle verrückt. Es ist mir noch nie einer begegnet, der es nicht ist – außer ihr. Was für ein Witz. Die Göttliche Mutter ist weit und breit der einzig normale Mensch.»

Dann sagte er: «Du beginnst zu sehen, wie unnachgiebig die Kraft von Ma ist. Sie wird nicht nachlassen, bis wir gelernt haben, was wir lernen müssen. Wenn ich mal fasten will, steht prompt die köstlichste Pizza vor mir. Wenn ich jemanden nicht mag und ihm aus dem Weg gehen will, dann kommt es irgendwie dazu, daß ich auf einer langen regnerischen Autofahrt neben ihm sitze. Ihre Unerbittlichkeit ist beinahe komisch.»

Während F. sprach, stieg die Erinnerung an eine Geisterbahn auf, in der ich als Kind gefahren bin.

Ich muß acht Jahre alt gewesen sein. Ich erinnere mich an jede Einzelheit des Jahrmarkts – das lila Zelt, in dem siamesische Zwillinge schweigend schwitzten, die rosa Eisbahn, auf der eine Frau in roten Strumpfhosen zu dem Lied «Strangers in Paradise» tanzte. Ich war berauscht von der Kuriosität des Ganzen und ging tagtäglich hin.

Vor der Geisterbahn hatte ich mich bis zum letzten Tag gedrückt, denn ich wußte mit Sicherheit, daß sie genauso schrecklich sein würde, wie alles andere wunderbar gewesen war. Am letzten Tag stieg ich hinein. Sobald sie in den Tunnel fuhr, begann ich zu schreien. Blutige Leichen starrten aus dunklen Ecken heraus; Totenköpfe klapperten ein paar Zentimeter vor meinem Gesicht mit dem Gebiß; abgerissene Gestalten – wahrscheinlich Bettler, die man für ein paar Rupien angeheuert hatte – schlichen mit grausig leuchtenden Fratzen in der Dunkelheit umher. Es war heiß im Tunnel, schwül und drückend, wie es im Sommer in Delhi ist.

Dann war es plötzlich vorbei. Der Zug fuhr auf einen kleinen staubigen Hof hinaus mit Bäumen, einem Brunnen und einer Reihe von Teeläden. Eine ganz gewöhnliche staubige Sommerszene in Indien. Ich schluchzte vor Erleichterung auf, als ich die Sonne sah, die Mineralwasserflaschen, den dürren alten Hund, der sich leckte, die grauen resignierten Gesichter der Männer, die hinter dem Ladentisch Süßigkeiten oder Tee verkauften. Alles erschien mir extrem schön und kostbar – selbst der Dreck, die Pfützen aus Hundepisse und Regen, die in der Sonne wie Lapislazuli in Moscheen oder wie das Taj Mahal im Mittagslicht glänzten.

Und ich erkannte, daß ich in diesem Prozeß mit Ma wieder in der Geisterbahn war. Die Ängste und Schrecken meines eigenen Selbst springen mich an, versteinern mich und drücken mich nieder. Ich muß daran erinnern, daß sie nicht real sind. Ich muß mich daran erinnern, daß es meine eigenen Projektionen sind. Ich muß mich daran erinnern, daß sie deswegen so beängstigend und intensiv sind, weil der «Zug» sehr schnell fährt.

Am Ende werde ich in der Realität auftauchen und sie zum ersten Mal sehen.

SONNTAG
Der letzte Tag. Ich habe keine Ahnung, wer oder was ich sein werde, wenn ich nach Paris zurückkehre, zu dem, was einmal mein Leben war, nach Amerika. Anstatt Angst davor zu haben, bin ich jetzt neugierig. Ich fühle mich wie ein Kind, das auf Abenteuer aus ist, so wie ich mich gefühlt habe, als ich im Zug durch Indien fuhr und Wunder durchs Fenster bestaunt habe. Sie hat

meinen Körper mit tiefer Ruhe erfüllt. Im Café mit Freunden, beim Spazierengehen im Schnee, bei glücklichen Gesprächen habe ich das Gefühl, ich würde mich überhaupt nicht bewegen, nicht sprechen, gar nichts tun, einfach in ihr ruhen.

F. in seinem Zimmer nach dem Mittagessen: «Du siehst heute aus, als wärst du sechs.» Er holte ein Foto von sich in diesem Alter, gefühlvoll und melancholisch stand er in kurzen Hosen da.

Ich schaute ihn mit Zuneigung an.

«Du bist der einzige Mann, den ich kenne, der sein Kind am Leben gehalten hat», sagte ich.

«Wenn es mir überlassen worden wäre, dann hätte ich es getötet. Aber Ma liebte es und fütterte es, und so hat es überlebt.»

Seine Augen funkelten. «Was sage ich? Wo ist mein westliches Männerego? Ich habe es alles selbst gemacht, ich selbst. Ich lebe hier mit ihr wegen der Aussicht.»

Er deutete aus dem Fenster. Der Blick fällt auf eine rauhe Steinmauer.

Sonntagsdarshan

Starker Schneefall am Nachmittag. Es sind deswegen nur wenig Leute da, ungefähr dreißig. Aber es ist Sonntag. Niemand hat gearbeitet. Gesichter, die am Freitag angestrengt aussahen, sind ruhig geworden, X., dessen Tiraden ich gestern ertragen mußte, lächelt mich heute an. F. geht herum wie eine große männliche Krankenschwester, richtet die Vorhänge, reißt Witze und gibt mit seinen frischen weißen Socken an.

«Wer hat schönere Füße als ich?» prahlt er. «Sie sind der einzige Teil von mir, der nicht transformiert werden muß.»

Neun rote Rosen stehen in einer Vase, kurz vor dem Aufblühen. Ihr intensiver, zu Kopf steigender Duft liegt in der Luft.

Die Uhr schlägt sieben. Mein Herz zieht sich zusammen, als sie langsam die Treppe herunterkommt, so klein, so zerbrechlich, in das gleiche leuchtende Rot gehüllt wie die Rosen. So viel Zerbrechlichkeit und so große Macht. Wie kann sie ihre eigene Herrlichkeit ertragen?

Und schon hat sie Platz genommen. Sie erscheint größer als der Raum, das Herz ein roter Berg. Eine alte Frau neben mir fängt plötzlich an zu weinen. Wochenlang war ihr Gesicht ausdruckslos wie Stein gewesen; wie viele Leben ist sie diesen Tränen entgegengereist? Das Schluchzen ergreift sie mit solcher Gewalt, daß sie den Raum verlassen muß. Nach ein paar Minuten kommt sie wieder zurück und schaut alle mit ruhigem Staunen an.

Die Stille wird tiefer, durchleuchtet vom stillen roten Feuer von Mas Sari und sich öffnenden Rosen.

Langsam spüre ich es, wie es geschieht: Ich fühle, wie sie einen Schleier zwischen uns, eine weitere Haut, sachte fortbrennt. Mein physischer Körper spürt die Hitze und fängt an zu schwitzen. Ich schaue sie an. Sie ist wie ein Kristall, jede Linie klar, scharf und überdeutlich, so, als sähe ich sie im Licht des Himalayas und nicht in dem gedämpften Goldlicht des Raumes.

In diesem Augenblick zerreißt der Schleier, die Haut, zwischen uns. Ich fühle, ja ich höre fast den Riß. Ma ist vollkommen reglos, als sie sich über den Kopf einer jungen Frau beugt. Aber eine überwältigende weiche, feurige Zärtlichkeit ist über mein ganzes Sein hereingebrochen, ein Feuer-Wasser der Liebe, das mich ganz und gar durchtränkt.

Das schicke ich dir in jeder Sekunde seit achteinhalb Jahren, und nun ist es endlich angekommen. Das ist meine Liebe.

Ich schaue zu F. hinüber. Seine weißen Socken leuchten wie Sterne. Er öffnet seine Augen, sieht, daß ich ihn anschaue, und lächelt sein großes, ruhiges, anarchistisches Lächeln.

Sechstes Kapitel

Iain in Paris am ersten Abend: «Ich glaube kein Wort von dem, was du sagst, kein einziges Wort. Aber ich glaube an die Freude in deinem Gesicht. Was immer sie vorhat, es rettet dein Leben.» Dann: «Das ist das erste Mal, daß du verliebt bist und dabei glücklich aussiehst.»

Aus meinem Tagebuch:
Noch drei Tage bis Amerika, Seminare, Fakultätssitzungen, Buchveröffentlichung. Ich habe keine Ahnung, wie ich das schaffen soll. Ich muß mir alles aufschreiben, was ich zu tun habe. «Geh nach dem Frühstück zur Post; schreib an X.; Abendessen mit Richard (bring Blumen mit und die Brahmskassette), ruf den Agenten an.» Aber diesmal habe ich keine Angst; ich bin aufgeregt und gespannt, denn ich weiß jetzt ein wenig, was sie tut.

Oft steigt ein Bild aus der Kindheit auf: eine Wand in unserem Haus, die die Termiten von innen zerfressen hatten. Niemand ahnte etwas: sie sah fest aus; eines Tages zerbröckelte sie einfach. Sie hat ihre Insekten des Lichts in mich eingeschleust, und sie fressen mich auf, und weder ich noch sonst jemand kann daran etwas ändern. Ich spreche ihren Namen den ganzen Tag über, segne sie für ihr Hiersein, verstehe nur sehr wenig.

Ihre Stimme: *Ich trage dich in meinen Armen.*

So sind die Tage zur Zeit; ich werde in ihrem Körper aus Licht getragen, bewege mich in ihrem Rhythmus, lehne mich gegen ihre Brust, bin mehr im Halbschlaf als im Wachen. Mein Körper ist schlaff. Manchmal lehne ich mich dagegen auf und versuche mit kräftigerem Schritt zu laufen oder mich mit meiner alten Großspurigkeit zu bewegen, aber ich *kann es nicht.* Das Licht läßt es nicht zu. F. wäre glücklich. Immer, wenn wir zusammen spazierengehen, zieht er mich am Ärmel und sagt: «*Gehen*, nicht *rennen*. Warum mußt du alles so machen, als müßtest du gewinnen?»

Ohne Hingabe an Ma und an das, was sie in mir tut, wären die nächsten Monate in Amerika unmöglich gewesen. Die verschiedenen Zustände – Licht, Ekstase, lange Perioden absoluter Ruhe – hielten mit unverminderter Intensität an, und ich wäre völlig unfähig gewesen zu lehren, zu denken oder zu schreiben, hätte ich nicht wiederholt gesagt: «Tu du es, Ma; ich kann es nicht mehr.»

Dieses Zitat aus *Die Wolke des Nichtwissens* hatte ich über meinem Schreibtisch am Hobart College hängen: «Mit einem Wort, überlaß es diesem Ding, sich mit dir zu befassen, laß dich von ihm führen, wie es will. Sei du der Baum, laß es den Zimmermann sein. Sei du das Haus, und laß es den Hausherrn sein. Sei willens, blind zu sein, und gib alles Verlangen auf, das Wie und Warum zu wissen, denn Wissen ist mehr ein Hemmnis als eine Hilfe.»

Sechs Wochen nach Beginn des Tertials schrieb ich diesen Brief, den ich nie abgeschickt habe:

Du bist jeden Augenblick gegenwärtig und lebendig. Dein Licht überflutet mich, wenn ich vor deinem Bild sitze; du sprichst ständig mit mir; du lebst in meinen Träumen.

Ich wundere mich, daß ich nicht immer voller Dankbarkeit bin, daß nicht mein ganzes Leben eine Lobpreisung von dir ist. Aber die menschliche Liebe ist so klein, so selbstzentriert, so voller Angst vor der Preisgabe, daß ich, der ich zu wissen glaubte, was Preisgabe heißt, jetzt weiß, wie sicher ich immer war, wie sehr ich mich immer geschützt habe.

Als ich hier nach Geneva, New York, zurückkam, um zu lehren, hatte ich zuerst keine Ahnung, was ich im Seminar tun oder sagen würde: obwohl ich hier und in Oxford seit fünfzehn Jahren lehre, kam ich mir wie ein blutiger Anfänger vor. Ich hatte auch deswegen Angst, weil ich nun schon seit Monaten unfähig bin, so wie früher zu lesen, zu schreiben oder zu denken.

Ich habe dir immer noch nicht vollständig vertraut. Ich habe die Hindu-Schriften gelesen und kann all die Theorien von «Gott die Arbeit tun lassen» nachbeten, aber dieses Vertrauen wirklich zu leben ist etwas anderes.

Glücklicherweise hast du es mir unmöglich gemacht, es nicht zu tun.

Ich mußte meinen eigenen Willen aufgeben und dich durch mich lehren lassen. In der Mitte der ersten Vorlesung sah ich dein Licht überall im Raum und hinter dem Kopf jedes Studenten. Im selben Augenblick erfülltest du mich mit Liebe zu ihnen allen, einer Liebe, die mich in ihrer Macht erschreckte. Ich erkannte, daß ich diese Liebe jahrelang unterdrückt und hinter Ironie, Spott und Strenge versteckt hatte. Plötzlich erkannte ich, daß ich nicht deswegen lehrte, um Geld zu verdienen oder um «für eine menschliche Zivilisation zu kämpfen» oder für sonstige grandiose Ziele, sondern aus dieser Liebe für die jungen Menschen und die Zukunft. Es war keine sentimentale Liebe, ich sah durch sie, was ich vorher auch gesehen hatte: die Gier in den Gesichtern meiner Studenten, ihre Furcht vor Arbeit oder Anstrengung oder Leiden, ihre verwöhnte, lasche Konsumentenhaltung, aber ich sah es ohne Angst, und ich sah dahinter die Gesichter ihrer Seelen. *Das sind meine Kinder, lehre sie, wie ich dich gelehrt habe, mit der gleichen Geduld und Liebe.*

Ich hatte keine Ahnung, wie ich das erfüllen konnte, so ließ ich es dich tun. Du dämpfst meinen Sarkasmus, du hältst meinen Snobismus im Zaum, du besänftigst meinen Ärger, du unterbindest meine Lästerei: du erweckst meine Zartheit, *deine* Zartheit, die in mir wirkt. Ich versuche etwas von deinem Licht weiterzugeben. Es ist schwer, und oft gelingt es mir nicht. Es ist schwer, einem Mädchen, das seine Nägel reinigt und mit offenem Mund Kaugummi kaut, oder einem Haufen Jungen, die noch immer einen Kater von der gestrigen Party haben, etwas von George Herbert oder Rimbaud zu erzählen.

Meine Nerven sind durch die Arbeit, die du in mir verrichtest, wund, und manchmal wüte ich wie früher. Aber sobald ich es tue, fühle ich, daß ich dich verrate, *uns* verrate, und versuche zu retten, was zu retten ist.

Manchmal, wenn meine Studenten und ich im Gespräch sind, fällt eine Stille über uns, eine Stille, die etwas vom Glanz des

Feuers hat, das *du* bist. Von all den vielen Wundern, die du in mir vollbracht hast, sind es diese Augenblicke der Stille mit dreißig oder vierzig Menschen, für die ich am meisten Dankbarkeit empfinde ...

Ich entschied mich, Ma statt dessen anzurufen.
«Ma, du veränderst alles.»
Lachen, ihr tiefes, schelmisches Lachen. «Ja, ja.»
«Es erschöpft mich.»
Mehr Lachen, dann: «Ich werde helfen.»

Aus meinem Tagebuch in diesen Wochen:
Die Verwirklichung, die Ma will, ist vollständig und umfaßt alle Teile des Seins: den Körper, den Geist, das Herz, den Verstand und die Seele. Nichts darf vernachlässigt werden; jedem Ungleichgewicht wird Einhalt geboten. Die Zustände, in die sie mich versetzt, sind in sich widersprüchlich – das heißt für den Verstand. Manchmal bin ich mit intensiver Liebe für alles und jeden erfüllt, eine Liebe, die so groß ist, daß ich weiß, daß es nicht meine ist, denn sie hat keine Ähnlichkeit mit irgendeinem Gefühl, das ich früher je gefühlt habe; manchmal tauche ich für Stunden oder sogar einen ganzen Tag lang in eine Ruhe ein, die keine Emotion erschüttern kann; zu anderen Zeiten löst sich die faßbare Welt beinahe in Stille und Licht auf; ich sehe nichts außer ihrem Licht, das Licht, das immer beständiger von ihrem Foto strömt; oder die Welt leuchtet mit ihr, vibriert intensiv mit süßer, wilder Energie. Das Absolute muß in so viel verschiedenen Aspekten wie möglich erkannt werden – persönlich, unpersönlich, schweigend, ekstatisch. Ma zeigt mir all die Facetten ihres Diamanten, im Außen und im Innen.

In dem Augenblick, in dem ich an den Punkt komme, wo ich glaube, diesen Prozeß nicht länger aushalten zu können, führt sie mich an einen Ort des inneren Gleichgewichts, den ich vorher fast nie in mir habe finden können: das Gleichgewicht, das man nach einer langen Bergwanderung spürt, wenn jeder Muskel singt und der Geist mit kühlem Wind erfüllt ist.

Die einzige Möglichkeit, ihre Energie zu halten, besteht im fortwährenden inneren Gebet, in einer Hinwendung des ganzen Seins zum Licht. Dieses ununterbrochene Gebet macht das eigene Wesen flexibel genug, um die Kraft, die hineingegossen wird, fassen zu können und die subtilen Veränderungen vorzunehmen, die notwendig sind, um die Kraft lebendig zu halten. Am Anfang ist alles ein Experiment, und wie jede experimentelle Tätigkeit ist es von übermäßiger Aufregung, exzessiver intellektueller Formulierung und plötzlichem Aufgeben begleitet.

Jede Persönlichkeit hat einen anderen Rhythmus, eine andere Art, diese Energie zu empfangen und zu bewahren, und man muß selbst herausfinden, was für einen stimmt. Es ist zwar schwer, aber es macht auch neugierig. Das klingt respektlos, aber warum immer ernst sein bei all dem? Was ich gegen die meisten Mystiker habe, ist ihr Mangel an Humor. Es gibt Aspekte des Prozesses, die sehr komisch sind. Es ist komisch, wenn das Licht kommt und du gerade deine Unterhose anziehst. Es ist komisch, wenn du dich bei der Bitte ertappst: «Bitte nicht heute nachmittag. Ich muß einige Anrufe erledigen und dieses Buch über Mystik lesen.» Es ist komisch, wenn mir J. sagt, daß nur wissenschaftliche Kriterien der Wahrheit Gültigkeit haben und daß Mystiker pathologische Fälle sind, und ich dabei goldenes Licht über seinem Kopf tanzen sehe.

Astrid am Telefon: «Da wir schon von Energien sprechen, wie ist es mit Sex?»

«Was soll sein mit Sex?»

«Für mich ist es, Gott sei Dank, nicht länger ein Problem. Ich bin siebzig, war glücklich verheiratet, habe drei Kinder.»

Sie lachte. «Und gib mir nicht die hochtrabende Antwort, daß du das sexuelle Verlangen in göttliche Sehnsucht sublimierst, daß du den höheren Eros lebst und an den niedrigeren nicht mehr denkst. Bestimmt lebst du unter großer Spannung.»

«Natürlich», sagte ich. «Aber ich habe mich entschieden, enthaltsam zu sein, solange dieser Prozeß währt. Ich habe für niemanden Energie übrig, außer für sie. Wenn Verlangen kommt, dann verhüllt das ihre Gegenwart, und das ist für mich schmerzhafter als der Versuch, es nicht zu befriedigen.»

«Hast du dich gefragt, ob du bereit wärst, Sex ganz hinter dir zu lassen, um in dieser neuen Beziehung mit ihr bleiben zu können?»

«Gott, was für eine Frage!»

«Du wirst sie dir stellen müssen.»

«Ich stelle sie mir ständig. Ich weiß keine Antwort. Ein Teil von mir ist bereit, alles für sie aufzugeben. Ein anderer Teil ist es nicht. Ich war sexuell nie glücklich oder erfüllt, so daß sich noch etwas in mir an diesen unerfüllten Traum von Liebe klammert. Aus Angst oder Versagen Asket zu sein erscheint mir sowohl verächtlich wie nutzlos; aber irgend etwas anderes als ganz und gar authentische sexuelle Liebe ist jetzt unmöglich. Ich überlasse alles ihr. Was könnte ich sonst tun?»

«Nichts. Auf früheren Stufen des Weges ist Sex kein solches Problem. Wirkliche Meister wie sie haben eine sehr praktische Einstellung dazu.»

«Sie hat immer wieder gesagt, daß es gefährlich ist, Sex aufzugeben, bevor man dafür reif ist.»

«Aber sie führt dich langsam zu der Stufe, wo du vielleicht reif dafür bist.»

«Ja.»

«Und ist da nicht etwas von deiner alten Leidenschaft in deiner Liebe zu ihr, was du verwandelt hast und ihr darbringst?»

«Sie sagt immer: ‹Es gibt nur eine Energie›, also ja, es ist so, es muß so sein.»

Stille zwischen uns.

«Im Raum klarer Liebe gibt es kein Problem. Alles ist licht und leicht», sagte Astrid, «aber das Hinkommen ist das Problem.»

Wieder Stille.

«Sie wird dich hinbringen.»

«Ich glaube, sie tut es. Ich hoffe, daß ich mir nichts vormache.»

«Wenn du das tust», antwortete Astrid und lachte leise, «dann wirst du es bald merken.»

Aus meinem Tagebuch

Nach meiner Unterhaltung mit Astrid stellte ich fest, daß ich wünschte, ich wäre sexuell glücklicher gewesen; dann wäre dieser Versuch, über Sex hinauszugehen, nicht mit solch einem Gefühl des Verlustes beladen. Aber ich wußte, daß ich allen Schmerz und alle Einsamkeit, die diese Arbeit mit Ma mit sich brachte, einfach würde ertragen müssen – mit so wenig Sentimentalität wie möglich.

Das hat nichts mit Grausamkeit oder übermäßig hohen Anforderungen ihrerseits zu tun. Der Prozeß, in dem ich mich befinde, hat eigene Gesetze, die das weitere Fortschreiten bestimmen, Gesetze der Konzentration, der Willensausrichtung, der Klarheit, Gesetze, die nicht weniger exakt sind als ein wissenschaftliches Theorem. Gegen diese Gesetze aufzubegehren oder ihnen nicht zu gehorchen, bedeutet einfach, die Wirkung ihres Lichtes in mir zu verdunkeln und die Verschmelzung unseres Geistes und die visionären Wunder zu verhindern, die daraus geboren werden.

Gestern abend, nach einem Tag des inneren Aufruhrs, kam ich zur Ruhe und erkannte, daß ich lieber sterben würde als zu versagen, und daß ich nirgends und in nichts Frieden finden würde, wenn ich mich ihrer Liebe jetzt entzöge.

Ihre Stimme: *Du wirst nicht versagen. All dieser Schmerz ist nur deine alte Liebe zum Drama, die wiederkehrt. Sei geduldig. War ich nicht immer bei dir?*

Bald danach träumte ich von Mr. Reddy. Ich hatte in dieser Zeit, in der ich fern von Ma lebte, häufig an ihn gedacht. In einem großen, weißen, leeren Zimmer saß er auf einer Liege. Er sah jünger und schlanker aus, als ich ihn je gesehen hatte. Es war irgendwo in Indien; das Zimmer roch nach Räucherwerk und Früchten.

«Du bist also gekommen, um mich zu besuchen», sagte er. «Ich habe auf dich gewartet.»

«Wenn du unter die Liege schaust, wirst du dort viele Töpfe mit Essen finden. Ma hat es gekocht. Fischcurry. Köstlich!»

Er hob die Fransen des weißen Bettüberwurfs hoch. Da standen sieben riesige, glänzende, goldene Schüsseln voll mit duftendem Fischcurry. «Geh und öffne die Tür», sagte er. «Ich darf nicht vom Bett weggehen. Es ist nicht erlaubt. Aber du kannst kommen und gehen, wie du willst.»

Ich öffnete die Tür. Dort im Hof saßen Reihen über Reihen von Menschen traurig in der Hitze. Niemand sprach. Alle Augen waren niedergeschlagen. Menschen aller Hautfarben, aller Nationalitäten, Geschäftsleute, Bettler, jeder hungernd und hoffnungslos.

«Nun trage die Töpfe hinaus», sagte er, «aber verschütte nichts.»

Ich hob einen Topf hoch. Er war äußerst schwer.

«Aber ich kann ihn nicht tragen, Mr. Reddy. Ich bin nicht stark genug.»

Er lächelte. «Versuch es noch einmal.»

Diesmal ging es ganz leicht.

«Wie haben Sie das gemacht?» fragte ich ihn.

«Ich sagte ihren Namen für dich», antwortete er leise.

Ich ging zur Tür und wollte ihm noch einmal zulächeln. Aber er war nicht mehr da. Im Aufwachen hörte ich Mr. Reddy sagen: «Und du glaubst noch immer, daß du dein Leben in der Hand hast?»

🕉 Drei Tage später rief Chris, mein bester Freund, an und lud mich für das Wochenende ein. Er studierte Medizin. Ich wußte, daß Ma ihn schickte. Wir waren zusammen in Hobart gewesen (dort hatte ich ihn als Student vor acht Jahren kennengelernt); in Ladakh, wo wir einen ekstatischen Sommer miteinander verlebt hatten und in den tibetischen Buddhismus eingetaucht waren; in New York; in Paris. Sein und mein Leben hatte sich an allen wichtigen Punkten berührt und wechselseitig erhellt. Die Wege, auf die uns unsere Suche führte, waren ineinander verwoben. Er war mit seinem Freund nach Thalheim gefahren und war ein Anhänger von Ma geworden.

Ich versuchte ihm am Telefon zu sagen, was alles geschehen war. Er unterbrach mich.

«Warte damit, bis ich da bin. Ich möchte dich sehen und mit dir zusammen sein.»

🕉 Chris und ich saßen in meinem kleinen Arbeitszimmer in Geneva, New York, und schauten auf den Magnolienbaum im Garten hinunter, dessen letzte Blüten von der untergehenden Sonne angestrahlt wurden.

«Dann erzähl mir mal, durch welchen Prozeß Ma dich führt. Wie funktioniert er?» Chris lachte. «Du kennst mich ja. Der mystische Wissenschaftler. Ich bin ein Freund der Klarheit.»

Ich erklärte Chris so deutlich wie möglich, was ich bisher erfahren und gelernt hatte: daß sich das Licht der Göttlichen Mutter durch Mas Gegenwart auf der Erde über die Menschheit ergießt; daß dieses Licht jeden erreicht, der dafür empfänglich ist, auf welchem Wege auch immer; daß dieses Licht direktes Lehren mit sich bringt, jenseits aller Bilder und Dogmen und in jeder Dimension des Bewußtseins; und daß die Transformation, die durch dieses unmittelbare Lehren bewirkt wird, großartig und sehr schnell ist.

«Du *siehst* das Licht», sagte ich. «Es gibt dir alles, was notwendig ist – Wissen, Liebe, Seligkeit. Es bereitet jede neue Stufe der Reise vor und gibt dir alles, was du brauchst, um weiterzugehen. Und wenn der Kontakt zu Ma einmal hergestellt ist, dann kann es überall empfangen werden.»

Chris pfiff leise.

«Was du beschreibst...» – seine Stimme, die sonst ruhig und fest ist, zitterte ein wenig – «ist eine totale spirituelle Revolution.»

Chris fuhr wieder ab.

Mein Geld ging zu Ende. Ich verdiene nicht viel an der Universität und hatte seit sechs Monaten nichts mehr geschrieben.

Das Telefon klingelte. Eine New Yorker Zeitschrift wollte einen Reisebericht von mir. Ich sollte neun Orte vorschlagen, über die ich willens wäre zu schreiben, und der Herausgeber würde einen auswählen.

Ich reichte die Liste ein. Der Herausgeber wählte den letzten Ort auf der Liste – Mahabalipuram.

Ich wollte nicht hinfahren. Ich war erschöpft von den Transformationsprozessen der letzten Monate. Es war in Mahabalipuram gewesen, wo ich die glücklichste Zeit mit L. erlebt hatte; der Kollaps dieser Beziehung hatte mich bereit gemacht, zu Ma zurückzukehren. Ich hatte kein Bedürfnis, den Ort wieder zu besuchen, wo ich L. am meisten geliebt hatte, denn die Wunden der späteren Demütigungen waren noch nicht verheilt.

Ich wußte: Ich mußte hinfahren.

Ich rief Ma an und sagte ihr, daß ich erschöpft sei und daß die Rückkehr nach Indien das letzte wäre, was ich im Moment wollte.

«Aber du fährst, nicht wahr? Du brauchst doch Geld.»

Darüber mußten wir beide lachen.
«Ich habe große Angst. Ich habe durch L. so viel gelitten.»
Lange Stille.
«Dieses Leiden wird weggehen», sagte sie.

Das Tertial war zu Ende, und ich fuhr nach Paris, bevor ich nach Indien reiste. «Du siehst wieder anders aus», sagte Astrid, als ich bei ihr zur Tür hereinkam. «Noch immer dünn, aber fünf Jahre älter, als hättest du einen Krieg mitgemacht. Es ist sehr eigenartig, wie sie dich verändert. Es ist nicht nur das Innere – du siehst anders aus. Viel ruhiger – dein Körper, dein Gesicht, alles. Jedesmal, wenn wir uns sehen, begegne ich jemand neuem.»

Ich erzählte Astrid, daß ich nach Mahabalipuram reisen würde.
«Du hast geglaubt, dir wäre eine Pause vergönnt, nicht wahr?» Sie lachte. «Ein paar ruhige Wochen irgendwo in der Sonne mit Montaigne im Gepäck. So habe ich mir das früher auch vorgestellt. Jetzt bitte eine Pause, lieber Meister, eine Weile nur Regen und Musik. Aber so läuft der Prozeß nicht, wenn er einmal angefangen hat. Wenn dich Ma jetzt wieder nach Mahabalipuram schickt, dann deswegen, weil sie dich auf eine neue Stufe vorbereitet. Nach allem, was mit L. geschehen ist, wird vielleicht wieder viel Schmerz damit verbunden sein. Du wirst es einfach annehmen müssen. Wenn du das tust, dann wirst du den Schlüssel für den nächsten Teil der Reise mit ihr finden.»

Am nächsten Morgen sah ich in einem Buchladen in der Nähe von Notre-Dame ein antiquarisches Exemplar des wunderbar weisen Werkes von De Caussade, *Hingabe an Gottes Vorsehung*. Der Titel fiel mir in die Augen, und ich wußte sofort, daß ich das Buch lesen sollte. Es begleitete mich während der nächsten Monate.

Ich öffnete das Buch und las: «Nur die Worte, die Gott direkt an uns richtet, lehren uns wirklich. Weder in Büchern noch im mühseligen Eintauchen in Geschichte erfahren wir etwas von der Weisheit Gottes. Wir häufen dadurch nur nutzloses, wirres Wissen in uns an, das unseren Stolz aufbläht. Das, was von Augenblick zu Augenblick geschieht, erleuchtet uns.»

Ihre Stimme: *Was dich in Mahabalipuram erwartet, ist ein Tod und eine Geburt.*

Schließe das Buch und öffne es wieder.

«Wenn wir uns ganz hingegeben haben, dann gibt es nur noch eine Regel für uns: die Pflicht des gegenwärtigen Augenblicks. Die Seele ist so leicht wie eine Feder, so beweglich wie Wasser, so einfach wie ein Kind und *so lebendig wie ein Ball, der auf all die Impulse der Gnade reagiert.*»

Mir fiel ein, wie Ma mir den roten Ballon zugeworfen hatte.

Ich ging schnell aus dem Buchladen hinaus, setzte mich an den Straßenrand und stützte den Kopf in die Hände.

So lange kenne ich dich schon, sagte ich zu ihr, und weiß immer noch nicht, wie ich dir vollständig vertrauen kann.

Vollständiges Vertrauen ist Erleuchtung.

In einem leichten Sommerregen ging ich unsicheren Schritts zurück zu meiner Wohnung. Ich betete zu Ma und öffnete De Caussade noch einmal.

«Es gibt niemals einen Augenblick, in dem ich dir nicht zeigen kann, wie du das findest, wonach du verlangst. Der gegenwärtige Augenblick birgt immer unermeßlichen Reichtum, weit mehr, als du fassen kannst. Dein Glaube bestimmt, was dir zuteil wird; so wie du glaubst, wirst du empfangen.»

Delphinkind

SIEBTES KAPITEL

Sobald ich in Madras aus dem Flugzeug gestiegen war, wußte ich, daß mir die Kraft, die ich brauchte, gegeben würde. Eine Hitzewelle schlug mir von der Rollbahn entgegen, angefüllt mit den Gerüchen meiner Kindheit – Kuhdung, Rauch, Schweiß und Jasmin (von den Haaren der Frau vor mir) – und ich hörte Mas Stimme:

Ich habe dich zu deiner wahren Kindheit zurückgebracht.
Ich war zu Hause, zu Hause im Körper der Mutter.
Ich bin überall. Ich bin überall; kannst du mich nicht sehen?
Ich fing an zu lachen. Ich bin in ihrem Körper, sagte ich zu mir, und habe Angst. Wie verrückt! Sie schickte mich zurück ins Herz meiner Kindheit, mit all den Anblicken, den Gerüchen, der innigen Seligkeit, denn das war der Ort, wo ich ihr zum ersten Mal begegnet war. Im Taxi nach Mahabalipuram sah ich vor meinem inneren Auge Szenen meiner Kindheit wie einen Film ablaufen, wie ich einst mit meiner Mutter am Strand tanzte und einer die Gesten des anderen spiegelte.

Jetzt wirst du mich spiegeln.
Ich gebe dir das Paradies zurück, das du verloren geglaubt hast.
Ich schaute aus dem Taxifenster hinaus, trunken von jedem Bild, das an mir vorbeizog – jeder Kuh, jedem kleinen Jungen, der im Straßenstaub saß, jeder alten Frau, die in ihrer Haustür stand, jedem Haus, das in Marzipangrün oder -rosa gestrichen war. Die Felder, die in der frühen Morgensonne leuchteten, leuchteten in mir; die roten Blüten der Bäume am Straßenrand öffneten sich in meinem Geist. Jeder Geruch – von Benzin, Schweiß, Haaröl, Räucherstäbchen, Erde, Dung oder den zerschlissenen Ledersitzen des Ambassadors, in dem ich gefahren wurde – berauschte mich in einem beinahe unerträglichen Maß. Die zerzausten Haarschöpfe der zwei Jungen, die mich chauffierten, schienen so kostbar und

heilig wie Mas eigener Kopf. Das stechende, wilde, safrangelbe Licht, das alles durchdrang – meine Hände, die Windschutzscheibe, die Blätter der Bäume – war *ihr* Licht, das Licht, das ich im Darshan in strahlenden Wellen aus ihr hatte hervorbrechen sehen. Immer wieder hatte ich das Gefühl, mein Körper würde von mir abfallen wie Sand. Welche Kraft fügte ihn immer wieder zusammen? Welche Hand umfaßte ihn und füllte ihn mit immer tieferer Freude?

Du siehst mit meinen Augen, riechst mit meiner Nase, hörst mit meinen Ohren.

Die zwei Jungen hielten an, um in einem Dorf außerhalb von Madras zu tanken. Ich kaufte eine Mango; halb von Sinnen aß ich sie neben dem Auto in der prallen Sonne stehend, und ihr goldener Saft lief mir über Kinn und Brust.

Die Jungen rauchten eine Zigarette nach der anderen, rissen Witze und quasselten in wildem Pidgin-Englisch über Michael Jackson, verbotenes Schnapsbrennen, die Idiotien des tamilischen Premierministers und die Tragödien des Krieges mit Sri Lanka. Mein bewußter Verstand hörte jedes einzelne absurde Wort, aber mein seliger Geist hörte nur einen plätschernden Strom voller Musik und Licht, der aus dem Herzen des Morgens entsprang, eins mit dem Brummen und Wogen des Autos, mit dem Wind und der Hitze der Landschaft.

Ein Ohr, ein Auge, ein Mund.

Keine Trennung.

Als ich in Mahabalipuram vor dem baufälligen Strandhotel ausstieg, in dem ich immer gewohnt hatte, schaute ich auf meine Uhr; in Thalheim war es jetzt neun Uhr, die Zeit, zu der Ma aufstand. Ich hatte sie einmal am frühen Morgen gesehen, in ihrem mauvefarbenen Morgenmantel; ihre dunklen vollen Haare waren offen, und ihre Augen noch schläfrig. Sie hatte so jung und so zerbrechlich ausgesehen. Und doch bist du es, die meinen Körper und meinen Geist und mein Herz mit Ekstase erfüllt, du bist es, deren Mund in meinem Mund die Mango in der Sonne aß, du, deren Ohren in meinen Ohren das Kauderwelsch der Jungen als göttliche Musik hörten, du mit deinen schmalen Schultern und Augen wie zwei braune Steine, die diese verrückte Macht haben, in mich einzudringen, mich zu beherrschen und mich zu verwandeln. Als ich sie an jenem Morgen so frisch und zart gesehen hatte,

hatte ich eine Liebe zu ihr empfunden wie zu einer Tochter, eine stille Leidenschaft, sie zu beschützen, dieselbe Liebe, die mich am Ende des Darshans ergreift, wenn Ma nach Stunden des Segnens und der majestätischen Präsenz plötzlich allein steht, klein, manchmal sichtlich zitternd von der Anstrengung, ihr Selbst wieder zu sammeln, das sie in die Welt verströmt. Wie kann ich nur vor dir, die ich doch so sehr liebe, Angst haben? Ich begann zu lachen, wild zu lachen. Ich liebe die Göttliche Mutter, hörte ich mich singen wie einen Schuljungen. Ich weiß, wo sie wohnt; ich habe bei ihr gelebt; auf einem Dachgarten habe ich die ganze Landschaft in ihrem Körper brennen sehen; jetzt, in diesem Augenblick, brenne ich in ihrem gewaltigen, süßen Feuer. Ich bin verrückt, und mehr bei Sinnen als je zuvor.

Ich hörte ihre Stimme: *Jetzt bist du in meiner Art Vernunft.*

Der Geruch von Chapati und Gemüsecurry drang aus dem runden, gläsernen Eßzimmer über die Straße. Plötzlich sah ich sie vor mir, wie sie damals an meinem Geburtstag in Pondicherry von einem zum anderen gegangen war und Essen auf jeden Teller gefüllt hatte.

Willst du nichts essen?

Ich schaute um das Hotel herum, sah die Bäume, die Liegestühle, die kleinen weißen Betonhäuschen, einen schlafenden Jungen am Swimmingpool. In einem blendenden Augenblick sah ich nur eines, sie und mich.

Die zwei Chauffeure tippten mich an. «Nur zweihundert Rupien, lieber Herr. Wirklich ein Sonderpreis.»

Ich wandte mich ihnen zu, um sie zu bezahlen. Um ihre grinsenden Köpfe strahlte *ihr* Licht.

 Auf dem Weg zu meinem Zimmer fragte ich sie: Warum hast du mich hierher gebracht?

Ich hörte sie lachen. *Damit du allein mit mir verrückt sein kannst.*

Ich setzte mich lachend in den Sand. Ja, natürlich, das war's. In Thalheim hatte ich immer normal gespielt, in Paris ebenso, immer vernünftig. In Amerika mußte ich Seminare, Vorträge und Fakultätssitzungen überstehen. Jetzt war ich *zu Hause*, allein, von den Dingen umgeben, die ich am meisten liebte. Ich durfte mit *ihr* verrückt sein, mit *ihr* tanzen und spielen, weit weg von der Welt, fern von aller Scham und Hemmung.

Sie hatte gewußt, was ich selbst nicht gewußt hatte – daß ich Raum brauchte, mich der Ekstase vollständig zu überlassen, mit der sie mich erfüllte, fern von irgend jemand, den ich kannte. Ich hatte mich so sehr bemüht, mitzuteilen und verständlich zu machen, was mit mir geschah, sowohl mir selbst wie auch anderen. Jetzt konnte ich das fallenlassen und einfach in sie eintauchen, nackt, von nichts wissend als von der lichten Verzückung, die sie mir schenkte, von Vorstellung und Vergangenheit abgelöst.

Von meinem großen, weißen, kahlen Zimmer aus, von dessen Wänden der Putz abbröckelte, konnte ich den Strand überblicken. Ich zog mich schnell aus und lief ins Licht und ins Meer. Tanzend im Schaum der auslaufenden Wellen, beobachtete ich die kleinen Sandkrebse, die jeder Welle nacheilten, sog den rohen Geruch der Wellen ein, die sich wieder und wieder überstürzten, und war das Kind, das ich vor dreißig Jahren gewesen war.

Das Meer ist mein Blut, hörte ich sie sagen, *und das weiche Brechen der Wellen ist mein Herzschlag.*

Ich lag auf dem Sand und wurde zu einem einzigen Ohr, das auf diesen gewaltigen, stetigen Herzschlag lauschte. Ich wußte, daß ich in ihrem Körper lag, der warme Wind war ihr Atem, das Wasser, das immer wieder meine Füße umspülte, ihr Blut.

In der Abenddämmerung ging ich nach Hause, erschöpft von der Erfahrung. Der Wind konnte mich jeden Augenblick flach auf den Sand drücken, so zerbrechlich fühlte ich mich, zerbrechlich, aber absolut klar und reingewaschen von allem Schmerz.

🕉 In diesem Moment schwebenden Gleichgewichts erinnerte ich mich plötzlich an meine Großmutter, die an einem Strand wie diesem von einem Stachelrochen angefallen worden war.

Oh, nein, sagte ich zu Ma, bring mich nicht dorthin zurück, nicht an *diesen* Strand.

Ganz deutlich sah ich das tiefe Safranlicht jenes Spätnachmittags auf den Felsen und dem Sand, sah meine Tante, wie sie an meiner Seite auf einem Handtuch schlief, meine Großmutter, schön, weißhaarig, mit starken Schultern, wie sie vor mir ins Wasser ging. Ich hörte wieder ihren Schrei, einen dünnen, fürchterlichen Schrei. Bebend setzte ich mich in den Sand.

Warum ließ Ma mich das noch einmal erleben, als würde es jetzt geschehen? Ich fühlte hier auf dem Sand genau die gleiche primitive Angst, die ich als Kind gefühlt hatte, hörte das Stöhnen meiner Großmutter, sah die große schwarze Wunde auf ihrem Bein.

Öffne dich vollständig der Erfahrung.

Schluchzen erschütterte mich, denn mit der Angst vor dem Stachelrochen war der ganze Schmerz und die Wut auf L. wieder hochgestiegen und auf das, was hier auf diesem Strand geschehen war. Das Meer schäumte um mich herum, und ich wußte, daß ich für einen anderen Menschen nie wieder das fühlen würde, was ich für L. gefühlt hatte, und daß es nicht ein teilweiser, sondern ein absoluter Verlust war. Die Wunde, die ich geheilt geglaubt hatte, riß auf, und der Eiter aus Haß und wahnwitziger Wut ergoß sich in einer Stunde des Irrsinns.

Allein am Strand schrie und heulte ich. Aber selbst in diesem Schreien und Heulen war etwas Lichtes, in der Raserei war ich gleichzeitig ruhig; das Selbst, der Zuschauer und das zerstörte Ego – wütend und schluchzend.

Ich durchlebte jeden Verrat, jede Demütigung in der Beziehung von L. und mir, all die subtilen Morde, die wir aneinander vollbracht hatten. Ohne Linderung durch Stolz und Selbstschutz durchlebte ich den Horror, den ich zugefügt und zugelassen hatte, meinen ganzen Rachedurst. Ich sah mir zu, wie ich wieder und wieder mit den Händen wie mit einem Dolch in den Sand stach, um L. zu vernichten und alles, was er mir offenbart hatte. Ich stellte mich der Tatsache, der ich mich nie zu stellen gewagt hatte, daß ich L. tot wünschte, weggewischt vom Angesicht der Erde, zerschmettert und zerschlagen, wie ich selbst es gewesen war. Dieses Bedürfnis war ebenso übel wie das Übel, das ich erlitten hatte.

In dieser Stunde verstand ich endlich, daß ich L. so gefürchtet und gehaßt hatte, weil *ich er war*. Ich sah, daß alles, was ich in ihm verabscheute – seine Glattheit, seine Perversität, seine sexuelle

Niederträchtigkeit –, in mir verabscheute, daß ich den gleichen Trieb in mir hatte, aber Angst mich daran gehindert hatte, ihn auszuleben. Er war mein Schatten gewesen; ich mußte das jetzt annehmen, weil es der einzige Weg war, wie ich die Liebe, die ich noch immer zu ihm fühlte, bewahren und aus dem Wrack des Leidens retten konnte. Ich mußte es annehmen, denn es war auch ein Teil *ihres* Geheimnisses, des Mysteriums ihrer fürchterlichen und herrlichen Arbeit an mir.

Dann sah ich meine Großmutter Jahre später in einem anderen dunklen Zimmer, wie sie an Krebs starb, leuchtend in ihrem Glauben. Ich hatte sie gefragt, wie sie so krank sein könne und dabei so glücklich. «Weil ich ja gesagt habe», antwortete sie. Sie, die in ihrem Leben so stolz und ungezähmt gewesen war, hatte in der Tiefe ihres Glaubens die Kraft gefunden, zu dieser Krankheit ja zu sagen, die sie ihrer Schönheit und ihrer Körperbeherrschung beraubt hatte. «Mit deinem ganzen Sein zuzustimmen, ja zu sagen zu allem, was geschieht, wie schrecklich es auch sein mag, das macht dich frei.» Etwa eine Woche später starb sie, ein schrumpeliges Äffchen mit Rouge auf den Wangen, ohne eine Spur von ihrer Schönheit und ihrer Stärke. Ich schaute auf ihren toten Körper nieder, bestürzt von seiner Traurigkeit, und fragte sie flüsternd: «Könntest du dazu auch ja sagen?» Im Geist hörte ich ihre Stimme stark und zuversichtlich antworten: «Ja. Ich habe ja gesagt, und jetzt bin ich frei.» Und sie fuhr fort: «Jeder Mensch muß am Schluß sagen, was Christus in Gethsemane gesagt hat: Nicht mein Wille geschehe, sondern *dein* Wille, und wenn dieses Ja gesagt wird, dann zerfallen die Türen des Todes und der Illusion.»

Mas Gesicht schwebte vor mir, flammend im Licht. Ich tanzte für sie auf dem Sand.

«Ma, du hast ja gesagt. Du hast ja gesagt zu den Narren, die dich benutzen wollen, zu den Wahnsinnigen, die dich mißbrauchen und dich einen Scharlatan nennen werden, zu den Jüngern, die sich gegen dich wenden werden, du hast ja gesagt zum Schmerz der Verkörperung des Göttlichen, zum Schrecken des Sterbens in einem Körper, zu all der Qual absoluter Liebe. Wenn ich dein Kind sein soll, dann muß auch ich ja sagen. Deswegen hast du mich hierhergebracht.»

Ich bemerkte, daß ich im Meer stand. Die Nacht war hereingebrochen. Ich fiel ins Wasser und ließ die Wellen über mich schwappen, bis ich kaum mehr Luft bekam.

Nie hatte ich solche Seligkeit erlebt, unbeschreiblich, unermeßlich, in jeder Faser meines Seins, jeder Zelle meines Körpers. Jede Welle war ein feuriger Schauer der Verzückung. Ich segnete all die Demütigungen, die ich erlitten hatte. Ich hielt sie in das Feuer der Seligkeit, das in mir loderte, und verbrannte sie einzeln, langsam und voller Liebe zu jeder dieser Erfahrungen. Da wußte ich mit absoluter Gewißheit, was ich vorher nur halb erkannt hatte: daß die Seele die Macht hat, jeden Schrecken in Seligkeit zu verwandeln, und daß das Grauen der tiefste Freund der Seele ist, weil er sie zwingt, diese Kraft zu entdecken. Dies ist die Kraft, mit der die Transformation vollbracht wird; dies ist die Kraft, die sie ist, die hier stirbt und lodert, die ihr absolutes Ja angesichts noch so grotesker Obszönität lebt; es ist die Kraft, die durch nichts gebrochen werden kann, denn sie ist nichts weniger als die Kraft des Göttlichen.

«Du hast mich hierhergebracht...» – ich begann zu lachen –, «um mich zu gebären. Das ist Geburt. Dieses Ja ist Geburt.» Ich spürte, wie sich mein Körper mit dem Gold ihres Lichtes füllte; ich fühlte, wie mein Geist sich sanft öffnete und das Meer, die Wellen, das Mondlicht, den glitzernden Sand in sich aufnahm; ich fühlte, wie mein Herzschlag und das Brechen der Wellen sich in einem weichen, grenzenlosen Ton vereinigten, der den ganzen Horizont umfing. Ich war weder müde noch erschöpft. Langsam und ruhig stieg ich aus dem Meer.

ॐ Danach verließ ich eine Woche lang mein Zimmer nicht. Viel ist mir von diesen Tagen nicht in Erinnerung geblieben. Mein «Ich» löste sich in einer tagelangen Ekstase auf, die nichts erschüttern konnte.

Dabei war ich immer bei hellem Bewußtsein, fähig, die Tür zu öffnen, wenn der Boy das Essen brachte, die Fenster, die zum Meer hinausgingen, zu öffnen und zu schließen, mich zu duschen und auf die Toilette zu gehen. Es machte mir Spaß, bei klarem Verstand zu sein, die Dusche andrehen zu können, zu wissen, wie man Seife benutzt, und gleichzeitig ein völlig anderer in einem ganz anderen Raum zu sein. Es war wie ein perfekter Witz. Mein Zimmer beherbergte zwei Fledermäuse und Kakerlaken; Krebse kamen vom Strand zu Besuch, während ich stundenlang dasaß, ohne mich zu rühren, ohne zu denken, eingetaucht in ein kristallklares Meer weichen Feuers.

Als es vorbei war, merkte ich, daß ich nicht einmal an sie gedacht hatte. Weder ihr Gesicht noch ihre Stimme waren in dieser großen, feurigen Stille aufgetaucht, die mich vollständig in Besitz genommen hatte. Die Stille war ich geworden, oder sie – und – ich.

ॐ Am letzten Tag der Woche durchlebte ich noch einmal eine Stunde des Schreckens. Ich hatte den ganzen Vormittag am Fenster gesessen und auf das Meer geschaut. Später schrieb ich: «Es gibt kein Wort für diese Art des Sehens. Ich sehe das Meer von innen. Alle Schleier zwischen Körper und Ding, zwischen Anblick und Objekt haben sich aufgelöst, so daß das Meer, das dort draußen brodelt und braust, keineswegs draußen ist, sondern mir näher als meine eigene Haut.» Das ist zwar eine zutreffende Beschreibung, aber keine Beschreibung kann der Verzückung gerecht werden, die ich gefühlt habe, als ich mich selbst in tausend Wellen brechen und glitzern sah. Den ganzen Vormittag war dieses Brechen und Glitzern in mir gewesen. Dann verschwand es.

Ich kann es Tod nennen, aber selbst dieses Wort ist zu tröstlich für das, was dann über mich kam: namenlose, absolute Angst – Angst, die im Zentrum wartet, die Kobra, die sich um die Unsterblichkeit windet.

Ich habe einen LSD-Trip gemacht, bei dem ich fürchtete, vor Angst zu sterben, aber diese Angst, die ich mit klarem Verstand erlebte, war weitaus größer. Sie war total. Es war nicht die Angst zu sterben. Es war der Tod selbst. Jede meiner Zellen und alle meine Sinne waren mit Tod durchtränkt, und doch war ich lebendig und bei vollem Bewußtsein.

Ich beobachtete. Ich beobachtete, wie dieser Tod das Meer zum Stillstand brachte, so daß jede seiner Gesten hohl wurde, dünn wie Papier. Ich beobachtete, wie das Sonnenlicht aus dem Nachmittag herausblutete und ein verschwommenes, unheimliches Halbdunkel hinterließ. Ich beobachtete, wie meine Hände langsam ausbleichten und sich auflösten. Ich wußte, daß das, was geschah, notwendig war, und gab allen Widerstand auf, ohne im geringsten zu wissen, ob ich überleben würde oder könnte, und wenn ja, wie ich daraus hervorgehen würde.

Reine Angst ist so schwer zu beschreiben wie reine Freude – vielleicht aus dem gleichen Grund, weil sie vollkommen still ist, vollkommen ruhig, absolutes Besessensein. Ich ließ mich von dieser Angst ergreifen, bis nichts mehr übrig war außer ihr.

Oder fast nichts. Der Beobachter überlebte, konnte nicht berührt werden. Der Zeuge sah gelassen zu. Mir wurde bewußt, daß die Ruhe Bestand hatte, unter der Angst und durch die Angst hindurch.

Dieses Bewußtsein wuchs in lang gedehnten Augenblicken langsam und stetig an. Die Angst ebbte allmählich ab, als würde sie in ein Meer wachsenden Lichts gesaugt, das in einer Tiefe in mir entsprang, zu der ich niemals zuvor durchgedrungen war. Das Meer und das Licht und der Stuhl und die Hand und der Nachmittag kehrten zurück, aber pulsierend im Rhythmus des inneren Meeres, das der Welt innen und außen entgegenströmte.

Ich wußte, daß diese überaus tiefe und stille Seligkeit das Ende der Erfahrung signalisierte, und ging, noch immer in diesem Zustand schwebend, hinaus ins Meer. Langsam kehrten meine Sinne zurück, und das Meer umspielte mich lachend. Ich fühlte mich uralt und sehr, sehr jung.

ॐ In den nächsten Tagen wich die Seligkeit. Ich begann wieder zu lesen, die gesammelten Werke von Ramana Maharshi. Ich erkannte bald, daß Ma mich unter anderem deswegen nach Mahabalipuram geschickt hatte, um mich in der Meditation für Maharshi zu öffnen. Ich bin in Südindien geboren, dessen Gott Shiva ist; Mahabalipuram ist Shiva heilig; Ramana Maharshi galt als eine Inkarnation Shivas und lebte sein Leben lang auf dem Arunachala, dem heiligen Berg, den er als Gottheit verehrte. Mein Vater war als junger Mann Polizeioffizier in Nord Arcot gewesen, in dem Distrikt, in dem der Arunachala liegt. Er hatte oft Ramanas Darshan empfangen. Der Weise hatte ihm Äpfel geschenkt.

Die Versenkung in Ramana in Mahabalipuram war gleichzeitig

eine Versenkung in Ma. Ich erkannte, wieviel sie gemeinsam hatten. Beide waren von bescheidener indischer Abstammung. Beide lehrten schweigend. Beide waren in ihrer weltlichen Persönlichkeit untheatralisch, äußerst normal. Beide haben sich niemals verteidigt oder um Anhänger geworben – sie wußten beide, wer sie waren. Beide hatten Jünger aller Rassen und Religionen und lehrten jenseits aller Dogmen. Beide waren Inder und in der indischen Tradition verwurzelt, aber beide transzendierten ihre Herkunft und boten der Welt einen Weg der Befreiung an, der den modernen Bedürfnissen entsprach. In jenen stillen Tagen am Meer begann eine sehr zarte und persönliche Liebe zu Ramana Maharshi in mir aufzukeimen, eine Liebe, die, wie ich wußte, Ma in mir öffnete und nährte.

Mir wurde gesagt, ich sollte nach Tiruvanamalai gehen, um Ramana Maharshi für die Segnung meines Vaters zu danken und um Shiva zu verehren, in dessen Land ich geboren, aufgewachsen und wiedergeboren worden war.

Ich hatte mich mit einem jungen Bildhauer namens Vijay in Mahabalipuram angefreundet, und gemeinsam machten wir uns mit einem gemieteten Motorroller auf den Weg nach Tiruvanamalai. Wir brauchten in der Hitze einen halben Tag, weil der Motorroller immer wieder den Geist aufgab. Keiner von uns hatte nennenswerte mechanische Kenntnisse, so daß wir auf Gnade und Zufallstreffer angewiesen waren. Auf der Fahrt durch die Landschaft – vom Wind und den Gerüchen Indiens umspült: Dung, Tee, Blumen und Staub – fühlte ich mich eins mit allem, was mich umgab.

Nach ungefähr einer Stunde hielt Vijay in einem Dorf, dessen Namen ich vergessen habe, vor einer Gruppe schäbiger Teeläden an. Ich dachte, wir würden halten, um Tee zu trinken. Vijay deutete jedoch auf einen großen Schrein in der Ferne. «Wir dürfen nicht weiterfahren, ohne dort gebetet und die Mutter um ihren Segen gebeten zu haben.» Es war ein Heiligtum der Mutter, der Shakti, und ihrer Kraft. Wir betraten das von Neonlicht erhellte Heiligtum, in dem gelangweilte Priester herumsaßen und sich in den Zähnen stocherten und eine Herde junger Mädchen in roten Saris herumlief. Aber selbst der ganze standardisierte Betonhorror konnte nicht verhindern, daß hier die Seligkeit tanzte.

«Spürst du es», fragte Vijay leise. «Das ist ein sehr starker Platz.

Die Menschen kommen von ganz Indien, um die Shakti um das zu bitten, was sie sich wünschen.»

Wir standen vor einer großen Schale voller Münzen.

«Glaubst du an die Mutter?» fragte Vijay.

«Ja.»

«Um was wirst du sie bitten? Gib eine Rupie und bitte.»

«Ich werde darum bitten, daß unsere Reise uns Segen bringt.»

«Gut. Ich bitte darum, daß ich nicht bankrott gehe, daß die Touristen alle meine Ganeshas kaufen.» Er lächelte.

«Glaubst du an die Mutter?» fragte ich ihn.

Er sah mich entsetzt an. «Ich muß. Ich bin so ein fauler Kerl, daß nur die Mutter mich retten kann. Ich liebe die Mädchen und das Geld zu sehr, und nur sie kann so viel Geduld mit mir haben. Welche Hoffnung bliebe mir außer der Mutter?»

Am Nachmittag fuhren wir weiter, sehr zaghaft, denn der Motorroller schien ständig am Rande der Explosion oder des Herzversagens.

Endlich gelangten wir auf eine offene, staubige Ebene, die sich in der wolkenlosen, gleißenden Hitze des Nachmittags vor uns ausbreitete. Ich schaute ängstlich zu meiner Linken nach oben.

Arunachala! Arunachala! Wie ein Aufschrei tönte der Name des Berges in meinem Gehirn. Ich wußte, daß es der Arunachala war. Der ganze Berg, dieser gewaltige, sich hoch auftürmende Fels stand in diesem Augenblick in Feuer.

Alle Materie ist endloses Aufblühen von Licht.

In diesem Augenblick sah ich ein großes weiches, welliges, schimmerndes Flammen. Materie, die aus der Stille emporflammte. Totale Stille. Gewaltige Kraft. Und doch ist das Flammen so weich, weich wie Atem, der über einen Spiegel streicht, wie flimmernde Hitze im Meereswind.

Nichts veränderte sich an diesem Nachmittag. Die anderen Berge blieben unbeweglich. Ich hörte das stotternde Motorgeräusch, roch Vijays Haaröl und den Straßenstaub.

Ich schloß die Augen und öffnete sie wieder. Arunachala war zu seiner Ruhe zurückgekehrt.

«Du hast meinen Kopf geschoren, und ich ging der Welt verloren, dann zeigtest du dich tanzend im transzendenten Raum, o Arunachala», hatte Ramana geschrieben.

Vijay wandte sich mir lächelnd zu: «Weißt du, was die Heiligen sagen? Im Umkreis von zehn Meilen um den Arunachala werden alle Unreinheiten verbrannt.» Er deutete auf den Meilenstein hinter uns. «Wir haben gerade die Zehnmeilengrenze überschritten.»

Wir gingen zum Ashram und bekamen ein Zimmer. Vijay verschwand, um Freunde zu besuchen, nachdem er an Maharshis Grabmal gebetet hatte. Ich war zwei Tage lang allein.

Maharshi hatte mir die Ekstase des Darshans des Arunachala geschenkt; jetzt schenkte er mir die Ruhe, die größer ist als Ekstase, das Verweilen im Selbst. «Das Ego gibt sich der Täuschung hin, es gäbe zwei Selbst», hatte er zu Paul Brunton gesagt, «ein Selbst, das uns jetzt bewußt ist, die Person, und ein anderes Selbst, das Göttliche, das uns eines Tages bewußt sein wird. Das ist falsch. Es gibt nur Ein Selbst, und das ist völlig bewußt, jetzt und immer.» In jenen Tagen der Stille in seiner Nähe leuchtete das Selbst fast ungebrochen in mir. Die Tage der seligen Auflösung in Mahabalipuram waren überwältigend gewesen. Ich hatte mich kaum von meinem Stuhl erheben können. Die Ruhe, die mir in Maharshis Gegenwart zuteil wurde, war anders: Sie war leicht, fortdauernde gedankenfreie Transparenz, still und rein, in der Reinheit des kleinen leeren Zimmers, in dem noch die Liege steht, von der aus er seine Jünger begrüßt hat und auf der er starb, während das ruhige Licht der Morgensonne auf dem Berg lag, dessen lebende Emanation er war.

Ich schreibe «war», aber der Maharshi lebt noch immer. So wie bei Ramakrishna und seinem Zimmer in Dakshineswar, wie bei Franziskus und Assisi, Christus und Tabka, bewahrt der Ort, an dem sich ein erleuchtetes Wesen aufgehalten hat, immer die Kraft jener Explosion von Liebe und Stille.

Es waren die letzten Stunden des Tages, in denen ich dem Aspekt des Mysteriums von Maharshi und Ma, der mich am meisten berührt, besonders nahe kam. Ich saß im Hof vor seinem Zimmer und las Erinnerungen an ihn. Am Schluß des Buches las ich folgende Geschichte: Als Ramana Maharshi starb, durften seine Jünger an ihm vorbeidefilieren, um noch einen letzten Blick des Meisters zu bekommen. Einer von ihnen, ein Mann, der immer schüchtern gewesen war, ganz hinten gesessen und nie ein Wort zum Meister gesagt hatte, nahm all seinen Mut zusammen und warf ein kleines Stückchen Papier auf das Bett von Maharshi. Sofort griffen seine Helfer ein, um den Mann hinauszuführen. Der

Meister gab ein Zeichen, ihn freizulassen, lächelte und öffnete den zusammengefalteten Zettel. Darauf standen nur zwei Worte: «Erlöse mich.» Ramana Maharshi schaute dem Mann in die Augen und nickte einmal sanft.

Die Geschichte berührte mich tief, und lange Zeit wußte ich nicht ganz, warum. Ich ging in den Saal und setzte mich unter das große Foto, das letzte, das von Maharshi gemacht worden war, wie er als alter Mann fast nackt auf seiner Couch liegt mit dem Ausdruck unendlicher Barmherzigkeit. Von allen Bildern, die es von ihm gibt, ist dieses für mich das wunderbarste: Die leuchtende Intensität des jüngeren Gesichtes ist milde geworden und hat sich in einen Ausdruck voller Gnade verwandelt. Als ich in seine Augen schaute, wußte ich, warum mich die Geschichte so bewegte: weil der Meister darin genauso zerbrechlich, ebenso bis zum Letzten erschöpft war wie der Mann, der um Erlösung bat. Ist das nicht höchste Liebe – daß Gott in einem menschlichen Körper in Schmerzen stirbt, um der Menschheit die Tiefe göttlicher Liebe vor Augen zu führen? War es nicht diese Erkenntnis, die dem Mann, der sich so viele Jahre schüchtern im Hintergrund gehalten hatte, den Mut gegeben hatte, dem Meister den Zettel hinzuwerfen? Im letzten Augenblick hatte er etwas von der Größe des Opfers verstanden, das für ihn dargebracht worden war, von der Nacktheit der Liebe, die vor seinen Augen gelebt worden war. Und der Meister hatte mit diesem Blick und mit diesem Nicken geantwortet, bindend und endgültig wie das Gesetz selbst.

Ich dachte an Ma und ihr Opfer und betrachtete wieder die Fotografie.

Diesmal sah ich Maharshi als die Mutter; nicht als Ma, aber als einen Mann, der auch Mutter war; Shiva, der auch Shakti war, männlich und weiblich zugleich. Er lag auf der Couch mit der Offenheit und der duftenden Ausstrahlung einer Frau; durch das Alter war seine linke Brust etwas gewölbt; die Neigung seines schönen, noblen Gesichtes gab ihm die Anmut und Zartheit einer Mutter, die ihr Kind willkommen heißt. Ich verstand, warum Affen zu ihm gekommen waren, um sich füttern zu lassen, warum Kinder zu ihm gekrabbelt kamen, um ihm ihr Spielzeug und ihre Bilderbücher zu zeigen. Ich verstand jetzt, warum ich dieses letzte Bild seines großen Spiels besonders liebte, denn darin zeigte er die letzte Vollendung, die himmlische Hochzeit von Weisheit und Liebe, von Männlich und Weiblich.

Während ich in der Kontemplation von Maharshi als Mutter versunken war, erkannte ich, daß Ma mich lehrte, was ich als nächstes tun mußte, wozu ich in vielen Jahren der Hingabe werden mußte. Ich erkannte, daß meine ganze sexuelle und emotionale Verwirrung, all meine Schwierigkeiten mit Weiblichkeit und Männlichkeit aus der einfachen Unfähigkeit herrührten, das zu verstehen, was ich jetzt vor mir sah: daß die Verschmelzung des Männlichen und Weiblichen, von Vater und Mutter in heilig leuchtender Androgynität, die Wahrheit der göttlichen Natur und damit unserer eigenen Natur ist. Ich erkannte auch, daß ich in all den Jahren mit Ma männlicher *und* weiblicher geworden war. Sie hatte meinen männlichen Willen gedämpft und vertieft und hatte meine Liebeskraft langsam von ihrer Hysterie und Besitzgier befreit. Sie hatte meinem Willen Erfüllung und Orientierung geschenkt, indem sie ihn zu sich gewandt hatte; sie hatte meiner Leidenschaft den rechten Platz gegeben, indem sie mir den Hunger nach Befreiung offenbart hatte, der dahinter verborgen war. Ihre Alchemie begann mich in das zu verwandeln, was ich vor mir sah. In diesem Bild fand ich die Lösung all meiner Ängste und Schmerzen wegen des Verzichts auf Sexualität. In diesem Strahlen war keinerlei Verzicht im Sinne von Aufgabe oder Verstümmelung; vielmehr erkannte ich darin die endgültige sexuelle Verschmelzung, tiefe Ruhe und Energie zugleich, die Selbsthingabe, die ich an dunkleren Orten mit einem verwirrten und trüben Instinkt gesucht hatte. Im Geheimnis der Liebe zu Ma würde der wahre Mann in mir der wahren Frau begegnen, und ihr Liebesakt im Herzen meines Geistes wäre ein Abbild des ewigen Liebesaktes von Shiva und Shakti, von Stille und Kraft, von Weisheit und Barmherzigkeit, jene selige Verschmelzung, die die Quelle aller Schöpfung ist.

Ich verließ den Saal und ging auf den heiligen Berg, die steinigen Wege hinauf bis zum Gipfel des Arunachala. Dort oben, in der Sonne kniend, tat ich das, was Tausende von Pilgern aller Zeiten vor mir getan hatten und nach mir tun werden: Ich pries den Gott des Lichtes und bat um Befreiung in diesem Leben, um Gott im Körper zu dienen.

Drei Tage später, wieder in Mahabalipuram, hatte ich durch die Gnade des Arunachala eine Reihe von Erfahrungen.
In der Abenddämmerung saß ich allein am Strand an einem Felsen. Die Nacht brach herein. Ich betrachtete das Meer, das Steigen und Fallen der Wogen im Mondlicht, und vertiefte mich so sehr in diesen großen, tiefen Ton der Schöpfung und Zerstörung, daß in manchen Augenblicken mein ganzes Sein von diesem Klang widerhallte.

Sterne zogen auf, und ich schloß meine Augen, um noch tiefer in den Ton des Meeres einzutauchen. Als ich sie wieder öffnete, sah ich eine große Säule aus weißem Licht, die sich über den ganzen Himmel erstreckte, direkt über dem Tempel zu meiner Rechten. Sie hatte die Form eines Lingams, und das Licht war fein und transparent wie der Staub von Diamanten oder Opalen. Darauf lagen wie auf schimmernder Seide die Sterne der Milchstraße.

Der Lingam flammte kurz auf und verschwand. Ich war in einem Zustand äußerster Stille. Das war, so erkannte ich, ein Vorgeschmack von der großen Befreiung. Mein Verstand schwieg, und mein Körper war leicht wie Balsaholz. Jede Bewegung – aufstehen und gehen, atmen, den Sand aus den Ärmeln schütteln – fügte sich in den Rhythmus des Meeres und die Stille dahinter. Mein Körper war Teil des großen Körpers, zu dem das Meer, der Sand und die Sterne gehörten – belebt von einem Atem, einem Licht, einem Rhythmus.

Ich betrat den Tempel, fiel vor dem schwarzen Lingam nieder und dankte Ma.

Als ich mich auf den Rückweg zum Hotel machte und am Strand entlang ging, hörte ich den Ton, den ich oft gehört hatte, wenn Ma in Thalheim die Treppe herunterkam, um Darshan zu geben, ein Summen wie von tausend Bienen, diesmal sehr hoch und sehr durchdringend. Ich schaute hinauf. Der Himmel begann sich in der rechten Ecke zu schälen. Mir fiel ein, wie ich als Kind Briefmarken von Couverts abgedampft hatte. Es war, als würde vor meinen Augen der Himmel aufgedampft. Und dort, wo der Himmel verschwunden war, leuchtete blendend weißes, unermeßliches Licht.

Ich wußte sofort, was geschehen würde. Die Welt würde in weißem Licht vergehen. Shiva begann, mir sein Gesicht zu zeigen, das Gesicht von abertausend Sonnen, wie es in den *Upanishaden* heißt. Ich wußte auch, daß ich die Erfahrung nicht überleben würde. Ich war nicht stark genug. Ich schrie heraus:

«Nicht jetzt, Ma, nicht jetzt. Ich will leben.»

Die Erscheinung verschwand.

Ich saß auf dem Sand. Ich hatte das Weiße Licht gesehen, den Anfang des Großen Leuchtens, wie es die Yogis nennen. Ma hatte mich bis zu diesem Punkt gebracht, hatte mir gezeigt, was unter dem gesprenkelten Schleier der Materie liegt, und hatte den Schleier wieder darüber gebreitet. Ich würde also weiter leben und arbeiten, aber mit diesem Wissen.

Dankbarkeit überflutete mich, daß ich in meinem Körper geblieben war. Ich ließ den Sand durch meine Zehen rieseln, sog den scharfen Duft des Meeres ein, den mir der Wind zutrug, und sah die Fischernetze, die in den Booten trockneten. Ich war für jeden Finger und für jeden Zeh dankbar. Alles, was mich umgab – die Boote, die in der Dunkelheit am Strand lagen, die Netze, die das Sternenlicht einfingen, die Wellen, die sich auf dem Sand in Licht auflösten –, alles schien von stiller Herrlichkeit erfüllt, einer Herrlichkeit, wie der vielfarbige Mantel des hebräischen Patriarchen. Ich erkannte, daß ich nicht im Absoluten vergehen wollte. Ich wollte hier in dieser Welt leben, mit allen Sinnen erwacht in *ihr*.

Langsam ging ich nach Hause, und während ich ging, hörte ich wieder, was ich vor acht Jahren auf demselben Strand zum ersten Mal gehört hatte: Die Wellen und der Wind und die ganze im Mondlicht ausgebreitete Schöpfung sangen den heiligen Laut OM, wieder und wieder, tausend und abertausend Oms, die sich laut und leise, hoch und tief ineinander vermischten und sich wie das Blitzen an jenem Nachmittag in Kakinada von einem Ende des Horizonts zum anderen erstreckten.

 Am nächsten Tag besuchte ich Vijay in seinem Laden auf der Rathas-Straße.

«Ich habe den Maharshi gebeten, mich nicht bankrott gehen zu lassen, und sieh...» – er wedelte mit einem Brief – «heute schreibt mir mein Schwager, daß er in mein Geschäft einsteigen will. Heute bin ich voller Glauben an Gott.»

Er faßte mich am Arm. «Das muß gefeiert werden. Ich zeige dir meine Lieblingsskulpturen und sage dir alles, was ich über Bildhauerei weiß.»

Wir durchstreiften Mahabalipuram kreuz und quer, Vijay sprach voller Begeisterung, und ich hörte zu. Als die Sonne unterging, standen wir in der letzten Gruppe von Tempeln.

«Jetzt will ich dir aber wirklich etwas zeigen», sagte Vijay, der vergessen hatte, daß ich schon oft hier gewesen war.

«Schließe deine Augen.»

Er legte seine Hände über meine Augen und führte mich um den Tempel herum auf die andere Seite. «Jetzt mach die Augen auf.»

Vor mir stand in einer Nische aus Goldsteinen eine Statue von Siva Ardhanarisvara, jenem Aspekt von Shiva, der halb Shiva und halb Parvati ist. Ich hatte die Statue immer geliebt, aber heute, im Schein der letzten Nachmittagssonne, war es, als sähe ich sie zum ersten Mal, überfließend in ihrer Üppigkeit.

«Siehst du», sagte Vijay, «die linke Seite ist Parvati, ist Shakti, die rechte Seite ist Shiva. Sieh nur die schöne Brust.» Vijay seufzte. «Nur europäische Mädchen haben so schöne Brüste, aber sie sind so kalt. Sogar das Gesicht ist männlich und weiblich zugleich. Die linke Seite ist weicher, süßer, wie ein deutsches Mädchen, das ich einmal gesehen habe...»

Er redete weiter. Ich hörte ihn kaum. Mein Körper war in Ekstase. Vijay hielt inne und wollte gehen. Leicht zitternd bat ich ihn, mich hier vor der Statue allein zu lassen.

«Wir treffen uns später am Felsen am Strand», sagte er. «Ich lade dich zum Essen ein. Heute bin ich ein reicher Mann.»

Er ließ mich mit der Statue allein.

Ich sah, wie all die Erfahrungen in Mahabalipuram und Tiruvanamalai zu diesem Augenblick hingeführt hatten und zu den Erkenntnissen, die er in mir auslöste.

Vor Jahren waren mein Freund Chris und ich im Metropolitan Museum in New York gewesen und waren zufällig in die polynesische Abteilung geraten. Dort hatten wir zwei majestätische Strohfiguren gesehen mit dem rituellen Namen «Herr und Mutter». Wir hatten über Walt Whitman gesprochen. «Whitman war Herr und Mutter», hatte Chris gesagt und hinzugefügt, «und das ist es, was wir werden müssen.» Es war eine der Offenbarungen in unserer Beziehung, an die ich oft zurückdachte.

Vor der Statue stehend erkannte ich, daß Ma allmählich Herr-und-Mutter aus mir machte. Es war dieser Aspekt von Herr-und-Mutter, den ich bei Maharshi so sehr liebte. In Tiruvanamalai hatte ich ihn, wie ich jetzt sah, als Siva Ardhanarisvara verehrt.

Die Statue leuchtete im Sonnenlicht und lächelte.

Dann erkannte ich auch, daß geistige Verschmelzung von «Herr» und «Mutter» zu einem Zustand führt, der beide Aspekte vereint und dadurch transzendiert. Die Hochzeit der Gegensätze gebiert das Kind, das frei von allen Dualitäten, weil es deren Meister ist und somit frei, mit ihnen zu spielen.

Ich sah Mr. Reddys Gesicht kurz in der Luft aufleuchten. Ich sah, daß mir das Geheimnis und das Symbol meines Lebens und meiner Reise mit *ihr* geschenkt wurden.

Rotgoldenes Licht überflutete die Nische, in der die Statue stand.

Eine Erinnerung stieg auf, wie ich vor Jahren auf einem Felsen in Santorin gestanden und einen Delphin gesehen hatte, der in die Sonne am Horizont sprang.

Es kamen die Worte: *Das Kind ist ein Delphin im Meer des Lichtes, das meine Schöpfung ist. Das ganze Meer ist sein Zuhause.*

In mir wiederholten sich die Worte: «Herr-und-Mutter, Delphinkind. Herr-und-Mutter, du bist mein Delphinkind.»

Nach und nach schwand das goldene Licht von der Statue. Ich kniete nieder.

«Ma», betete ich, «mach mich zu dem, was ich gesehen habe.»

Vijay saß auf einem Felsen, rauchte eine Zigarette und schaute aufs Meer hinaus.

«Du hast es also gesehen?» sagte er.

Sein Tonfall machte mich hellhörig.

«Was meinst du?»

Vijay warf die Zigarette weg und vergrub sie mit der Ferse im Sand. Er kam zu mir und legte seine Hände auf meine Schultern.

«Sieh dich um. Was siehst du?»

«Ich sehe den Strandtempel. Ich sehe das Meer und den Sand und das Abendlicht auf beidem.»

«Meer und Sand», sagte er ruhig. «Shakti und Shiva. Der Strandtempel. Shiva und Shakti.»

«Jetzt weißt du es also!» Vijay schaute mich amüsiert an.

Der Nachmittag hatte mich so erschüttert, daß ich ihm nicht folgen konnte.

Vijay erläuterte:

«Dies ist ein heiliger Ort. Soviel weißt du. Jahr für Jahr kommst du wieder. Er ist heilig, weil Shiva hier seit Tausenden von Jahren verehrt wird, weil, wie es heißt, der Goldstein, aus dem die Skulpturen gemeißelt werden, die Farbe der göttlichen Glückseligkeit hat. Der Ort ist heilig, weil hier alles vereint ist, Meer und Sand, Wind und Licht. Alle Gegensätze sind hier vereinigt. Schau den Felsen an: Er ist starr, aber im Morgenlicht sieht er aus wie goldenes Wasser. Schau, wo wir stehen, auf dem Sand, aber nur ein paar Fuß vom Meer entfernt. Schau den Strandtempel an, fein wie der Fächer einer Frau und gleichzeitig stark, Shiva und Parvati in einem Bauwerk. Shivas Stärke und Parvatis Anmut tanzen zusammen im Stein.» Er schaute mich an.

«Weißt du, warum ich dich am Schluß zur Statue von Siva Ardhanarisvara gebracht habe, weil *das* der Gott dieses Ortes ist. Ich habe viele Jahre gebraucht, um das zu begreifen. Ich liebe dich wie einen Bruder, deswegen habe ich dir das gezeigt.»

Er lächelte. «Siehst du, lieber Freund, ich denke doch nicht nur an Geld und Mädchen.»

Während Vijay sprach, erkannte ich, daß Ma durch ihn zu mir sprach und mir endlich den Sinn offenbarte, warum ich wieder und wieder nach Mahabalipuram gekommen war. Ich schaute herum und sah, wie der Sand sich in den letzten Strahlen der Abendsonne in ein leidenschaftliches Karmesinrot färbte, schaute auf das Meer – es war heute ruhig –, wie eine Welle nach der anderen sich sanft schäumend über den Strand ergoß. Alle Visionen, die mir dieser Ort geschenkt hatte, wurden in mir lebendig, und ich saß auf dem Sand und fühlte, wie seine stille Wärme in meinem Körper hochstieg.

Ich konnte lange nicht sprechen.

Vijay saß bei mir, rauchte und lächelte vor sich hin.

Bei Einbruch der Dunkelheit brach ich das Schweigen.

«Du hast gesagt, daß der Goldstein, aus dem die Skulpturen hier gemacht sind, die Farbe der göttlichen Seligkeit hat.»

«Ja», unterbrach er mich. «Siehst du es denn nicht? So oft bist du hier gewesen und siehst es immer noch nicht?»

Er machte sich über mich lustig und puffte mich zum Spaß mit dem Ellbogen in die Seite.

«Du willst also, daß ich dir alles offenbare und dich trotzdem zum Essen einlade?»

«Ja.»

«Du willst alles, nicht wahr? Mir gefällt das. Ich will auch alles.»

Er saß einige Augenblicke still da. «Ich habe in meinem Leben Glück gehabt. Ich habe kein Geld gehabt, aber dafür große Lehrer. Mein Bildhauerlehrer war ein großer Mann. Er lebte sein ganzes Leben lang hier. Er wußte alles über die Bildhauerkunst und kannte jede Skulptur in- und auswendig. Für ihn war Bildhauern und Gottesverehrung ein und dasselbe.

Eines Tages, nachdem ich drei Tage bei ihm gewesen war, lud er mich ins *Mamalla Bhavan* zum Essen ein, du weißt schon, das teure Restaurant im Stadtzentrum. Sieben Rupies. ‹Iß so viel du willst›, sagte er, ‹denn heute ist ein guter Tag.› Ich wußte nicht, wovon er sprach, aber ich aß wie ein Amerikaner und ließ mir meinen Teller immer wieder auffüllen. Dann ging er mit mir hinaus zu einem schattigen Platz an den Felsen, wo wir einen Nachmittagsschlaf machten. Um fünf Uhr, als die Sonne langsam nachließ, ging er mit mir zum Gangesfelsen und stellte mich davor.

‹Was siehst du?› fragte er. Ich dachte: Ist er verrückt geworden? Ich kenne doch jeden Zentimeter dieser Skulptur. Ich habe die Schlangen und Affen für ihn kopiert; ich habe ganze Vormittage damit zugebracht, mit dem Auge jedes Detail des Elefantenkörpers und der Gliedmaßen der Götter, die aus den Felsenhimmeln winken, nachzuzeichnen.

‹Was siehst du?› wiederholte er. So genau wie möglich erzählte ich ihm die Geschichte der Skulptur, wie der Ganges, wegen der großen Buße eines Yogis, aus dem Haar Shivas auf die Erde geströmt ist und wie darüber die ganze Natur frohlockte. Ich nannte alle Tiere und Yogis und Götter einzeln beim Namen.

‹Was siehst du?› wiederholte er.

‹Ich habe es dir gesagt.›

‹Du hast mir nichts gesagt. Jeder Tourist, der ein bißchen Haschisch geraucht hat, könnte mir dasselbe sagen.› Dann lächelte er. ‹Ich werde dir jetzt etwas sagen, was ich nur den Schülern sage, die ich liebe. Bewahre es immer in deinem Herzen.›»

Vijay stand auf.

«Ich wünschte, ich könnte ihn hierherholen. Er war sehr dünn, mit einer zerbrochenen Brille auf der Nase, die mit Tesafilm geklebt war. Er ging ein wenig gebeugt. Er hatte eine lange, dünne Nase wie ein Kashmiri und sanfte Augen wie ein junges Mädchen.

Und dann sprach er zu mir und richtete sich dabei ausnahmsweise ganz auf: ‹Als junger Mann, nicht viel älter als du, betete ich eines Abends im Strandtempel. Ich saß im Shiva-und-Parvati-Schrein, der zum Meer hinausgeht. Das Licht vom Meer erfüllte den Raum. Plötzlich sah ich im Licht eine Gestalt stehen. Es war Siva Ardhanarisvara. Die eine Seite seines Körpers war in Gold und Lila gekleidet, die andere Seite war nackt, abgesehen von einem kleinen roten Tuch, das um die Mitte geschlungen war. Sein Gesicht konnte ich nicht sehen, aber ich sah eine Hand, die segnend erhoben war. Ich hatte keine Angst. Ich schaute ins Licht, und vieles wurde mir schweigend übermittelt.›

Er deutete auf die Felsskulptur des Ganges. ‹Die Männer, die dieses Werk für die Pallava-Könige geschaffen haben, waren Heilige, die von Shiva selbst inspiriert wurden. Und was sie in diesen Goldfelsen gemeißelt haben, in den Fels, der die Farbe der göttlichen Glückseligkeit hat, ist die Seligkeit im Schöpfungsakt, ist die von Seligkeit überflutete Schöpfung. Die Schönheit der Götter, die du hier siehst – ihre vollkommenen leuchtenden Körper, ihr Lächeln, die zu Gruß und Segen erhobenen Hände –, ist auch die wahre Schönheit der Menschen, ihre verborgene Schönheit. Das Glück und die Liebe der Tiere ist ihr wahres Glück. Was die Bildhauer vor so vielen Jahren hier für uns geschaffen haben, ist die in Stein gehauene Vision des göttlichen Lebens auf der Erde, die Vision von der Erde, wie sie eines Tages sein wird – und für die Erleuchteten heute schon ist –, eine Lotusblüte, die sich im Sonnenlicht der Liebe Gottes ganz geöffnet hat.›»

Vijay verfiel in Schweigen. Es war Abend geworden. Vom Meer wehte ein kühler, frischer Wind. Die ersten Sterne funkelten.

Vijay lächelte. «Und jetzt müssen wir essen. Soviel Freude macht mich hungrig.»

Ich versuchte aufzustehen und taumelte.

Vijay hielt mich, bevor ich umfiel. «Lege den Arm um meine Schultern», sagte er. «Wir gehen wie zwei Betrunkene.»

Der Mond über uns war beinahe voll.

ACHTES KAPITEL

Zwei Wochen später stieg ich an einem grauen Nachmittag in Thalheim aus dem Taxi. Ma stand vor ihrem Haus in ihrer Gartenkleidung. Nach allem, was ich mit ihr in den letzten Monaten erlebt hatte, war es erstaunlich, sie hier so klein, mit offenen Haaren, stehen zu sehen. Sie nickte einmal und arbeitete weiter.

Die folgenden Tage waren lang, warm und still. Ich versuchte, mit dem Schreiben des Buches zu beginnen, aber ich ließ es wieder sein. Das Ausmaß dessen, was Ma mir in Mahabalipuram geschenkt hatte, hatte meinen Verstand vor lauter Staunen zum Schweigen gebracht.

Ich ließ mich von der Seligkeit, die Ma mir schickte, finden. Ich öffnete mich ihr, ließ sie durch meine Adern fließen, in meinem Gehirn tanzen und meinen Körper in Besitz nehmen. Die Tage verbrachte ich mit endlosen einsamen Spaziergängen auf immer neuen Wegen über Hügel und durch Wälder. Von Tag zu Tag nahm meine Liebe zu dieser Sommerlandschaft zu. Aus der leuchtenden Überfülle trat *sie* mir immer deutlicher entgegen – aus den Blüten, die sich über Hecken ergossen, den abertausend frischen grünen Blättern, die in der Sonne tanzten, den sanft schwingenden Hügeln, dem Weizen, der von Insekten und goldenem Leben summte.

Die kleinste vom Regen zerzauste Rose ließ mich innehalten; ein Pferd, das über eine Wiese galoppierte, füllte mich mit solcher Wonne, daß ich mich hinsetzen mußte; die Bäche in den Wäldern flüsterten die Silben ihres Namens mit Wasser und Licht.

Abends wanderte ich hinauf zu dem Weizenfeld über Thalheim und beobachtete, wie der Mond aufging. Die alten germanischen Stämme hatten die Mutter auf solchen Feldern verehrt, und ich fand sie hier noch immer – immens, durchscheinend, intakt.

Ma brachte mich auf eine neue Stufe, in ihr Haus der Einheit, jenen inneren Zustand, in dem die gesamte Schöpfung als eins und nur eins wahrgenommen wird. Ich bewegte mich und atmete, und der Sommer bewegte sich und atmete und glitzerte um mich herum. Ich saß auf der Bank, und der Wind und die Blätter und meine Geste des Sitzens waren Teil der *einen* Geste, die sich in unendlich feinen und zarten Variationen im Flüstern der Zweige wiederholte, im Wiegen der Gräser, im stürzenden und steigenden Flug der Vögel über die Felder, im Hervorspringen der Kaninchen aus ihrem Versteck, im Flattern meiner grünen Hose im Wind. Ich ging unter den Bäumen und wußte, daß mein Gehen auch Teil des Lebens der Bäume war, denn ihr Wohlwollen und ihre Geduld erreichten mich in meiner Stille und nährten mich.

An einem Spätnachmittag, etwa zehn Tage nach meiner Ankunft, kniete ich auf einer Lichtung vor *ihr* nieder und sagte im stillen: Du hast mich hierher gebracht. Endlich bin ich hier. Ich bin auf der Erde angekommen. Ich weiß jetzt, daß die Schöpfung in Seligkeit gebettet ist. Während ich kniete, flutete eine Welle der Kraft durch meinen Körper und meinen Geist, und von allen Bäumen und Gräsern und verborgenen Tieren hörte ich einen leisen Ruf des Willkommens, des Segnens.

Ihre Stimme: *Von jetzt an wird dich diese Seligkeit nie wieder verlassen. Du bist in mein Reich eingetreten.*

Ich wartete zwei Wochen, bevor ich Ma erneut um ein Gespräch bat. Ich wollte so klar und so gut wie möglich auf sie eingestimmt sein. Als ich, mit einem Becher Tee in der Hand, mit ihr auf dem Sofa saß und die Nachmittagssonne durch die offenen Fenster hereinströmte, brach ich in Lachen aus.

«O Ma», sagte ich, «hier sitzt du in deiner Gärtnerkleidung, und ich weiß jetzt, daß du überall im Licht tanzt, daß du alles tun und alles sein kannst.»

Ma wandte sich mir zu, ihr Gesicht plötzlich still und glühend – das Antlitz der Göttin.

Ich konnte lange nicht sprechen. Ich schaute im Zimmer umher, auf die gestreifte Tapete, die Pflanzen auf dem Fensterbrett, auf sie, so still und so schön.

«Als ich in Mahabalipuram war», begann ich leise, «hatte ich Visionen von Shiva, aber Shiva ist in dir. In der ‹Devi Mahatmyam› heißt es, das Licht aller Götter sei im Licht der Göttlichen Mutter vereint.»

«Das ist wahr.»

«Die Göttliche Mutter kann ihr Kind durch jede Religion, durch jeden Gott, durch jeden heiligen Lehrer lehren.»

«Ja.»

«Ramakrishna sagte, daß die Göttliche Mutter für jedes Kind die Nahrung zubereitet, die es braucht. Manche mögen einfachen weißen Fisch, andere mögen ihn in Currysauce.»

«Und manche mögen sie mit viel Kartoffeln und Öl, wie F.» Sie sagte das mit solcher Liebe für F., daß auch meine ganze Liebe zu ihm in mir wach wurde.

Verkehrsgeräusche kamen durch die offenen Fenster herein.

«Wäre ich als Christ nach Rom gegangen, dann hättest du mich durch Christus gelehrt?»

«Ja.»

«Du bist gekommen, um allen Menschen das Licht zu bringen, so daß alle auf *dem* Weg erwachen können, der ihnen entspricht, in welcher Situation oder Gesellschaft oder religiösen Disziplin sie sich auch befinden mögen.»

«Ja.»

«Du lieferst die Elektrizität, und die unterschiedlichen Lampen gehen an.»

Ma lachte. «Ja. Licht ist die beste Elektrizität. *Totale* Elektrizität.»

«Du willst keine Jünger im alten Sinn.»

«Nein. Wenn Menschen zu mir kommen wollen, dann kann ich ihnen das Licht geben. Wenn sie von mir im Innern gelehrt werden wollen, dann werde ich sie lehren. Wenn sie mein Licht nehmen wollen und von jemand anderem gelehrt werden wollen, dann können sie das tun.»

«F. hat gestern etwas Schönes gesagt», fuhr ich fort. «Er sagte, daß du die Visionen, die wir von dir oder dem Licht haben, nie als etwas Besonderes betrachtest, weil du nicht möchtest, daß wir auf irgendeiner Stufe oder in irgendeinem Zustand steckenbleiben.»

«Ja», sagte Ma. «Es gibt immer noch mehr. Immer. Selbst für

den größten der Yogis, selbst für Sri Aurobindo gibt es mehr. Du mußt immer weiter streben und um mehr und mehr Licht beten.»

«Verwirklichung ist – das hast du mir gezeigt – kein einzelner wunderbarer Augenblick. Es ist ein Prozeß.»

«Ja. Eine Reise ohne Ende. Es gibt verschiedene Stufen auf dieser Reise. Aber die Reise hat kein Ende.»

«Die große Gefahr für mich ist, daß sich das Ego das aneignet, was die Seele lernt, um sich damit zu brüsten.»

Ma lachte. «Es wird es versuchen. Aber die Freude der Seele wird das Ego überwinden, oder nicht?»

Die Stille kehrte zurück, summend und vibrierend.

Sie fixierte mich mit ihrem Blick. «Das Göttliche wird keinen Gebrauch von dir machen, sofern du nicht demütig bist. Meine Kraft geht durch die, die klar sind. Bewahre immer deine Klarheit.»

Eine Wolke schob sich vor die Sonne und verdunkelte für einige Augenblicke das Zimmer und zog dann weiter.

«Viele Menschen glauben heute», sagte ich, «daß die Mächte des Bösen die Herrschaft haben.»

«Sie haben nicht die Herrschaft. Das Göttliche hat die Herrschaft. Das Göttliche weiß, wie es mit dem Bösen arbeiten kann.»

«Das Böse meint, es sei intelligent.»

«Intelligent? Das Böse ist dumm. Es versteht nichts. Es versteht nur die Gier, nur die Grausamkeit.»

«Das Böse ist dumm, weil es nur an sich denkt.»

«Ja. Nur das Göttliche weiß, was zu tun ist und wie es zu tun ist, weil das Göttliche an alle Dinge gleichzeitig denkt.»

«Wie kann man Menschen davon überzeugen?»

«Lebe dein Leben für Gott, und sie werden überzeugt sein. Nur Handeln überzeugt.»

«Wie kannst du Menschen in einer Zeit wie dieser davon überzeugen, daß sie etwas tun können? Fast jeder, den ich kenne, fühlte sich vom Ausmaß der Gefahr für die Welt überwältigt, überwältigt und zynisch und voller Angst.»

«Das Göttliche ist hier», sagte Ma mit Nachdruck. «Das Licht ist hier. Ich bringe das Licht herunter. Andere arbeiten hier mit mir. Die Menschen müssen das wissen, müssen wissen, daß ihnen das Licht helfen wird und sie stark machen wird. Wenn sie mit dem Licht arbeiten, so sollen sie wissen, daß es sie verwandeln wird und ihnen die Kraft geben wird, sich selbst und die Welt zu verändern. Jeder hat jetzt eine große Verantwortung, an der Veränderung der Welt mitzuarbeiten. Es ist eine sehr gefährliche Zeit.» Sie hielt inne. «Aber es ist auch eine große Zeit, denn das Licht ist hier, und die Menschen können sich ihm zuwenden.»

«Aber die Macht und die Gewalt des Bösen sind fürchterlich.»

«Hör auf, Angst zu haben.» Sie erhob ihre Stimme etwas. «Verankere dich im Licht.» Sie wies auf die Pflanzen auf dem Fensterbrett. «Lebe vom Licht, wie diese Pflanzen in der Erde leben. Mach das Licht zu deiner Erde, deiner Nahrung, deiner Stärke, und nichts kann dich zerstören.»

«Hat das Böse dieses Jahrhunderts der Menschheit bewußt gemacht, welcher Wahnsinn es ist, ohne Gott zu leben?»

«Ja.»

«Die Menschen können sich jetzt also Gott zuwenden und den Sprung auf eine andere Seinsebene wagen, die Gott für sie vorbereitet?»

«Ja. Dieser Sprung ist gewiß. Er wird geschehen. Er geschieht jetzt.»

«Die alte Welt wird darum kämpfen, ihre Macht zu behalten.»

«Sie wird verlieren», sagte sie lächelnd.

Ich betrachtete Ma, wie sie lächelnd, leicht vorgebeugt in ihrem Stuhl saß. Das Licht strömte von ihren Haaren.

Sie hob die Teetasse an ihre Lippen, und die Vision endete. Auch unser Gespräch war zu Ende. Ich stammelte meinen Dank und stand auf, um zu gehen. Ihre Augen folgten mir zur Türe, um mir Halt zu geben.

Am folgenden Nachmittag öffnete ich die Glastür, die zum Garten führte, und sah Ma auf einem quadratischen Stein mitten im Blumenbeet sitzen.

Sie schaute ruhig auf, ließ Frieden in meine Augen strömen und jätete dann weiter Unkraut.

Ich hatte das Gefühl, daß ich sie allein lassen sollte, aber ich hörte ihre Stimme in mir: *Bleibe bei mir in meinem Garten.*

Ich setzte mich auf die Bank und schaute ihr zu. Die Spätnachmittagssonne fiel auf den Garten. Warmer Wind füllte die Luft mit dem Duft von frischem Gras.

Ich hörte ihre Stimme sagen: *Ich werde immer hier im Garten deiner Seele sein. Keine Kraft der Hölle oder des Himmels kann das noch erschüttern.*

Die Mutter außen war die Mutter innen. Der im Spätsommerlicht leuchtende Garten war der Garten der Seele. Diese Stille, die sich mehr und mehr vertiefte, war dieselbe Stille, die jedes Geschöpf dieser Welt erfüllt und erhält.

Keine Trennung. Keine Wände. Alles eins.

Sie jätete weiter. Das Licht strömte von ihren Händen, ihrem Gesicht, ihrem Haar, den von Erde verschmutzten roten Schuhen an ihren Füßen.

Sie blickte auf und sah, daß ich sie anschaute.

«Alle Welten sind hier», sagte ich. «Thalheim ist Himmel. Himmel ist hier.»

«Nicht nur hier», sagte sie. «Überall.»

Drei Tage später ging ich nach dem Darshan in den Garten. Es schien, als hätte sie mir den Auftrag dazu gegeben. Es war ein wolkenloser, zartblauer Sommerabend.

Ich setzte mich an dieselbe Stelle wie das letzte Mal, und die gleiche Wonne erfüllte mich. Dann schaute ich auf. Intensives, feines weißes Licht ergoß sich vom Himmel auf den Garten, auf die Dächer der umliegenden Häuser, auf alles, was mich umgab, ein Schauer aus weichen, perlfarbenen Lichtflocken. Ich wußte, dies war das Paramatmanlicht, das Licht des Absoluten, das Ma auf die Erde herunterbrachte. Es fiel auf alles, auf meine ausgestreckten Hände, auf meine Schuhe, auf die Äpfel – ein endloser, ruhiger, unaufhörlicher, stetiger Lichtschauer, der alles durchdrang. Ich sah es mit offenen Augen und mit Bewußtsein für meine Umgebung, sah die Vögel auf den Telegrafendrähten und spürte das feuchte Sommergras unter mir. Am intensivsten war das Licht in der Umgebung des quadratischen, unbehauenen Steins, auf dem Ma gesessen hatte. Die roten Plastikhandschuhe, die sie beim Unkrautjäten getragen hatte, lagen daneben.

Ich betrachtete den Apfelbaum, auf dem mein Blick vorher geruht hatte, genauer. Es schien, als würde er sich in dieser leuchtenden Stille dem Licht entgegenstrecken und jede Pore und jede Zelle seines Wesens öffnen, um das Licht zu empfangen, das sich über ihn ergoß.

Ich betete mit der Inbrunst des Obstbaumes, der passiven Verzückung der langen Grashalme, der geduldigen, unendlichen Empfänglichkeit der Steinmauern, die wie alles andere in Liebe zum Licht vibrierten.

Ich legte mich auf die Stufen vor dem Haus und schaute in den Himmel, der in einem ruhigen hellen Violett zerfloß. Am Horizont bewegten sich zwei lange, schmale, rosa leuchtende Wolken langsam aufeinander zu, um sich im windstillen Spiegel des Abends zu begegnen.

Ich wurde zu diesen zwei Wolken. Sie bewegten sich nicht außen, sondern innen, in der Weite und Luftigkeit meines neuen Bewußtseins. In diesen Augenblicken war ich der ganze Himmel – die Häuser, die Hügel und die Wolken, die sich verzückt über die feine, zitternde Membran aus violettem Licht in mir bewegten.

Dann trafen die zwei Wolken aufeinander, dort am Horizont und hier in meinem Herzen, und die ungeheure Zärtlichkeit ihrer Berührung – wie zwei Luftwale, die sich im violetten Ozean des Lichtes begegnen, um einander zu lieben – explodierte in den Adern meines Körpers und Geistes.

 Am nächsten Morgen ging ich hinauf zu Mas Zimmer. Sie aß gerade ein Stück Toast.
Ich erzählte ihr, was ich gesehen hatte.
«Habe ich das Paramatmanlicht gesehen?»
«Ja.»
Ich beschrieb meine Erfahrung auf den Stufen.
«Das ist dein normales Bewußtsein, nicht wahr?» fragte ich.
«Ja», sagte sie.
«Das Licht dringt in alles, alles ein», stammelte ich. Ma aß weiter.

ॐ Zwei Tage später befand ich mich auf dem Bahnhof in Frankfurt auf meinem Weg nach Florenz, um einen journalistischen Auftrag zu erfüllen. Während ich auf meinen Zug wartete, schaute ich mich in der Bahnhofsbuchhandlung um. Ich hatte keine Lust, Zeitungen oder Illustrierte zu kaufen, und spürte an dem Druck, der sich in meinem Körper und in der Stirn ansammelte, daß ich zu etwas hingeführt wurde. Ich wollte gerade hinausgehen, als mir die Augustausgabe von *GEO* ins Auge fiel. Ich griff mechanisch nach der Zeitschrift, bezahlte sie und nahm sie mit auf den Bahnsteig.

Ich öffnete sie irgendwo, und es verschlug mir beinahe den Atem: Vor mir sah ich eine Fotografie des Andromedanebels, das gleiche Bild, das ich vor Jahren am Grabmal Aurobindos in einer Vision gesehen hatte.

Lange betrachtete ich das Foto und dann den Artikel, den es illustrierte. Er handelte von Spiralen. Im selben Augenblick sah ich vor meinem inneren Auge einen unermeßlich großen, von Sternenlicht erhellten dunklen Raum, in dem sich eine riesige Lichtspirale, weit größer als die Milchstraße, nach oben erhob. Die Dunkelheit und die Spirale waren nicht getrennt: Beide nährten und stützten einander.

Botschaften kamen:

Evolution ist eine Spirale.

Was du mit mir gelebt hast, ist eine Spirale.

Yoga ist eine Spirale.

Zeit ist eine Spirale in der Ewigkeit.

Einzelne Sätze aus dem Artikel sprangen mir ins Auge. «Spiralenwachstum bringt die Tänze des Lebens zu ihrem Optimum.» «Kräfte, die aufeinander stoßen, erzeugen Spiralen.» «Viele Blätter ordnen sich spiralförmig an, um das Licht so gut wie möglich auszunutzen.»

Ich betrachtete die Fotos der verschiedenen Spiralformen in der Natur – im Tanz der Elektronen, in den filigranen Linien, das Wasser im Sand hinterläßt, in der Form des Weihnachtsbaumes – und immer wieder hörte ich Mas Stimme.

Was ich tue, entspringt wie eine Spirale aus dem Herzen der Natur.

Es gibt keinen Unterschied zwischen der Transformation der Materie und der Transformation des Geistes.

Eine Energie; eine Spirale; eine Transformation.

Ich erkannte, daß es der erleuchtete und strebende Geist der Menschheit sein wird, der die Kraft der Mutter, der Shakti, kanalisiert, die im Licht herabkommt. Der Geist wird die Kraft kanalisieren, und der Körper wird darin tanzen, und die ganze Menschheit wird langsam und unaufhaltsam aufsteigen zu einer neuen Identität, einer neuen Kraft.

Während der Zug Florenz entgegenraste, wußte ich, daß die Vision, die mir geschenkt wurde, Tausenden, vielleicht Millionen Menschen auf der ganzen Welt auf unterschiedliche Weise zuteil würde. Die neue Schöpfung kündigt sich in allen Kulturen an, in allen religiösen Traditionen der Welt, in den Träumen ganz normaler Menschen, in Visionen und neuen Kunstwerken.

Ich hörte sie sagen:

Jetzt zeige ich dir das zwanzigste Jahrhundert.

Schaue mit all deinem Mut in seine Dunkelheit.

Ich sah zerschundene, brennende, sich windende, mit Blut befleckte Körper. Ich sah Bomben explodieren, sah die Gesichter wahnsinniger Diktatoren, die die Augen lebender Kinder aufschnitten, sah Folterer über Frauen masturbieren, die sie gerade mit Elektroschocks zu Tode gequält hatten. Ich sah all diese Alpträume aus der Dunkelheit auftauchen und wieder in ihr versinken.

Und dann, als ich nahe daran war, ohnmächtig zu werden, weil ich den Anblick und den Geruch all dieses Grauens nicht mehr ertragen konnte, erkannte ich mit einer Klarheit und einer Gewißheit, die ich in Worten nicht auszudrücken vermag, daß dieser fürchterliche Schmutz, diese alles übersteigende Entartung, diese unsagbare Verheerung, die die ganze Welt erfaßt und vor keiner Kultur haltgemacht hat, Nahrung für das Neue Licht ist.

Die Spirale des Lichts erhebt sich aus der Dunkelheit.

Sie ist gekommen, weil sie die Schreie der Gefolterten und Verstümmelten gerufen haben. Sie ist hier, weil Millionen Tränen und Schreie sie zu ihrer zerrissenen und geschundenen Schöpfung gezogen haben. Das Grauen, das die Menschheit über sich gebracht hat, hat die Menschheit dazu getrieben, nach einer neuen Hoffnung, nach einer neuen Welt zu rufen. Die Tiefe dieses Schreis wird, so sah ich, mit einer Kraft, einer Leidenschaft, einer Intensität des Göttlichen Lichts beantwortet, die direkt dem Herzen des Grauens entspringt und aus seinem Zentrum unbesiegbar emporflammt.

Während mir diese Offenbarungen zuteil wurden, begann die riesige Lichtspirale sich in alle Farben des Spektrums zu verwandeln. In der Mitte dieses Wirbelwinds aus Licht erschien Ma lächelnd, in einem weißen Sari, als wäre sie in ihrem Zimmer in Thalheim. Die Spirale schrumpfte zu einer leuchtenden Schlange zusammen, einer diamantenen Schlange, die sich ihr über die Schultern legte. Und dann sah ich sie wieder wie damals in der Tür in Pondicherry von weißem Licht umstrahlt, als sie sich mir zugewandt und triumphierend gelächelt hatte.

ॐ Ich kehrte von Italien nach Thalheim zurück, das den Sommer mit einer Kirmes feierte. Ein riesiges rotgelbes Zelt mit allegorischen Bildern verschiedener deutscher Landstriche war oberhalb von Mas Haus aufgestellt worden. Die Dorfjungen standen erwartungsvoll an den Getränkebuden herum oder knatterten mit ihren Motorrädern die Straße hinauf und herunter. Nach all den Monaten der Stille war so viel lärmende Fröhlichkeit im Dorf merkwürdig. Einer der eher puritanischen Jünger äußerte sich Ma gegenüber abfällig über das Dorffest. Sie sagte: «Warum sollen die Leute nicht fröhlich sein?» In den nächsten Tagen träumte ich zweimal von ihr, wie sie auf einem rotblauen Pferd Karussell fuhr.

Drei Tage nach meiner Rückkehr bat ich sie um ein Gespräch. Es sollte am Spätnachmittag stattfinden.

Um sechs Uhr begrüßte mich Ma an der Tür. Sie trug einen rotgoldenen Sari, der mit handgemalten roten Blumen verziert war.

Wir saßen zusammen auf dem Sofa. Mas Haar fiel offen über ihren Rücken und duftete intensiv.

«Du bist heute so schön», sagte ich. «Der ganze Sommer leuchtet in dir.»

Sie wandte sich mir zu. Ihr Gesicht war still und leuchtend. Eine Weile schauten wir uns ruhig an.

In der Stille fielen alle Fragen, die ich hatte stellen wollen, von mir ab. Adilakshmi kam herein, und zu dritt saßen wir still und friedlich zusammen. Schließlich begann ich zu sprechen.

«Den ganzen Sommer über hast du mich in dein Herz gezogen, in dein Einssein. Ich sehe allmählich, daß du immer dieselbe bist. Ich habe mich bewegt. Du bist immer stillgestanden.»

Ma sagte leise: «Ich verändere mich nie. Der Körper verändert sich, wird älter. Aber ich verändere mich nie.»

Adilakshmi sagte: «Ma ist alles. Dieser Frieden, den wir spüren, ist der Frieden, aus dem alle Dinge entstehen und in den alle Dinge zurückfallen.» Wieder senkte sich Stille über uns. Ma hatte die Augen niedergeschlagen.

«Wenn ich eins bin mit dir», begann ich wieder, «brauchen wir nicht mehr zu sprechen.»

Ma nickte.

«Aber jetzt darfst du noch sprechen», sagte sie lächelnd.

«Ja», sagte ich. «Ich krieche über deine Wüste der Stille zu dir und komme dir mit jeder wirklichen Frage etwas näher.» Sie schaute nach unten und lächelte noch immer.

Ich erzählte Ma alles, was im Zug nach Florenz geschehen war.

«Manchmal, wenn ich dich spüre, glaube ich, ich bin verrückt.»

Sie lachte. «Nein, du bist nicht verrückt.»

«Das Göttliche ist eine Spirale, und diese Spirale trägt den Menschen mit sich hinauf.»

Ma lachte und machte mit beiden Händen eine Spiralbewegung nach oben.

«Alles, was ich mit dir durchlebt und gesehen und erkannt habe, hast du inszeniert. Ich habe nur empfangen.»

«Aber Empfangen ist eine große Arbeit, nicht wahr? Klar zu sein ist schwer. Du wirst allmählich klar.»

In diesem Augenblick fielen leuchtende Sonnenstrahlen durch alle Fenster ins Zimmer. Ich lachte laut und klatschte in die Hände.

Ma schaute mich amüsiert an.

«Alles spiegelt sich in dir», stammelte ich. «Was außen ist, ist ein Tanz dessen, was in dir ist.»

«Es gibt keinen Unterschied zwischen innen und außen. Alles, was außen ist, ist innen. Wenn du erwachst, erblickst du die ganze Welt in deinem Herzen.»

Stille erfüllte den Raum.

«Mit dir zu sprechen ist wie musizieren. Es gibt Themen, die in Variationen immer wiederkommen, und es gibt lange Pausen, in denen das, was gespielt wurde, nachklingt.»

«Du spielst und hörst zu», sagte Ma.

«Mir wird auch klar, daß so, wie ich mit dir spielen lerne, ich auch lerne, in der Welt und mit der Welt zu spielen. Wenn ich mich für dich ganz und gar öffnen kann, dann kann ich auch für die Welt offen sein. Da ist kein Unterschied.»

«Kein Unterschied.»

«Am Ende werden du und ich und die Wirklichkeit eins sein.»

«Eine Musik. Immer anders und immer gleich.»

«Du wirst mich spielen.»

«Ich werde dich immer stimmen, und du wirst immer zulassen, daß ich dich stimme.»

Sonnenlicht umfloß Ma und fiel auf ihr Gesicht, ihre Hände, ihren Schoß.

Tränen traten mir in die Augen.

«Es ist schwer für einen Menschen, deine Welt nackt zu betreten.»

«Aber du bist nicht nackt. Ich habe dir mein Licht gegeben. Das kannst du tragen.»

Ma stand auf und stellte sich ans Fenster.

Sie wandte sich um und betrachtete mich mit unendlicher Güte, und wieder senkte sich Frieden über den Raum. In diesem Frieden wurden all meine Gefühle und Visionen, meine Gedanken und Meditationen, all meine Erfahrungen der letzten Monate eins und gaben mir die Stärke, zu ihr zu sagen: «Ich weiß, wer du bist, Ma. Du bist die Kraft, die die Welt vereinen kann. Du bist die Kraft, die die neue Evolution bewirkt. Du bist als zartes, einfaches indisches Mädchen zu uns heruntergekommen, damit niemand vor dir Angst zu haben braucht. Du sprichst die universale Sprache der Liebe und der Stille, so daß das, was du sagst, alle Dogmen, alle kulturellen Differenzen und alle Gesetze durchdringen kann.»

Ich kniete mich auf dem Teppich nieder.

«Ich bin hier», sagte Ma. «Jene, die sehen wollen, können sehen. Alles, was getan werden kann, um das Bewußtsein der Welt zu öffnen, wird getan.»

Ich schaute zu ihr auf, wie sie allein und majestätisch am Fenster stand. Das göttliche Licht strömte von ihrem Gesicht, ihren Händen, ihrem Haar.

Das Telefon klingelte.

Ma zuckte leicht und köstlich mit den Schultern. Das Gespräch war zu Ende.

ॐ Am Abend hörte ich *Spem in Alium* von Thomas Tallis. Es ist eine Motette aus dem sechzehnten Jahrhundert für vierzig Stimmen, vierzig unterschiedliche Stimmen. Zum ersten Mal hatte ich das Stück mit Anfang Zwanzig in Oxford gehört, tief erstaunt von seinem vielschichtigen Glanz. Es ist Dantes ‹Paradies› in Musik umgesetzt, hatte ich damals gedacht, ein leuchtendes, wogendes Meer von Tönen, die sich zur Ekstase steigern. An diesem Abend in Mas Haus, als unsere Unterhaltung über Musik und die Musik der Wirklichkeit noch in mir nachklang, hörte ich die Tallis-Motette wie zum ersten Mal, wie mit *ihren* Ohren.

Ich saß in meinem Stuhl mit dem Blick auf Mas Foto und hörte zu. Sobald die Musik einsetzte, begann die Fotografie Lichtstrahlen auszusenden. Das Licht erfüllte meinen Geist und meinen Körper, und ich hörte die Musik nicht außen, sondern im Innern meines Herzens.

Ihre Stimme: *In meiner Stille erheben sich alle Stimmen der Welt in Ekstase. In meiner Stimme werden alle Stimmen der Welt versöhnt.*

Jede Stimme in dieser sublimen Motette sang in vollkommen durchsichtiger ekstatischer Harmonie mit jeder anderen Stimme, so daß immer neue verwandelte Gebilde erleuchteten Klangs entstanden.

In der neuen Schöpfung werden die Seelen so miteinander singen.

Ich hörte, wie sich Spiralen über Spiralen herrlich aufsteigender Töne mit einer Leidenschaft ohne Verhaftung und doch mit äußerster Intensität ruhig aus dem Grund der Stille erhoben, sich in Seligkeit vermischten und schließlich am Ende des Werks in einem langgedehnten Lichterschrei gipfelten, ein Schrei, der nicht aufhört, sondern wie das OM, das ich in Mahabalipuram gehört hatte, ewig durch den Kosmos schwingt.

Ihre Stimme: *Ich bin das Licht, das in die Materie eindringt. Ich bin Materie. Ich bin Materie, die zu mir selbst in Spiralen*

zurückkehrt. Ich bin jedes Geschöpf, das ich trage und ver-
wandle. Das ist die Musik meiner göttlichen Transformation.

Zehn Minuten später ging ich die Straße zu Mr. Reddys Grab entlang und sah, daß mir Ma und Adilakshmi auf der anderen Seite
entgegenkamen. Ich scheute mich plötzlich, an ihr vorbeizuge-
hen, ihrem Blick zu begegnen, hatte Angst davor, in eine weitere
Erfahrung hineingestoßen zu werden, die vielleicht noch mehr
von mir fordern würde als das, was heute schon geschehen war.
Eine Stimme in mir sagte: Mehr kann ich nicht aushalten. Ich
werde zerbrechen. Aber sofort lächelte mein wacheres Selbst.
Warum habe ich immer noch Angst? Weiß sie nicht ganz genau,
wieviel sie mir zumuten kann?

Ma kam auf mich zu, und ich fühlte, wie mein Herz klopfte und
sich zusammenzog, als hätte sie ihre Hand in meine Brust gesteckt und würde es leicht, aber fest drücken. Wellen der Seligkeit
durchfluteten meinen Körper.

Wir gingen aneinander vorbei. Idiotischerweise sagte ich: «Ihr
kommt von Mr. Reddy, ich gehe zu ihm.» Ma drehte sich zu mir,
blieb einen Augenblick stehen und lächelte mit einer so extremen
Intensität, daß ich meine ganze Kraft brauchte, um ihr standhalten zu können. Alles schien in diesem Augenblick zu verschwinden – die Straße, die beiden schwarzen Autos, zwischen denen sie
stand, ihr Körper und Adilakshmis Körper –, nur das Lächeln
blieb. Ich beugte den Kopf vor ihr in Dankbarkeit. Sie nickte leicht
und ging weiter.

Sofort wurde mein Geist vollkommen still und sehr weit. Ich
betrachtete alles, was mich umgab – die Autos, die Gärten, den
schmiedeeisernen Zaun um die Kirche –, als hätte ich es nie zuvor
gesehen und wüßte nicht, was es war.

Langsam ging ich zu Mr. Reddys Grab.

Dabei hörte ich ihre Stimme sagen:

Durch dein Erwachen erwachen alle, die du liebst, ein wenig
mit dir. Alle, die du liebst, sind durch diese Liebe mit dir verbun-
den; sie befinden sich auf derselben aufsteigenden Spirale.

Mein Herz füllte sich mit Freude, denn in diesem Augenblick
wußte ich, daß das Erwachen nichts Persönliches oder Egoisti-
sches ist. Jedes Erwachen strahlt Kraft und Liebe über die ganze
Welt.

Drei dicke alte Frauen kehrten schwatzend den Friedhof. Ihr Geplauder hatte etwas wunderbar Tröstliches und Geheimnisvolles. Ich ließ mich ganz darauf ein, und beim Zuhören stieg Liebe zu diesen Frauen in mir auf, zu jeder Falte ihres Gesichts, ihren alten Händen, ihren bequemen, billigen Kleidern. Ich spürte, wie diese schweigende Liebe in sie eindrang, warm und heimlich. Ich durfte, das merkte ich, in diesen wenigen Augenblicken mit einem kleinen Teil *ihrer* Kraft lieben. Da wußte ich, daß die Kraft der Liebe nicht nur eine Phrase war, sondern daß diese Kraft, sofern sie kontinuierlich wirkte, alles in ihrer Umgebung veränderte.

Ich wanderte weiter zu den Feldern und Wäldern jenseits des Friedhofs. Dort setzte ich mich auf eine Bank, auf der ich oft saß, und blickte auf Thalheim hinunter. Mein Intellekt schwieg.

Als ich mit stillem Geist über die Felder, Hügel und Straßen blickte, wußte ich, daß alles eins war, was in unterschiedlicher Form und Gestalt in Erscheinung trat. Jedes Ding, so wie jede Stimme im Tallis, war fast unnatürlich präzise; nichts verlor seine Individualität, aber jedes Ding bestand aus derselben Substanz, bewegte sich und atmete und leuchtete und trat in und aus demselben unermeßlichen stillen Körper in Erscheinung. Mein Blick ruhte auf dem großen grünen Feld gegenüber, als würde er von einer geheimen Kraft angezogen. Die Umrisse ihres Gesichts wurden sichtbar in großen Strichen aus weißem Licht, als wenn sich die Erde aufgetan hätte, um zu offenbaren, was darunter ist.

Alles das bin ich. Du, der du das anschaust, bist und schaust in mir. Diese Augen, mit denen du mein Gesicht siehst, sind meine Augen. Du schaust dich in mir mit deinen wirklichen Augen an.

Die Sätze stiegen auf und vermischten sich und offenbarten in mir mühelos neue Identitäten, neue Harmonien, wie die Stimmen im Tallis. «Mein» und «Dein» wurde untrennbar, derselbe tiefe ruhige Laut, den unterschiedlich geformte Lippen bildeten.

Als kleines hilfloses Zeichen der Dankbarkeit kaufte ich in einem Blumenladen ein paar rosa Gladiolen für Ma. Etwas unsicher ging ich damit zu ihrem Haus. Ich fragte mich, ob ich sie «sehen» würde und ob sie vielleicht die Erfahrungen mit einer Geste oder einem Blick «beenden» würde.

Ma stand außen vor dem Küchenfenster und reparierte es. Ich

erkannte, daß ich genau das zu tun hatte: mein inneres Fenster in Ordnung bringen, so daß es durchlässig blieb.

Das, was ich dir gebe, mußt du immer ins Gleichgewicht bringen. Integriere es, bring es in die Wirklichkeit.

Ich ging hinein, um die Blumen ins Wasser zu stellen. Dafür brauchte ich eine große Vase und konnte mich nicht erinnern, jemals eine gesehen zu haben, die für diese Blumen groß genug war. Ich ging hinauf in den Darshanraum. Dort, neben ihrem Sessel, standen zwei riesige dunkelrote Krüge, die ich nie zuvor gesehen hatte. Sie müssen irgendwo im Schuppen gewesen sein. Sie hatten die Form von Spiralen.

Neuntes Kapitel

Ende September 1987 kehrte ich nach Paris zurück, um Rechnungen zu bezahlen und alte Freunde, die auf der Durchreise waren, zu treffen. Der Prozeß setzte sich fort. Von Tag zu Tag ging er mir mehr an die Substanz, manchmal so sehr, daß mein Körper sich wie zerfetzt anfühlte und ich mich stundenlang hinlegen mußte in Erwartung neuer Kraft, die immer kam.

In der ersten Nacht zurück in Paris sagte mir Adilakshmi in einem Traum, daß ich immer noch nicht gelernt hätte, mich hinzugeben. Sie sprach freundlich, aber mit einer Klarheit, die mich frösteln machte: «Hinter all deinen Gesten ist immer noch das Ich. Du mußt lernen, um nichts zu bitten.» Beim Aufwachen fühlte ich mich zerschmettert und erkannte die Wahrheit dessen, was sie gesagt hatte. Der Mond leuchtete ins Zimmer. Ich bat Ma, mir zu helfen, mich ganz und gar hinzugeben. «Ich weiß, daß ich mich aus eigener Kraft nicht hingeben kann. Du mußt mir die Kraft dazu schenken.» Dann schlief ich ein.

Nun erschien mir Ma im Traum. Sie trug einen roten Sari, und wir gingen einen schneebedeckten Hang hinauf. Sie gab mir ein Zeichen, mich hinzusetzen. Dann sagte sie: «Was meinst du zu dem Traum, den ich dir gerade gegeben habe, als Adilakshmi gesagt hat...»

Ich erschrak so, daß ich aufwachte. Im ersten Augenblick bekam ich Angst. Dann mußte ich lachen. Wie oft hatte ich sie im Darshan gebeten, mein Bewußtsein in Besitz zu nehmen, in jedem Teil meines Geistes und meines Körpers zu leben?

Zwei Tage später war in der Post ein Buch, daß ich Monate zuvor bestellt und völlig vergessen hatte – Irina Tweedies *Der Weg durchs Feuer*. Tweedies Buch ist der bewegendste und genaueste Bericht einer spirituellen Transformation in den Händen eines großen Meisters, den ich je gelesen habe. Ich verschlang es in den nächsten Tagen in Paris. Es gab so viele merkwürdige und wunderbare Parallelen zwischen unseren Erfahrungen. Ich erkannte die gleichen Zeichen des Wandels – das Hören des Tons, die Tage der Glückseligkeit, das tiefe qualvolle Sehnen, die Anfälle wilden Zorns auf sich selbst und auf alle anderen, wie sie unter dem Streß wirklicher Transformation auftreten, die Durchdringung aller Ebenen des Bewußtseins durch den Meister.

«Es ist die Aufgabe des Lehrers», schreibt Tweedie, «das Herz mit der unauslöschbaren Flamme der Sehnsucht zu entzünden, und es ist seine Pflicht, es so lange am Brennen zu halten, bis es zu Asche zerfällt. Denn nur ein leergebranntes Herz ist fähig zu lieben.»

Ich verstand, was Adilakshmi in meinem Traum gemeint hatte: Ich war noch nicht leergebrannt. Ich verstand auch, warum Ma in einem roten Sari auf dem Schneehang erschienen war: Sie signalisierte mir meinen bewußten Eintritt in ihr Feuer. Meine Aufgabe war es jetzt, ohne Schwanken hineinzugehen und zu brennen.

Als ich vier Wochen später wieder im Flugzeug nach Frankfurt saß, kam mir eine Sufigeschichte in den Sinn, die Tweedie in ihrem Buch erzählte.

Ein König hatte einen Sklaven, den er sehr liebte. Er befahl all seine Sklaven und Höflinge in den Schloßhof. Dort breitete er verschiedene Kostbarkeiten aus. Er sagte: «Berührt irgend etwas, und es soll euch gehören.» Ein Mann berührte einen unschätzbaren Perserteppich, ein anderer einen goldenen Sessel. Sie bekamen, was sie berührt hatten, und zogen singend von dannen. Der Sklave, den er liebte, saß da und tat nichts. Der König fragte ihn: «Was willst du?» Der Sklave kam langsam heran und berührte den König an der Schulter.

Mir wurde klar: Ich mußte zu diesem Sklaven werden. Mein

Streben durfte nicht auf die wunderbaren neuen Kräfte gerichtet sein, mit denen sie meinen Geist und Körper erfüllte, nicht auf die Visionen und spirituellen Offenbarungen, nicht einmal auf das feingesponnene Liebesdrama, das ich mit ihr aufführte, sondern ich mußte sie selbst wollen, ihre Essenz, das Einssein mit ihr.

In allen anderen Zuständen blieb etwas vom Ego erhalten als «Verzückter», als «Akteur im Drama», als «Tänzer», als «Jünger». Nur in der Verschmelzung würde das Ego ganz verschwinden.

«Niemand bekommt jemals mehr, als er will», hatte Irina Tweedies Meister zu ihr gesagt. Ich mußte, das sah ich jetzt, den Mut haben, alles zu wollen, sie zu wollen.

Ich kam an einem bedeckten, ruhigen Nachmittag in Thalheim an und machte mich auf die Suche nach Ma. Sie stand in staubiger Arbeitskleidung mit einer Bohrmaschine in der Hand vor dem Haus. F., der auffallend dünn geworden war, stand grinsend neben ihr.

«Während du dich in der Welt herumtreibst», frotzelte er, «schaffen wir Arbeiter hier wenigstens was.»

Ich konnte meine Augen nicht von Mas Gesicht wenden. Vom Bohren hatte sie Staub in den Haaren. Ohne zu lächeln erwiderte sie meinen Blick und nickte ernst.

So weit so gut. Du hast gesehen und hast verstanden. Auf zum nächsten Teil.

Ich bezog ein neues Zimmer im Parterre mit einem Fenster zur Straße. In der Nacht hatte ich einen Traum, dessen Bilder und dessen Kraft in den nächsten Wochen in vielerlei Gestalt wiederkehrten.

Der Traum begann in einem großen Amphitheater, ähnlich dem Kolosseum. Tausende von Menschen waren da. Es war sehr laut. In einer der Logen, der Kaiserloge, sah ich eine hohle Statue mit einer von Rubinen übersäten, gewaltigen Krone auf dem Kopf. Voller Mut bahnte ich mir einen Weg in die Loge, nahm alle Rubine von der Krone und tat sie in ein Säckchen. Ich betrachtete die Krone, als ich fertig war. Sie war leer und hohl, so unbedeutend wie ein Stück Eisen, das auf einer Baustelle herumliegt. Plötzlich waren die Leute hinter mir her.

Ich hatte nur einen Gedanken: Die Rubine gehören in Wahrheit der Mutter, sie haben die Farbe von Ma, die Farbe der Durga. In diesem Augenblick befand ich mich in einem großen, duftenden Sommergarten, ähnlich dem Garten des St. John's College in Oxford, voller Sonne und Blumen. Ich schlenderte herum, legte mich ins Gras und atmete die reine Luft ein. Ich schloß die Augen und öffnete sie wieder. Da stand Ma, hinreißend schön, in einem rotgoldenen Sari, ihr Haar flatterte im Wind. Links hinter ihr spielte ein kleines Mädchen in einem weißen Kleid.

Ich erhob mich und gab Ma die Edelsteine, die jetzt zu einem großen, ungeschliffenen Rubin geworden waren. Sie lächelte und reichte den Stein ohne hinzuschauen dem kleinen Mädchen zum Spielen. Dann streckte sie ruhig ihre Arme aus und ging lächelnd auf mich zu. Es schien, als würde ich mich in dem brennend-goldenen Licht vollkommen auflösen. Ich dachte: «Das kann ich nicht ertragen. Ich werde sterben», aber ihre Kraft hielt mich fest. Ich hörte ihre Stimme: *Ich liebe dich nicht für das, was du für mich tust oder was du für mich gewinnst. Ich liebe dich nicht wegen deiner Verehrung. Ich liebe dich so, wie du bist, ohne Bedingungen.*

🕉 Ein paar Tage später hatten F. und ich unseren ersten Streit. Nachdem ich den Vormittag mit Lesen und Meditation verbracht hatte, kam ich aus dem Haus, und F. sagte: «Tust du eigentlich jemals was Nützliches?»

Das ärgerte mich, und ich schrie ihn an.

Später kam er in mein Zimmer und entschuldigte sich: «Ich habe doch nur einen Witz gemacht. Ich weiß bei Gott, wie nützlich Meditation ist.»

Er setzte sich auf mein Bett.

«Wir gehen beide durch eine harte Phase. Wir sollten freundlich zueinander sein.»

«In meinem ganzen Leben», sagte ich, «habe ich mich nicht so angespannt gefühlt.»

«Mir geht es auch so. So viel verändert sich.»

Draußen begann jemand Löcher in die Wand zu bohren. Wir schauten einander an.

«Mein Körper verändert sich», sagte er ruhig.
«Es ist erstaunlich, wie dünn du geworden bist, seit ich das letzte Mal hier war.»
«Das ist es nicht allein. Mein Körper verändert sich.»
Ich starrte ihn an. «Was meinst du damit?»
«Ungefähr vor zwei Monaten kam ich nach der Arbeit ins Haus, und diese Kraft überfiel meinen Körper. Es war fast so, als hätte mich ein Tiger angesprungen. Ich bekam Angst. Ich ging in mein Zimmer und legte mich hin. Feuer lief meinen Körper hinauf und hinunter, sehr intensiv. Danach fühlte ich mich sehr weich und entspannt. Das geschah wieder und wieder. Was geht in mir vor? fragte ich sie im stillen. Langsam erkannte ich: Mein Körper wird transformiert. Das Licht dringt in meinen Körper ein, um ihn zu verwandeln. Ich erkannte auch, daß mir das deswegen Schmerzen verursachte, weil ich in einem schlechten Zustand war. Ich war in den letzten Jahren dick geworden. Ich mußte abnehmen, um der Kraft Raum zu geben.»
Er hielt inne.
«Ich bin jetzt seit acht Jahren bei ihr, aber in den letzten Wochen, scheint mir, habe ich endlich etwas verstanden. Diese Kraft, die sie herunterbringt, wird alles verändern.»
Wir schwiegen und lauschten dem Verkehr.
«Wir gehen durch ähnliche Transformationsprozesse», sagte F. «Wehe, du überholst mich!»
Das Bohren draußen wurde lauter und hörte dann auf.
«Ich habe mir gern vorgestellt», sagte ich, «wie ich im Schneidersitz ungestört in einem Kloster in Ladakh sitze. Aber die Verwandlung, um die ich gebetet habe, geschieht beim Lärm einer Bohrmaschine in einem deutschen Dorf.»
F. stand schweigend auf.
«Auf was wartest du?» fragte ich ihn.
Wieder setzte das Bohren ein.
«Auf das», sagte er grinsend.

 Am Nachmittag ging ich im Regen spazieren. Ich spürte, wie beim Laufen Frieden in meinen Körper einkehrte. Das Grau der Landschaft erschien mir jetzt süß und sanft wie alte chinesische Seide. Voller Liebe ging ich in den grauen Nebel hinein, in den Schlamm, in den strömenden Regen. Der kalte Wind blies mir ins Gesicht. Noch vor einer halben Stunde hätte ich die Zähne zusammengebissen und mich in meinem Mantel verkrochen, jetzt war es eine köstliche Empfindung.

Dann sah ich es für einen Augenblick. Alle Bäume und Felder strömten weißes Licht aus, das Licht, das ich im Darshan gesehen hatte und das von ihrer Fotografie strahlte.

Ich begann langsam, die Wirklichkeit bewußt als göttlich wahrzunehmen, als eine Emanation von Licht.

ॐ Am nächsten Abend setzte in F.s Zimmer eine Reihe von Erfahrungen mit dem göttlichen Licht ein, die in ihrer Heftigkeit und Intensität zunahmen. F. hatte über seinem Bett ein neues Foto von Ma, eines, auf dem sie nicht lächelt. Ihre Augen sind wie flüssiges Metall. Sie trägt einen lila Sari mit einer langen Perlenkette um den Hals, die an die Kette aus Totenschädeln erinnert, die Kali auf mittelalterlichen bengalischen Gemälden trägt. Ich hatte das Foto nie zuvor gesehen, und es erschütterte mich.

Während F. die Zeitung las, meditierte ich auf seinem Bett vor dem Foto. Bald strömte brennend goldenes Licht aus Mas Gesicht. Das Gesicht schwamm im Feuer auf mich zu, verschwand in mir und tauchte wieder auf, dabei wurde seine wilde Schönheit stärker und stärker. Das ganze Zimmer, das ich in seiner Junggesellenunordnung so gut kannte, verschwand in Wellen kochenden goldenen Lichts.

Das Gesicht nahm seine Kraft zurück. F. stellte die Tagesschau an, und ich ließ mich durch die Ereignisse des Tages, die ich mit überscharfer Aufmerksamkeit betrachtete, langsam wieder in die Realität zurückbringen.

In den zwei folgenden Wochen kam das Licht wieder und wieder, manchmal zehn- oder zwölfmal täglich.

Es kündigte sich dadurch an, daß ich plötzlich *ihren* Ton in der Luft summen hörte. Daraufhin strömte von einem ihrer Fotos das Licht, ein diamantweißer Sturzbach, der mich zwang, mich hinzusetzen oder hinzulegen, wo immer ich gerade war. Ich mußte mich dem Licht vollständig preisgeben. Es blieb mir nichts anderes übrig.

Meine instinktive Reaktion war oft tiefes Erschrecken, aber mit dem Licht kam Wissen. Das göttliche Licht wirkte in mir, um mich direkt zu lehren. Ich nannte das Licht meinen Löwen. Es konnte jeden Augenblick hervorspringen und mich mit seinem Leuchten attackieren.

Ich hatte jetzt den heiligsten Punkt meiner Reise erreicht. Aurobindo spricht davon, daß die Zeit kommt, da das Göttliche zeigt, daß es das Opfer des Suchenden angenommen hat und seine spirituelle Disziplin selbst übernimmt: wenn das Licht, anstatt sich zu verbergen und nur gelegentlich aufzublitzen, immer konstanter gegenwärtig ist und für das nackte physische Auge sichtbar wird. Alle Rechtfertigungen für meine Ignoranz, alle Fantasien von Ungenügen oder Verlassensein wurden mir jetzt genommen.

Wiederholt kam mir etwas in Erinnerung, was ich in meiner Kindheit in Indien gesehen hatte: ein Baum in unserem Garten in Hyderabad war mehrmals nacheinander vom Blitz getroffen worden und hatte sich wie in Verzückung den Blitzen zugedreht und jeden Zweig und jedes Blatt dem Feuer entgegengestreckt, das ihn zerstörte. Ich war jetzt dieser Baum, indem ich mich ganz und gar dem Feuer hingab, das mich bei lebendigem Leib verzehrte. Ich wußte, daß mein Sein jetzt unumkehrbar DEM zugewandt wurde, so wie jener Baum. Diese Gewißheit und die Seligkeit, die damit einherging, halfen mir, das Leiden zu ertragen, das damit verbunden war, und mich dem Licht wieder und wieder ohne Angst auszuliefern. Schrecken verwandelte sich in Durst nach der Herrlichkeit seiner Gegenwart, wie vernichtend sie auch sein mochte; Durst und eine Dankbarkeit so immens wie das Feuer selbst.

🕉 Mitten in dieser Zeit des Brennens traf ein Buch von einem Freund aus England ein, das den Prozeß ganz genau beschreibt: *Lebendige Liebesflamme*, von Johannes vom Kreuz.

Johannes vom Kreuz vergleicht die Seele mit einem Holzscheit, das zuerst vom Feuer durchdrungen und dann von ihm verzehrt wird. Das Holz ist am Anfang immer feucht und schmutzig und muß erst vom Feuer vorbereitet werden, bevor es eindringen kann.

In diesem Buch fand ich Anleitung, wie ich das Gefühl der Vernichtung, das das Feuer mit sich brachte, das Gefühl der Hilflosigkeit und Unwürdigkeit, der Erschöpfung und des Ekels vor mir selbst ertragen konnte.

«In diesem Gang durchs Fegefeuer ist die Flamme nicht leuchtend für die Seele, sondern dunkel. Sie ist auch nicht süß zu ihr, sondern kummervoll; denn obwohl sie zeitweilig in sich die Hitze der Liebe entfacht, ist dies von Qual und Betrübnis begleitet. Sie ergötzt die Seele nicht, sondern ist trocken und reizlos; sie bringt keine Erfrischung und keinen Frieden, sondern verzehrt sie und klagt sie an; auch ist die Flamme nicht herrlich, sondern macht die Seele elend und bitter durch das spirituelle Licht der Selbsterkenntnis, das sie auf die Seele wirft.»

Das Feuer ist ein Spiegel, in dem all die Grausamkeiten und all der versteckte Irrsinn des Egos sichtbar werden, ohne die Möglichkeit, auszuweichen oder Trost zu finden. Ich durchlebte erneut die lange Zeit des Verrats an *ihr*, all die Arten und Weisen, wie ich immer noch versuchte, sie zu benutzen oder ihr auszuweichen, den Jammer meines sexuellen und kreativen Lebens, den hartnäckigen Hochmut, den ich in mir gezüchtet hatte.

In all der Qual konnte ich ihre Gnade und Barmherzigkeit nie vergessen. Ich wußte, daß eine Kraft von solcher Liebe wie die ihre niemals verwunden würde, es sei denn, um zu heilen; mich nie entblößen würde, es sei denn, um mich danach in Herrlichkeit und Pracht zu kleiden; mich nie in Schmerzen würde aufschreien lassen, es sei denn, um mich durch diesen Tod auf ein unendlich reicheres Leben vorzubereiten.

Das Feuer der Liebe reinigt das Holz und dringt dann ein. Die Seele, die vor Kummer und Scham fast gestorben ist, stirbt jetzt beinahe an der Liebe, die sie in sich eindringen fühlt und die ihre geheimste, innerste Kammer öffnet. Sie weiß in diesem Augenblick mit innerster Gewißheit, daß sie eins wird mit ihrer Quelle, dem Feuer ewiger Liebe und ewigen Wissens.

«Denn insofern, als diese Flamme eine Flamme des Göttlichen Lebens ist, verwundet sie die Seele mit der zärtlichen Güte des

Lebens Gottes; und sie verwundet sie so tief und erfüllt sie mit solcher Zärtlichkeit, daß sie in Liebe zergeht, so daß in ihr erfüllt werde, was der Braut im Lied der Lieder widerfahren ist: Sie empfing so große Zärtlichkeit, daß sie zerschmolz.»

Während dieser ungewöhnlich langen Phase der spirituellen Entrückung konfrontierte mich Ma wieder mit dem schlimmsten Zug meines Charakters – mit meinem Stolz.

Es war mir zu jener Zeit ein großes Bedürfnis, das mitzuteilen, was ich von Mas Herrlichkeit erfuhr, aber mir wurde innerlich zu verstehen gegeben, daß ich ab jetzt über den Prozeß zu schweigen hätte. Zu anderen als Ma und Adilakshmi darüber zu sprechen hätte Hohn, Entrüstung oder Neid hervorgerufen und gefährlich werden können.

Anstatt mir, wie beabsichtigt, Sicherheit zu geben, kochte ich vor Wut über dieses aufgezwungene Schweigen. Da mir meine eigene Feigheit und subtile Treulosigkeit überdeutlich wurden, sah ich auch nichts als Feigheit, Depression, Ausweichen und Faulheit in den Menschen meiner Umgebung. Da ich einen Teil meines eigenen Charakters in dieser neuen Intimität mit dem Licht als unerträglich empfand, waren mir auch alle anderen unerträglich. Ich mußte erkennen, daß ich fast jede menschliche Beziehung, die ich je gehabt hatte, durch Ungeduld mit der menschlichen Unvollkommenheit und einem Wüten gegen menschliche Trägheit und Dummheit verdüstert hatte. Ich mußte erkennen, daß diese Wut selbst neurotisch war, ein Ausweichen vor der schwereren Arbeit der Liebe und vor meiner eigenen Dummheit, die sich in subtilere Formen kleidete. Ich mußte fürchten, daß sich unter meinem Verlangen, andere von der Schönheit, die mir offenbart wurde, zu begeistern, ein geheimer Wunsch verbarg, sie zu beeindrucken, ja vielleicht sogar sie durch meine leidenschaftliche Erfahrung mit *ihr* herabzusetzen; es konnte auch ein Bedürfnis nach spiritueller Macht verborgen sein, das genauso gefährlich war, wenn nicht gefährlicher als die alltägliche Stumpfheit der anderen; ja, es konnte ein Rachebedürfnis dahinterstecken für all die Monate der Langeweile oder der Gereiztheit, die das Zusammenleben mit den anderen für mich bedeutete, was ja schließlich nicht allein ihre Schuld war, sondern ebenso aus der Unausgeglichenheit meines eigenen Temperaments entsprang.

Doch jedesmal, wenn ich das Gefühl hatte, daß die Schwierigkeiten der Veränderung zu groß waren, kam das Licht herab und riß mich fort zu einem Ort, wo ich den Tod des alten Egos wie ein Zuschauer beobachten und manchmal sogar darüber lachen konnte.

🕉 In der Mitte dieser Phase kam Raju, der jüngere Bruder Mas aus Indien, um bei ihr und Adilakshmi zu leben. Ma trug mir auf, ihm Englischunterricht zu geben.

Raju erinnerte mich an die schlaksigen indischen Jungen mit großen Augen, mit denen ich als Kind gespielt hatte, und er wuchs mir ans Herz. Wir gingen in der Herbstsonne spazieren, und ich lehrte ihn *Kuh* und *Schaf* und *Mauer* und *Bach* und erlebte dabei erneut das Wunder der Sprache. Die Stunden mit ihm gaben den Tagen, die ich außerhalb der Zeit erlebte, einen Angelpunkt und brachten sie ins Gleichgewicht.

Ich schrieb: «Indem Ma mich Raju unterrichten läßt, zeigt sie mir, was sie tut – mich eine Sprache lehren mit Regeln, Deklinationen, wunderbarer Präzision. Sie zeigt mir, daß es eine ebenso normale Aktivität ist, wie mit Raju über die Wiesen zu gehen, ihm Blumen und Tiere zu zeigen, die er vielleicht noch nie gesehen hat, ihm ihre Namen zu erklären und mit ihm zu ertragen, daß er sie falsch ausspricht, bis er gelernt hat, sie richtig auszusprechen.»

Diese Stunden mit Raju gaben mir auch die Möglichkeit, Ma zu sehen, wenn ich es brauchte. Es war unaussprechlich tröstlich, sie von der Gartenarbeit hereinkommen zu sehen, mit ihr schweigend Tee zu trinken, über das Wetter zu sprechen oder über den Entwurf eines neuen Hauses, das sie bauen wollte.

Jedesmal, wenn ich hinaufkam und sah, wie sie ihre Stiefel auszog oder, die Lippen gespitzt, die Tür eines Schranks reparierte, mußte ich erkennen, daß der Prozeß, in dem ich mich befand, sowohl voller Wunder war wie auch ganz normal.

«Die Angst geht weg», sagte ich eines Tages zu ihr, und damit seit Tagen einmal wieder etwas Ernstes.

«Sie wird weggehen», sagte sie, ohne von ihrem Buch aufzuschauen.

«Ich komme endlich zur Vernunft.»

Sie lachte und las weiter.

«Darf ich morgen abend um acht Uhr mit dir sprechen?»

«Warum nicht?»

Am nächsten Abend begrüßte mich Adilakshmi an der Tür. Ma saß mit dem Rücken zu uns in einem grünroten Sari auf dem Sofa. Ich setzte mich ihr gegenüber und betete zu ihr, mir Klarheit zu schenken.

Ich fragte sie: «Ist es wahr, daß jeder, der sich dir hingibt, ähnliche Erfahrungen haben wird wie ich, je nach seinem Temperament und seinem Rhythmus?»

«Ja. Vieles wird gleich sein. Der Schwerpunkt liegt manchmal anders.»

«Mein Temperament ist leidenschaftlich und dramatisch, und so hast du mich auf diese Weise gelehrt. Jemanden mit einem ruhigeren Temperament würdest du anders lehren.»

«Ja, ja» – Ma lachte – «du bist feurig.»

Ich schaute auf ihre Hände, die still in ihrem Schoß lagen.

«Du wirst nie müde, Dinge zu wiederholen, wenn ich versage.» Meine Stimme zitterte.

«Versagen ist nicht wichtig. Jeder hat Zeiten, in denen er versagt. Jeder macht Fehler. Aber das darf dich nicht entmutigen. Du darfst niemals denken ‹Das kann ich nicht›. Du mußt wissen, daß nicht du die Arbeit machst, sondern die Mutter. Du mußt an sie glauben.»

Sie öffnete die Hand. «So mußt du arbeiten.»

Ich betrachtete ihre Finger. Sie waren ohne jede Spannung.

«So zu arbeiten», sagte ich, «erfordert absolutes Vertrauen.»

Ma nickte.

Tränen traten mir in die Augen. «Ich habe mich niemals von dir gezwungen gefühlt. Ich war verblüfft, erstaunt, ich hatte Angst – aber niemals habe ich Zwang gespürt.»

«Das Göttliche zwingt niemals. Das Ego zwingt. Das Göttliche ist geduldig.»

«Das Göttliche zwingt den Menschen nicht, weil es weiß, daß der Mensch göttlich ist. Das Göttliche wendet keine Gewalt gegen sich selbst an.»

Dann sagte ich: «Wenn dieser Prozeß vollendet ist, werde ich dann als dein Kind der Meister meiner eigenen Evolution sein?»

«Ja. Ich zünde eine Flamme an», sagte sie und schaute mir direkt in die Augen. «Ist die Flamme einmal entzündet, kann nichts sie auslöschen.»

Ich hatte nichts mehr zu sagen. «Darf ich morgen wiederkommen?» fragte ich schließlich.

«Du darfst kommen, wann du willst.»

In dieser Nacht träumte ich, daß ich in einen leeren Saal kam, an dessen Ende Ma vor zwei Gefäßen mit dunkler, blutiger Flüssigkeit stand.

Ich erkannte, daß diese Gefäße das ganze Übel und das ganze Leiden der Welt enthielten, alles, was in der Menschheit das Göttliche haßte und dem Licht widerstrebte.

Ruhig, den Blick auf mich gerichtet, hob sie beide Gefäße an die Lippen und trank. Ich war entsetzt. Ihr Körper veränderte seine Farbe, fiel ein, krümmte sich und wurde rissig unter dem Grauen, das sie in sich aufnahm. Ich wollte zu ihr, aber meine Füße waren wie festgenagelt.

«Ma», schrie ich, «Ma», und schloß die Augen.

Als ich sie wieder öffnete, stand sie ebenso ruhig vor mir wie zuvor und ebenso schön. Sie deutete auf die Schalen, die noch immer vor ihr standen. Darin war eine Flüssigkeit, wie ich sie nie gesehen hatte, golden und leuchtend.

«Trink selbst davon», sagte sie, «und gib diesen Wein dann allen anderen. Er wird jetzt nie versiegen.»

Ich beugte mich über die strahlend goldene Flüssigkeit und sah in diesem Spiegel ihr Gesicht und meines in ihrem. Während ich schaute, verschwand mein Gesicht und machte Raum für Gesichter aller Nationalitäten, aller Farben, aller Typen. Ihr Gesicht blieb.

«Was du trinkst, werden alle trinken. Ich habe diesen Wein der Mutter für die Welt zubereitet.»

Ich erwachte mit einem Gefühl der Ehrfurcht und einem Empfinden für das Leid, das Ma auf sich genommen hatte, den Preis, den sie in jedem Augenblick dafür bezahlte, hier zu sein. Ich rief mir all die Augenblicke in Erinnerung, in denen ich die Tiefe ihres Opfers erahnt hatte – Adilakshmi: «Ma ist immer allein.» Mr. Reddy: «Du kannst dir nicht vorstellen, was sie in ihrem Körper durchgemacht hat. Ich habe es gesehen.» F.: «Ohne ihr Hiersein wäre das alles unmöglich. Stell dir vor, was sie aufgibt.»

Ich faßte den Entschluß, sie heute abend nach ihrem Leiden zu fragen. Ich wußte, daß ich damit die intimste Frage stellen würde, die möglich war, aber ich mußte es tun. Ich mußte es wissen, damit meine Liebe zu ihr allumfassend werden konnte.

Ma begrüßte mich an diesem Abend in einem roten Sari.

Sie saß auf dem Sofa, und ich saß neben ihr.

Lange konnte ich nichts sagen. Dann begann ich: «Ich möchte dich nach deinem Leiden fragen, an was du leidest und warum. Die Worte klingen lächerlich, wenn ich sie ausspreche. Verzeih mir.»

Sie lächelte. «Es gibt nichts zu verzeihen. Du willst verstehen.»

«Ja», sagte ich. «Ich will verstehen, um mehr lieben zu können.»

Wir saßen lange in sanftem Schweigen nebeneinander.

«Du als Avatar hast dich für die Arbeit der Transformation entschieden, wohl wissend, daß es sehr schwer sein würde.»

«Ja.»

«Du wußtest, daß sich die bösen Kräfte gegen dich auflehnen würden, der ganze Widerstand und Irrsinn im Gehirn der Menschen.»

«Ja», sagte sie leise, «das wußte ich alles.»

«Du wußtest auch, daß du im Körper, im menschlichen Körper, all das Leiden durchleben mußt, das nötig ist, um das Licht herunterzubringen.»

«Ja.»

«Ich verstehe jetzt, daß es für die Transformation notwendig ist, Schmerz zu ertragen.»

«Es wird Schmerz geben. Du mußt ihn ertragen.»

«Aber der Schmerz, den du erträgst, ist sicher größer als mein menschlicher Schmerz wegen der Göttlichen Gegenwart in dir.»

Ma schaute auf ihre Hände und sagte sehr, sehr leise: «Für körperlichen Schmerz gibt es Medizin. Welche Medizin gibt es für Göttlichen Schmerz?»

Ich hatte sie noch niemals über irgend etwas klagen hören. Das Ausmaß dessen, was sie sagte, schnitt mir ins Herz.

«Oh, Gott», rief ich aus. Wir schwiegen lange.

Ma schaute weiter auf ihre Hände.

«Ich wollte mir dein Leiden manchmal nicht vorstellen», sagte ich schließlich, «weil ich mich deiner Liebe nicht gewachsen fühlte. Manchmal sagen deine Jünger: ‹Ma ist göttlich, sie leidet nicht, sie ist jenseits von Leiden›, aber das ist nichts anderes als Ausweichen vor dem, was du bist, ist Feigheit. Sie – wir – wollen uns deiner Liebe nicht stellen und nicht dem, was wir auf uns nehmen müssen, um uns zu verwandeln.»

«Du mußt ertragen», sagte Ma ruhig.

«Dein Leiden ist aus Liebe geboren und wird immer in die Seligkeit der Liebe verwandelt, nicht wahr?»

«Ja.»

«Indem du es dem Höchsten darbringst, transformierst du Leiden in Seligkeit?»

«Es gibt kein Darbringen. Leiden kommt vom Höchsten. Sowohl Licht wie Schmerz kommen von dort. Ich muß den Schmerz annehmen. Der Avatar hat ein Dharma, eine Pflicht wie jeder andere. Du bist Lehrer. Du mußt den Schmerz des Lehrerseins ertragen. Ein Avatar muß den Schmerz ertragen, ein Avatar zu sein. Das ist mein Teil in dem Spiel. Ich muß ertragen, was immer kommen mag. Ich muß alles annehmen.»

«Und indem ich sehe, wie du deinen Schmerz für deine Arbeit erträgst, werde ich lernen, den Schmerz zu ertragen, den meine Arbeit mit sich bringt. Ich werde lernen, wie ich ihn dir darbringen kann.»

«Ja», sagte sie sanft, «du hast die Möglichkeit, deinen Schmerz zu mir zu bringen.»

Sie hielt inne und sagte fast lautlos: «Aber ich kann meinen Schmerz niemandem bringen.»

In all den Jahren unserer Liebe war dies der Augenblick, in dem ich mich ihr am nächsten fühlte. Ich wollte ihre Hände nehmen und sie küssen, aber ich wußte, daß eine solche Geste absurd war. Sie hatte ihren Schmerz so vollständig und mit solcher Klarheit angenommen, daß er jenseits von Mitleid war. Sie war in ihrer Majestät allein und würde es immer bleiben.

Lange Zeit gab es nichts zu sagen.

Dann brach Ma das Schweigen: «Auch du mußt lernen, das notwendige Leiden mit Freude zu ertragen und alles, was ich dir schenke, weiterzuschenken. Die, die innerlich am reichsten sind, geben am meisten; das ist der göttliche Weg.»

Sie lächelte, hob den zweiten Finger der rechten Hand und bewegte ihn sanft hin und her. «Kein Entkommen, Andrew, kein Entkommen.»

Sie stand auf. Das Gespräch war zu Ende. Ich blieb in der Tür stehen, um sie noch einmal anzusehen. Sie wandte sich um, schaute mich an und sagte:

«Du darfst keinen Augenblick dieser Stunden vergessen, die du mit mir verbracht hast.»

«Erfülle jeden Winkel meines Geistes und meines Seins mit dir.»

Sie nickte.

«Ich bitte dich, meinen alten Geist zu töten und ihn mit nichts anderem als mit dir zu erfüllen.»

Sie nickte noch einmal, senkte den Blick, und ich verließ das Zimmer.

ॐ Ein paar Stunden später, unfähig zu schlafen, ging ich hinauf in den Wald. Über die Hügel wölbten sich große Bögen Göttlichen Lichts. Der Weg vor mir leuchtete und vibrierte wie ein leuchtender Fluß.

Wie auf Befehl wandte ich meinen Kopf zur Seite und schaute in eine Senke, in der ich oft gesessen hatte. Ein Komet aus strömend weißem Licht fiel hinein.

Das ist mein Licht. Es fällt auf die ganze Erde und erfüllt alles, was es erfüllen kann.

Ich kniete mich im Schnee nieder.

Bleibe auf den Knien. Schau nach vorne.

Langsam, mit wundervoller Zartheit strich verschiedenfarbiges Licht über die weite Schneefläche vor mir – tiefes weiches Rot, Rosa, Weiß, ein Grün, das weicher und duftender war als junge Birkenblätter.

Die Mutter spielt mit ihrem Kind. Unsere Spiele werden jetzt Spiele des Lichts sein.

Es folgten turbulente Tage. Ich war erstaunt. Nach den beiden wunderbaren Gesprächen mit Ma hatte ich mir eingebildet, es würde nun, wenn nicht leicht, so doch wenigstens sehr viel glatter weitergehen als zuvor. Das war eine Illusion meines Egos. Ich mußte wieder und wieder gereinigt werden.

Eines Nachmittags ging ich hinaus ins Freie, weil ich meinen Geruch und meine eigene Gesellschaft nicht mehr ertragen konnte. Es war dunkel und grau, und plötzlich brodelte mein ganzer unterdrückter Haß auf eine bestimmte Seite Deutschlands in mir auf. Ich verfluchte den Regen, die Düsternis der Städte, die Depression und Verzweiflung, von denen fast jedes Gesicht gezeichnet war. Ich verfluchte die Wehleidigkeit von X., die Stumpfsinnigkeit von U., die trübsinnige Blödheit, die sich wie Sumpfgas bei dem sinnlosen Gequatsche in der Küche und sonstwo ausbreitete. Jeder andere Ort auf dieser Erde wäre mir recht gewesen, warum mußte ich in dieser kranken Atmosphäre mit Leuten zusammen sein, die nichts als Ausflüchte im Kopf hatten. Ich ging die düstere Allee hinauf, und meine Wut verwandelte sich in Panik, die mir mehr Angst machte als jede andere Panik zuvor.

Bilder stiegen in mir auf – Bilder von Konzentrationslagern, die ich bei meinen bisherigen Aufenthalten in Deutschland in mir unterdrückt hatte. Ich bestand nur noch aus Panik, die Panik jener, die unter ähnlich dunklem Himmel in den Gaskammertod geführt wurden. Ich erkannte, daß ein Großteil meines Wütens gegen die deutschen Anhänger von Ma meine Angst vor dem Schatten der Nazivergangenheit war; meine Wut auf ihre Depression war eine Wut auf die Quelle dieser Depression – die Schuld am Holocaust, die so tief war, daß sie nicht eingestanden werden konnte. Um dieser Wut in mir zu begegnen, mußte ich meine Angst vor dem, was geschehen war, durchleben.

Mit dieser Einsicht verwandelte sich die Erfahrung. Ich verstand, daß meine Wut selbst bestialisch war, daß ich mein Entsetzen auf die Bäume, auf die Wolken und den Himmel projizierte, die mir bedrohlich nah zu kommen schienen. Der Ekel, den ich an diesem Nachmittag empfand, war mein eigener, nach außen projizierter Horror. Angst und Haß hatten die Gaskammern geschaffen; meine Angst und mein Haß erzeugten die Gaskammer, in der ich jetzt zu ersticken glaubte. Ich erlebte die Kraft des Geistes, Realität zu erzeugen, unmittelbar: Jede Welle der Wut wurde von einer Welle der Dunkelheit beantwortet, die von den Bäumen und dem schlingernden Weg vor mir auf mich zurückzufallen schien.

Mein Irrsinn und der deutsche Irrsinn und der Irrsinn des Westens waren nicht voneinander getrennt; sie waren alle Teil desselben irrsinnigen Geistes, der die Ozonschicht zerstört, die Regenwälder niederbrennt, jede Landschaft verdreckt, jedes Meer, den Geist jedes Kindes, in jeder Kultur.

Wenn ich gegen diesen bösen Geist mit Wut und Hohn ankämpfte, dann würde ich die Dunkelheit nur unter einer anderen Perspektive zum Ausdruck bringen; ich wäre das Opfer meines eigenen Terrors. Ma zeigte mir den Killer, der immer noch in mir lebendig war und das Kind töten wollte, dem sie zur Geburt verhelfen wollte.

Ich mußte die Herrschaft dieses Killers in mir ein für allemal brechen, wenn das Kind in mir geboren werden sollte. Erst dann würde das Schwanken der Bäume keine Übelkeit mehr in mir erregen, erst dann würde mir die Stärke gegeben, die unvermeidbare Zerstörung dieser sterbenden und verängstigten Zivilisation zu ertragen. Um diese Stärke zu gewinnen, muß jede Bewegung des Hasses enden, muß jede Bewegung von Panik oder Angst aufhören.

Die Erfahrung ließ nach. Der Nachmittag wurde ein gewöhnlicher Winternachmittag: meine Zuneigung zu X. und U. kehrte zurück; die Bäume hatten wieder ihre in sich ruhende Wahrhaftigkeit. Ich spürte die nasse Erde unter meinen Füßen und hörte das Gezwitscher der Vögel über den Feldern.

An diesem Abend betete ich im Darshan: «Töte den Killer. Ich bin bereit.» Endlich war es mir ernst.

In dieser Nacht hatte ich einen Traum, der gleichzeitig komisch und angsterregend war; er signalisierte mir das Ende einer Form meines kreativen Lebens.

Er begann damit, daß ich mit einem berühmten russischen Dichterfreund zusammensaß, der Mystik haßt, zuviel trinkt und der Gottheit der Ironie huldigt. Er schaute mich aus schmalen Augenschlitzen über den schlecht erleuchteten Tisch an und drängte mich, mehr und mehr Brandy zu trinken. Ich fühlte mich schwach und idiotisch und tat es. Brillant und humorvoll wetterte er gegen Gott, und ich mußte einfach lachen. Ich wurde zunehmend betrunkener. Plötzlich lehnte er sich über den Tisch zu mir und fragte höhnisch: «Und wer ist dein Meister?»

Ich wußte sofort, daß ich entweder die Wahrheit sagen mußte oder alles verraten würde, was ich gelebt hatte. Die Wahrheit zu sagen hieß aber, daß sich dieses ganze gallige Kanonenfeuer, über das ich gelacht hatte, gegen mich richten würde.

«Ich habe keinen Meister», sagte ich und fühlte mich elend.

Aber er packte mich am Kragen und fragte wieder: «Wer ist dein Meister?»

Ich erinnerte mich an Mas Gesicht, an ihre Schönheit und Einsamkeit, als sie gesagt hatte: «Welche Medizin gibt es für Göttlichen Schmerz?»

«Mein Meister», sagte ich ruhig, «ist Mutter Meera.»

In diesem Augenblick flog die Tür des leeren Saales, in dem wir saßen, auf, so daß die Lampe auf dem Tisch zersprang. Im Mondlicht sah ich in der Tür einen völlig schwarz gekleideten Mann auf einem Pferd sitzen, über das mein Körper hing.

Entsetzen packte mich. Aber dann sagte eine Stimme: *Schau dir den Körper an*. Er bestand aus Pappmaché mit roten Farbflecken darauf, und das Pferd, das zuerst stark ausgesehen hatte, wie ein Pferd aus der Hölle, war eine Maschine aus dunkelgrünem Plastik.

Schweißgebadet wachte ich auf.

Aber ich bin nicht tot, lachte ich. Ich bin lebendiger als je zuvor.

Am nächsten Tag gegen Abend saß ich auf einem Jägerstand am Waldrand.

Drei junge Rehe traten aus dem Schatten heraus, gingen langsam über das Feld und legten sich fünfzig Meter entfernt in die

Blätterhaufen, die der Wind zusammengetrieben hatte. Lange Zeit lagen sie dort still und bewegungslos wie unter einer Lichtglocke, die das Abendlicht schützend über sie stülpte und die gleichzeitig aus ihrem eigenen Frieden zu entstehen schien.

Sei wie sie, hörte ich sie sagen. *Geh mit Würde in deinen eigenen Glanz.*

ZEHNTES KAPITEL

Am nächsten Nachmittag ging ich um drei Uhr hinauf, um Raju
Englischunterricht zu geben. Er hatte nichts getan, aber improvi-
sierte mit Geschick. Ma saß gegenüber im Stuhl und hörte zu. Sie
las ein englisches Buch und sagte die Worte vor sich hin. Ab und
zu beugte sie sich vor, lächelte und übersetzte das, was ich Raju
verständlich machen wollte, auf Telugu. Manchmal lachte sie
still in sich hinein. Sie trug einen der Saris, die Adilakshmi bemalt
hatte – mit großen roten Blüten –, und darüber einen weiten braunen Pullover. Ihre Haare waren offen.

Als die Stunde vorbei war, wollte ich gehen, aber Ma lud mich
zum Tee ein.

Ich schaute zu ihr hinüber. «Du weißt, daß ich dir Fragen stellen
werde, wenn ich bleibe. Ich kann's nicht ändern, Ma.»

Sie wurde ernst. Das schöne entspannte Mädchen, das sie noch
vor einem Augenblick gewesen war, verwandelte sich in eine äl-
tere Frau mit ruhigen tiefen Augen.

Der Raum wurde still.

«Ich wollte dich fragen, wie deine Gnade funktioniert.»

«Wie sie funktioniert?» Ma war amüsiert.

Sie schaute mich konzentriert an.

«Auf eine bestimmte Art und Weise arbeitet deine Gnade automatisch, nicht wahr? Diese Kraft, die du auf die Erde herabge-
bracht hast, kann von allen angerufen werden, die dich lieben.»

«Ja», sagte Ma mit Nachdruck. «So ist es. Die Gnade arbeitet
automatisch, wenn das Streben aufrichtig ist. Ich brauche nicht
alles zu wissen. Zu viel Wissen kann Komplikationen mit sich
bringen, oder nicht?»

«Wenn dir jeden Augenblick alles bewußt wäre, was durch
deine Kraft und in ihrem Namen geschieht, dann würde Verwirrung entstehen.»

«Ja», sagte sie. «Aber ich kann wissen, was ich wissen will, wann ich es will und wenn es notwendig ist.»

«Aber es gibt dennoch Dinge, die du auf *dieser* Ebene lernen mußt, nicht wahr? Englisch sprechen zum Beispiel oder einen Stecker reparieren oder Chapatis machen.»

«Ich weiß, wie man Chapatis macht», lachte Ma, «und mein Englisch wird immer besser.»

«Ich meine folgendes, Ma: Ich könnte dir beibringen, wie du mit zwei Fingern schlecht und recht tippen kannst. Da gibt es also einen zwar sehr ungleichen, aber doch realen Austausch. Es ist Teil deines Spiels, nicht wahr, zuzulassen, daß wir dir helfen?»

«Ja.» Ma lächelte.

«Indem wir dir helfen, geben wir dir im Grunde nur, was immer schon deins war. Du erlaubst uns, dir um unseretwillen zu geben.»

Sie lächelte noch mehr. «Ja. So lernt ihr die Freude des Gebens.»

«Aber je mehr wir sehen, daß das Geben nicht unser Geben ist, um so weniger besitzen wir es und um so freier sind wir?»

«Ja.»

Stille breitete sich aus.

Sie las meine Gedanken und sagte: «Weder du noch ich werden sterben. Die Schauspieler in einem Stück sterben nicht. Sie wechseln nur die Kleider. Sie sagen und tun das, was ihnen der Autor vorschreibt, oder nicht?»

Die Wolken hatten sich geteilt. Das Licht der Nachmittagssonne fiel ins Zimmer.

Ma gab mir eine rotgoldene Süßigkeit. Ich bemerkte die Farbe und lächelte. Ich aß sie schweigend und stand auf, um zu gehen.

«Danke», sagte Ma. «Du erklärst die Dinge. Du machst sie klar.»

Ich war überwältigt.

«Die Klarheit, die ich haben mag, kommt durch dein Licht.»

«Das ist wahr. Aber du lernst, es zu reflektieren, und das ist etwas Großes.»

Ich stand in der Tür, leicht schwankend.

«Ma», sagte ich und schaute in ihre Augen, «die Welt leidet. Nur deine Kraft kann sie retten. Wirst du sie retten?»

Ma wandte sich zu mir. Die Veränderung in ihrem Gesicht und ihrem Körper war unglaublich. Triumphierend brannte sie im Licht, das von ihren Haaren und ihren Schultern ausstrahlte.

«Ich werde sie retten», sagte sie.

In dieser Nacht hatte ich einen Traum, der mich mehr verstörte als alle anderen, die ich in ihrem Haus empfangen hatte. S., eine Frau, die ich geliebt und mit der ich zusammengelebt hatte, die zuviel trank und bis zur Psychose von der drohenden Apokalypse besessen war, erschien mir im Traum. Sie kam in mein Zimmer und saß schaukelnd am Fußende meines Bettes. Ihr beißender Witz und ihre Wildheit hatten mich während unserer Beziehung entsetzt, und dieses Entsetzen kehrte jetzt wieder.

«Ich bin gekommen», sagte sie, «um dich zu zerfetzen. Das ist es, was Idioten wie du verdienen.»

Und sie ließ eine Tirade los gegen alles, was ich lernte.

«Du verdienst zu sterben», schrie sie. «Wir werden alle sterben. Unsere Augäpfel werden wie schmutziges Wasser über unser Gesicht rinnen. Wir sind böse Ratten, die ausgerottet gehören.»

Schweißgebadet erwachte ich und stand auf. Ich kniete mich nieder und bat Ma, den Schmerz wegzunehmen.

Während du mir näherkommst, versuchen sich Zweifel deiner zu bemächtigen. Beobachte diese Zweifel. Wende ihre gewaltsame Energie gegen sie selber.

«Wie kann es noch Raum für Zweifel in mir geben, wenn ich so viel gesehen habe?» fragte ich sie.

Zweifle den Zweifel mit der Wut von S. an, und du wirst dich vom Zweifel und von ihr befreien. Nimm dem Ego das Schwert des Zweifels aus der Hand und zerschlage es selbst damit.

Ich setzte mich im Bett auf und wiederholte alles, was S. gesagt hatte. Mit einer Deutlichkeit, die mich frösteln machte, sah ich jetzt, welche Teile von mir mit der Version der Realität, die sie mir immer aufgezwungen hatte, in heimlichem Einverständnis standen, und bat Ma darum, sie zu transformieren.

Langsam kehrte mit dem Heraufdämmern des neuen Tages wieder Frieden in mich ein.

An diesem Nachmittag kam Ma nach Rajus Englischstunde ins Zimmer, und wir tranken wieder Tee miteinander. Ich erzählte ihr, was ich in der Nacht erlebt hatte.

«Zweifel ist nützlich», sagte Ma, als ich fertig war. «Du bleibst dadurch ehrlich. Manchmal sagen Leute, wie sehr sie mich lieben und wie sehr sie Gott lieben, aber ich weiß, was in ihrem Herzen ist. Es ist besser, wenn jemand sagt ‹Ich liebe dich› und all die Zweifel kennt, die noch in ihm sind. Dann bedeutet es etwas. Dann kann die Liebe wachsen.»

Sie lächelte liebevoll. «Ich weiß, wie schwer es heute für die Menschen ist zu glauben.»

«Immer wieder kommt der Zweifel und will nach einem großen Sprung nach vorne wieder alles zerstören – mein altes Selbst versucht das zu töten, was ich sehe.»

«Dein altes Selbst steht wieder auf, um *getötet zu werden*», sagte sie mit breitem Lächeln. «Es weiß, daß es lügt.»

Sie schenkte mir Tee ein.

Ich mußte lachen.

«Warum lachst du?»

«Ich lache über die Vollkommenheit deiner Arbeit. Wie du Schrecken in Segen verwandelst, Zweifel in Fortschritt.»

«Wenn Zweifel nicht käme, dann wäre der Glauben sehr…» – sie suchte nach dem passenden Wort und deutete dann auf den Tee – «dann wäre der Glaube wie dieser Tee – überhaupt nicht heiß.»

«Lauwarm.»

Sie wiederholte das Wort. «Lauwarm. Mit ‹lauwarm› kann man wenig anfangen.»

«Alle Zweifel schmerzen jetzt», sagte ich.

«Beende den Schmerz», sagte Ma, «indem du tiefer in das Licht hineingehst.»

Adilakshmi öffnete das Fenster, und kühler Wind wehte ins Zimmer.

«Mir ist aufgegangen», begann ich, «daß es drei Stufen in unserer Liebe gibt, in deiner und meiner. Zuerst begegne ich dir und spüre etwas von deiner Schönheit. Dann vermischt sich meine Liebe zu dir mit deiner viel größeren und stärkeren Liebe für mich und führt mich in dein Sein und damit in mein eigenes. Schließlich entdecke ich, daß du und ich nicht getrennt sind; daß wir eins sind.» Meine Stimme klang in ihrer exakten Artikulation lächerlich. Verlegen fügte ich hinzu: «In diese dritte Stufe führst du mich jetzt hinein, nicht wahr?»

«Ja.» Sie lächelte. «Und es gibt eine vierte Stufe.»

«Und worin besteht die?»

Beobachte meine Hände.

Ich schaute auf ihre Hände. Sie schlossen sich vollständig und fest zusammen. Dann öffneten sich die Finger wieder, aber die Handgelenke blieben verbunden.

Einen Augenblick lang starrte ich einfach nur darauf. Dann verstand ich. «Die Reise zu dir beginnt in der Dualität», sagte ich, «führt in der Tiefe zur Einheit und öffnet sich wieder zur Dualität, aber jetzt erhellt vom Wissen um die Einheit.» Meine Hände bewegten sich aufeinander zu, schlossen sich und öffneten sich wieder wie zwei Blüten an einem Stengel.

Sie lächelte. «So ist es.»

«Nur für mich», sagte ich. «Für dich ist diese letzte Position immer wahr. Für dich war ich immer mit dir verbunden, untrennbar.»

Ma nickte.

Die Unterhaltung war zu Ende.

In der Tür drehte ich mich um. «Und jetzt, Ma, bitte ich dich um die Stille hinter allen Worten, um das Licht hinter allen Erscheinungen.»

Ich hatte nicht die Absicht gehabt, eine so ernste Bitte an sie zu richten.

Ma wandte sich um und schaute mich an. Mir fiel auf, daß sie genau den gleichen Abstand zu mir hatte wie in meinem Traum, als sie dem Kind den Rubin gereicht hatte und auf mich zugekommen war.

«Ja», sagte sie, «bitte um alles. Es gibt mehr und mehr.»

Ich konnte nichts sagen. Ich drehte mich um und ging.

Als ich unten in mein Zimmer zurückkam, war es vom goldenen Licht der Mutter erfüllt. Sobald ich eingetreten war, hörte ich Mas Stimme: *Schau auf den Punkt zwischen meinen Augen.*

Ich setzte mich vor das Foto von Ma an der Wand und schaute auf den großen, roten Punkt auf der Stirn zwischen den Augenbrauen. Ich hatte mich nie auf diesen Punkt konzentriert.

Mas Augen wurden zu zwei Feuerwirbeln, und der große rote Kreis begann zu vibrieren und zu brennen. Ihre Kraft ergriff mich und ergoß sich in mir. Ich hatte das Gefühl, als wäre der Deckel von meinem Kopf und meinem ganzen Gesicht abgenommen worden, und schmelzende Glut würde direkt in meinen Geist und meinen Körper gegossen.

Ich hörte Autos vorbeifahren, aber wie in weiter Entfernung. Nur ich und der große rote Kreis existierten. Das Universum hatte sich aufgelöst. Der Kreis begann zu rotieren und ein stetiges Feuer auszusenden. Dann entstand eine große Öffnung zwischen den Augenbrauen, und der Kreis wurde die lodernde rote Pupille eines dritten Auges, ein Auge wie eine kochende Sonne.

Das ist die Shakti. Das ist die zentrale Kraft des Kosmos. Aus dieser Kraft werden alle Dinge geboren.

Die Worte wiederholten sich in meinem Geist wieder und wieder mit der Kraft eines Mantras, das direkt vom Göttlichen gegeben war.

Mein Atem stockte, dann mußte ich lachen. Ich hatte Ma um die Stille und Einheit hinter allen Worten und Erscheinungen gebeten.

Ich zeige dir, was du sehen wolltest.

Das Bild kam mir wieder vor Augen, wie sie mir den roten Ballon zugeworfen hatte, aber jetzt aufgeladen mit Sinn.

Ich werfe dir die rote Sonne zu.

Das ist die Essenz deines Wesens.

Mas Stimme war klar und majestätisch, eine Stimme wie eine Trompete, überhaupt nicht menschlich.

Das Sonnenauge wuchs, bis es über die ganze Stirn von Ma loderte und das Zimmer mit weichem, rotgoldenem Licht erfüllte.

Schaue mit deiner ganzen Kraft in das Auge.

Ich nahm all meine Kraft zusammen und schaute. Das Auge verwandelte sich und nahm jenes heftige und doch zarte Rot an, das Rot der Durga, das Rot des Saris, den Ma trug, in dem ich sie als Durga verehrte.

Das ist mein Auge. Das ist mein Herz. Mein Herz ist mein Auge. Mein Auge ist die Kraft des Universums.

Auge und Herz und Kraft sind eins.

Diese Kraft gebiert die neue Schöpfung.

Die Umrandung des Auges war wie schmelzende Butter, so

weich, daß ich glaubte, sie würde sich auflösen und mich mit ihrem Gold bedecken.

Ich hörte das Rauschen des Meeres, das ich oft in der Meditation höre, ein Tönen wie das Meer in Mahabalipuram, aber jetzt viel stärker, wie das weiche, weit entfernte Tosen von tausend Ozeanen. All das durchdrangen Alltagsgeräusche spielender Kinder, F.s Schritte im Hof, ein Lied aus einem Autoradio.

Das ist der Ton des Lichtes, das die neue Welt erschafft.

Vier Stunden der Herrlichkeit vergingen. Am Ende hörte ich Mas Stimme:

Gehe zu dem Buch, das du über Anandamayi Ma hast, und öffne es.

Ich schlug das Buch bei den Worten auf: *Die göttliche Mutter wird üblicherweise mit einem dritten Auge zwischen den Augenbrauen dargestellt als Zeichen für göttliche Weisheit.*

🕉 Der nächste Tag war Freitag, der dreizehnte November. Gegen drei Uhr zog ich meine Schuhe im Flur an, um einen Brief zur Post zu bringen. Ich schaute auf, und da stand Ma. Sie hatte einen blauen Overall an, um zu arbeiten. Sie lächelte, bückte sich vor mir und brachte die Tür des Schuhschranks in Ordnung. Ein paarmal rüttelte sie heftig an der Tür, bis sie wieder am richtigen Platz saß.

«Ma», sagte ich, «erinnerst du dich daran, wie du mir oben den roten Ballon zugeworfen hast?»

«Ja», sagte sie, während sie die Tür hin und her bewegte.

«Gestern habe ich zum ersten Mal dein Auge gesehen, das Auge der Göttin.»

Ich lächelte über die herrliche Absurdität eines solchen Gesprächs im Hausflur, während draußen eine Bohrmaschine dröhnte.

Ma nickte.

«Ich sah die feurig rote Sonne darin. Ich sah den roten Feuerkreis der ewigen Shakti.»

Ma wurde sehr ernst und nach innen gekehrt.

Wir standen nah beisammen, ich zwei Stufen unter ihr, so daß wir gleich groß waren.

«Als du mir den Ballon zugeworfen hast, da hast du mir die Shakti zugeworfen, nicht wahr? Du hast mir das Auge zugeworfen. Du hast mir deine Essenz zugeworfen und meine eigene?»

Ma nickte.

«Und jetzt beginne ich, dir den Ballon zurückzuwerfen und auch das Große Spiel zu spielen.»

Ma lachte plötzlich. «Ja, dein Auge sieht mein Auge.»

«Ich kann nicht etwas sehen, das ich nicht auch selbst bin.»

«Nein.»

«Deine Gnade hat mein Auge geöffnet, so daß ich deine Herrlichkeit sehen kann.»

Sie wandte ihren Blick ab.

«Gerade in der Meditation», sagte ich, «habe ich einen Lichtkreis vor der Stirn gesehen, vor der Stelle, wo das Auge ist. Das ist das offene Auge, nicht wahr? Und als ich die Augen geöffnet habe, war der Kreis noch immer da.»

«Dein Auge ist jetzt offen, wach, es wird sich nie mehr schließen.»

Sie lächelte.

«Das ist der Anfang vom Ende der Reise, nicht wahr? Ich meine, das Ende der ersten Reise, der Reise zur Einheit mit dir.»

Ma nickte und bückte sich, um ihren Schuh zuzubinden.

«Ich habe heute so viele Dinge verstanden», sagte ich. «Ich habe verstanden, daß ich bald fähig sein werde zu schreiben, weil ich endlich gesehen habe, wer du bist.»

Ma lachte. «Ja.»

«Ich mußte aufhören zu glauben, daß ich das Buch überhaupt würde schreiben können, so konntest du beginnen, das Buch in mir zu schreiben mit jeder Vision und jeder Erfahrung.»

«Ja. Nun wirst du bald anfangen – in aller Ruhe.»

«In *deinem* Rhythmus.»

Sie lachte wieder. «Ja.»

Sie machte einen Schritt auf mich zu und schaute in meine Augen.

«Du bist mein liebes Kind», sagte sie, «du bist immer mein liebes Kind.»

Seligkeit erfüllte mich, und ich stolperte über F.'s ungeputzte Schuhe.

Ma senkte den Kopf und ging hinunter zur Küche.

An diesem Abend legte ich im Darshan meinen Kopf in ihre Hände und sagte: «Laß diese Reise bald vorüber sein.»
Während des verbleibenden Darshans sah ich einen großen Diamanten aus Licht mit immenser Geschwindigkeit um sie kreisen, der manchmal so hell war, daß ich fürchtete, meine Augen könnten Schaden nehmen.
Schau weiter hinein, hörte ich sie sagen, *deine Augen werden sich daran gewöhnen.*
Am Ende des Darshans nahm der große kreisende Diamant ein zartes Rosarot an.
Das ist das Morgenrot, hörte ich ihre Stimme sagen. *Morgendämmerung auf dem Berg, Morgendämmerung der Zukunft.*

Ein englischer Freund, F., ein Schriftsteller, war gekommen, um Mutter Meera zu sehen. Ich begleitete ihn in sein Hotel zurück. «Wer glaubst du, daß sie ist?» fragte er mich.
Ich sagte es ihm.
«Du willst mir im Ernst sagen, daß sie...» Seine Stimme verlor sich.
«Ich sage dir, was ich weiß. Was hast du heute abend gespürt?»
«Ich hatte das Gefühl, daß sie ernst zu nehmen ist.» Dann lachte er. «Sie muß es ernst meinen. Andernfalls müßte sie sich zu Tode langweilen oder sehr reich werden. Und ich nehme an, daß keines von beidem der Fall ist.»
F. beugte sich nach vorn. «Andrew, behalte das, was du zu wissen glaubst, für dich. Sonst riskierst du, geschlachtet zu werden.»
Ich lächelte und wechselte das Thema. Als ich später zurückging, brach ein Sturm los. Ich krümmte mich vor dem peitschenden Regen zusammen. Der Schrecken des Traums mit S. packte mich wieder. F.s Worte, «sonst läufst du Gefahr, geschlachtet zu werden», wurden zu einem bedrohlichen Ohrwurm. Meine immer noch vorhandene Unfähigkeit zu glauben, nach allem, was mir gezeigt worden war, selbst an diesem Tag, stürzte sich mit der gleichen rasenden Wut auf mich wie das Unwetter.
O Gott, sagte ich vor mich hin, nicht jetzt, nicht an diesem Tag.
Natürlich muß es heute kommen. Wie willst du dich sonst davon freikämpfen?

Mir war übel vor Angst.

Entscheide dich nun endgültig für mich, und du wirst von allen deinen Ängsten frei sein.

In diesem Augenblick, im schwarzen eiskalten peitschenden Regen stehend, fühlte ich mich einsamer als je zuvor in meinem Leben.

Ich kniete mich auf den schlammigen Boden und betete zu ihr: «Nur deine Stärke kann mir die Kraft geben, das zu sagen, was gesagt werden muß.»

Du kannst nicht umkehren.

Es gibt keinen Ort, an den du zurückkehren kannst.

Du weißt jetzt, wer ich bin.

Dann ihr Lachen. Und: *Habe keine Angst vor den dunklen Kräften.*

Sie vermögen nichts gegen mich.

Das Wort «Sieg» ist vom Licht schon geschrieben.

Trotz all der Klarheit ihrer Stimme in mir war ich weit von Licht und Sieg entfernt, im beißenden Regen kniend, müde und krank.

Eine gewaltige brutale Wand aus Regen und Nebel verdunkelte Thalheim und die Felder um mich herum, gewaltig und brutal wie die Ignoranz der Welt, der Materie, all jener Dinge in mir und außerhalb von mir, die der Offenbarung des Lichtes widerstanden und seit Beginn der Geschichte immer widerstanden hatten.

Du mußt dich jetzt für mich entscheiden.

Nur wenn du dich vollständig für mich entscheidest, wirst du stark genug sein, das zu tun, was du tun mußt.

Ich erhob mich zitternd aus dem Dreck.

«Ich entscheide mich für dich», sagte ich. «Mach mich stark.»

Wähle mich immer erneut in jedem Augenblick.

Dann gibt es nirgendwo Kräfte, die dir ein Haar krümmen könnten.

ELFTES KAPITEL

Zwei Tage später saßen F. und ich nach einem langen Nachtspaziergang in seinem Zimmer. Ich hatte ihm von meiner Erfahrung mit dem Feuer erzählt.

«Und was tut sich bei dir? Mit der Kraft in deinem Körper?»

«Ich habe dir gesagt, daß sich mein Körper verändert», begann F. «Die Kraft kommt mit einem *Wusch* in meinen Körper. Ich kann es nicht anders beschreiben.» Er machte den Ton ein paarmal nach. «Die Kraft dringt ein und breitet sich dann in meinem Körper aus. Ich habe es Ma erzählt, und sie hat, wie üblich, ganz beiläufig gesagt: ‹Ja, es ist wie eine Injektion, nicht wahr?› Es hat mir Angst gemacht, aber ich habe gelernt, wie ich mit Angst leben kann. Satprem hat in seinem großen Buch über die Transformation des Körpers geschrieben, daß der Körper der schwächste und am meisten gefährdete Teil ist. Das stimmt. Jede Zelle wiederholt idiotisch seit Millionen Jahren immer das gleiche: ‹Ich werde sterben›; eine Kraft, die in den Körper eindringt, um all das zu verändern, muß natürlich äußersten Widerstand hervorrufen. Und sie tut es wahrhaftig. Aber weißt du, Andrew, ich will diese Verwandlung wirklich.

Die Attacken dauern ungefähr zwanzig Minuten. Nach einer halben Stunde fühle ich mich wunderbar, besser als je zuvor. Manchmal möchte ich vor Erleichterung schluchzen. Erleichterung ist ein zu kleines Wort. Ekstase paßt besser. Jede Zelle des Körpers ist in Ekstase. Als würde jede Zelle das Licht in sich hineintrinken. Ich merke, daß ich nie wirklich in meinem Körper war. Ich habe ihn benutzt, habe Sport damit getrieben, habe ihn in Judo und Sex herumgebeutelt, habe lange Wanderungen mit ihm gemacht, aber wirklich bewohnt habe ich ihn nie. Dieser neue Körper hat gar nichts Jenseitiges. Er ist vollständig hier, lebendig, vibrierend, und die Kraft spielt auf ihm wie auf einer Gitarre.»

Seine Hand bewegte sich einen Augenblick über unsichtbare Gitarrenbünde.

«Aber das Erstaunliche ist», fuhr er fort, «daß dir das Licht selbst die notwendigen Informationen gibt, um mit diesen Veränderungen zurechtzukommen.»

«Ja», sagte ich. «Ma macht uns zu Ingenieuren unserer eigenen Transformation, Experten unseres Selbst, Partner des Göttlichen.»

F. lächelte.

«Und was für Partner. Schau uns an. Wir machen tatsächlich die ‹großen Erfahrungen›, von denen in den Büchern die Rede ist. Wir sollten verzückt in safrangelben Roben Sanskrithymnen singen. Statt dessen laufen wir wie zwei Kaninchen herum, die eins über die Rübe bekommen haben. Aber es ist besser so, menschlicher. Vor ein paar Tagen habe ich zu Ma zum ersten Mal gesagt, wie sehr ich sie liebe und daß ich endlich anfange, etwas von ihrer Kraft zu begreifen.»

«Was hat sie gesagt?»

«Du kennst ja Ma. Sie holt dich immer auf den Boden. ‹Ja, ja›, sagte sie lächelnd und schaute aus dem Fenster. Dann fügte sie hinzu: ‹Aber sage nichts zu den anderen; sie denken sonst, du bist verrückt.› Ich wußte, daß sie nicht dich damit gemeint hat. Du gehst durch dein Feuer, ich gehe durch meins. Sie windet unsere Wege umeinander, damit wir einander helfen und uns unterstützen können. Möchtest du wissen, was ich außerdem ein für allemal begriffen habe?»

Er legte seine Hand auf meine Schulter.

«Keiner von uns beiden ist irgend etwas Besonderes, weder bist du noch bin ich ein ‹Yogi›; wir haben beide unendlich viele Fehler gemacht und waren dumm und gewöhnlich. Aber durch sie geschieht uns so Außerordentliches. Das heißt, daß für jeden mit gutem Willen und mit Aufrichtigkeit – das können wir uns ja mal zugestehen, meinst du nicht? – diese Verwandlung jetzt möglich ist.»

Am nächsten Abend nach dem Darshan rief mich Adilakshmi zu sich und sagte lächelnd: «Ich habe eine gute Nachricht für dich. Jemand möchte, daß du ihr Englisch beibringst.»

«Mit Freude gebe ich dir Englischunterricht. Aber dein Englisch ist schon so gut.»

«Nein…» Adilakshmi lachte und deutete nach oben.

Sie drehte sich um, ging lächelnd die Treppe hinauf und blieb noch einmal stehen.

«Die erste Stunde ist in zwanzig Minuten.»

Ich ging in mein Zimmer, um mich zu fassen. Das hatte ich am allerwenigsten von Ma erwartet, besonders an diesem Punkt meiner Reise, wo mir ihre Erhabenheit mehr und mehr bewußt wurde. Wie konnte ich sie irgend etwas lehren, nachdem ich sie zwanzig Minuten vorher in göttlichem Licht hatte brennen sehen?

Ich lehre dich meine Sprache. Willst du mich nicht deine lehren?

Ich mußte lachen.

Wieder hatte Ma den vollkommenen Weg gefunden, mich zu heilen – indem sie mich noch näher an sich heranzog. Ich konnte mich vor ihrer Macht verstecken oder davonlaufen, aber ihre Liebe, diese unendlich erfinderische und weise Liebe, würde mich immer finden.

🕉 Adilakshmi öffnete die Tür. Ma saß auf dem Sofa hinter ihr und hatte bereits das Englischbuch offen auf dem Schoß liegen. Sie hatte sich nach dem Darshan umgezogen und trug jetzt einen der Saris, die Adilakshmi bemalt hatte – mit rosa und silbernen Rosen.

Ich hatte sie noch nie schöner und friedvoller gesehen. Ma drehte sich um und lächelte zu mir hoch. Alles im Zimmer schien weicher als vorher – das Licht auf den Stühlen, das Sofa, ihr Lächeln.

Die folgende Stunde war die glücklichste, die ich je mit ihr verbracht habe. Wir übten die großen Yogaworte miteinander – *Gelassenheit, Ekstase, Zufriedenheit* – und wiederholten sie abwechselnd nebeneinander auf dem Sofa. Mas Stimme ist von Natur aus so sanft, daß es ihr schwerfällt, die harten Silben auszusprechen, so übten wir diese Laute. Sie gebraucht oft das Wort *ertragen*, ich lehrte sie, *aushalten* zu sagen. Sie lernt, so wie sie alles tut, einfach, ohne irgendein Wissen vorzugeben, das sie vielleicht nicht hat, mit großer stiller Konzentration.

Ma lehrte mich, so zu lernen wie sie – ohne Eile, entspannt, ohne Angst vor Fehlern, mit Humor. Oft machte sie kleine Aussprachefehler und schaute mich dann lächelnd an, als wollte sie sagen: «Siehst du, es ist doch gar nicht so schlimm, Fehler zu machen.»

Ich merkte, daß sie mir erlaubte, sie noch auf eine andere Weise zu lieben, so wie Mr. Reddy sie geliebt hatte, als ein wundervolles Kind. Ich forderte sie beinahe streng auf, ein Wort oder einen Satz zu wiederholen oder meine Lippenbewegungen nachzuahmen, und sie tat es mit größter Gewissenhaftigkeit. Erst danach ging mir auf, zu wem ich mit solchem Nachdruck gesprochen hatte, und als ich sie ansah, bemerkte ich das Amüsement in ihren Augen. Ich hatte sie als Meister, als Geliebte meiner Seele, als Freundin geliebt. Ich hatte sie als Göttliche Mutter gesehen. Jetzt durfte ich sie als Kind erleben. Das weckte unaussprechliche Zärtlichkeit in mir, eine Zärtlichkeit, die spätere Zustände von Panik und Angst linderte, wenn ich daran zurückdachte.

Am nächsten Tag hatte ich gerade meine Stunde mit Raju beendet, als Ma hereinkam. Sie stand am Fenster und sah hinaus. Eine Weile standen wir schweigend im Zimmer.

Die Intensität der Stille ließ nach, und ich sagte: «Der Schlüssel zur Transformation ist Annahme, nicht wahr? Und diese Annahme führt zu dem Gewahrwerden, daß alles, was du schickst – Trauer, Unglück, Leiden aller Art – zu unserem Guten ist.»

Ma nickte.

«Mr. Reddy konnte deinen inneren Raum betreten, weil er immer dein Antlitz der Liebe hinter allem durchscheinen sah, was ihm zustieß. Alles wurde für ihn zu deinem Darshan.»

«Ja.»

«Dieses Sehen verwandelt alles. Es offenbart, daß Schmerz Freude ist, daß Tod Leben ist, daß Erniedrigung eine Chance ist, daß Schrecken die Öffnung für die neue Wahrheit ist.»

«Ja, es verwandelt alles», bestätigte Ma.

«Was notwendig ist», sagte Ma nach einer Pause, «ist das Bewußtsein der Einheit in jedem Augenblick. Daraus kommt Liebe und Wahrheit und göttliche Kraft.»

Ich schwankte leicht in der Wonne, die von ihrem Körper ausströmte.

«Jeden Tag, den ich bei dir bin, staune ich mehr.»

«Staunen», wiederholte sie das Wort langsam und spielerisch. «Habe ich es richtig gesagt?»

An diesem Abend war kein Darshan, und Ma trug beim Unterricht ihre Arbeitskleidung. Auf der Stirn hatte sie einen grünen Strich.

Adilakshmi hörte zu. Sie hatte Zahnweh und hatte sich einen Schal ums Gesicht gebunden. Als sie in die Küche ging, um Fruchtsaft zuzubereiten, fragte ich Ma: «Du entfernst die letzten Hindernisse zwischen uns, nicht wahr?»

Sie nickte und schaute nach unten.

Dann sagte sie: «Die Göttin hat viele Masken, die sie in ihrem Spiel braucht.»

Ihr Gesicht verwandelte sich und wurde zum brennenden Antlitz der Göttin. Im ersten Augenblick erschrak ich, dann sagte ich: «Aber dein letztes Gesicht ist das Gesicht der Liebe.»

Ma sagte leise: «In Telugu haben wir ein Lied: ‹Liebe kann den Stein schmelzen, kann den Berg in Wasser verwandeln.›»

«Ein persischer Dichter schrieb: ‹Die Motte fliegt in die Kerze und verbrennt.›»

«Die Kerze selbst verbrennt», sagte Ma. «Sowohl die Motte wie die Kerze sind nur Feuer.»

Auf dem Tisch vor Ma stand eine Rose. Sie war beinahe offen. Unsere Augen begegneten sich darüber.

 Es folgten zwei Tage schmerzhafter Reinigung.

Aus meinem Tagebuch:
Mir wird meine Eitelkeit als Schriftsteller und «Kommunikator» ihrer Wahrheit mit aller Deutlichkeit gezeigt. Ich sehe, daß meine Vorstellung, ihr Instrument zu sein, eine weitere Falle für mein Ego ist. Just in dem Augenblick, in dem ich die Kraft spüre, daran zu denken, mit dem Schreiben zu beginnen, muß ich erkennen, wie eitel ein Teil meiner Motive bei diesem Vorhaben noch ist.

Die ganze Idee, etwas zu schreiben, ist mir widerwärtig. Ich fürchte mich vor mir selbst, fürchte, daß ich die Erfahrung entstellen könnte, indem ich über sie schreibe, daß ich *sie* verraten und ihre Wahrheit durch meine Eitelkeit verstümmeln könnte.

Ich beobachte den Schrecken und den Ekel und weiß, daß sie von ihr kommen und notwendig sind.

Nichts kann so getan werden wie früher.

Du kannst weder gehen, reden, essen, dich bewegen oder schreiben wie früher.

ॐ Heute las ich bei Aurobindo: «Sich als Instrument Gottes zu betrachten ist kein vollkommenes Mittel, denn wenn ein starkes Ego sich auf diese Weise ins Spiel bringt, dann verfälscht es die spirituelle Beziehung; unter dem Vorwand, sich selbst zum Instrument des Göttlichen zu machen, geht es ihm in Wahrheit darum, Gott zu seinem Instrument zu machen. Das einzige Mittel besteht darin, jedweden egoistischen Anspruch zum Schweigen zu bringen ... und uns von Shakti in Besitz nehmen zu lassen, damit sie uns für ihren göttlichen Zweck gebrauchen kann.»

Du mußt sterben, um über mich schreiben zu können, hörte ich sie sagen. *Du wirst nur ‹posthum› über mich schreiben können.*

ॐ Ma saß wieder am Tisch. Die Rose war ganz aufgeblüht, als ich am nächsten Abend zur Englischstunde kam. Diesmal begann Ma das Gespräch. «J. kam zu mir und sagte: ‹Ich will nichts begehren, nicht einmal Gott›. Ich sagte: ‹Du mußt Gott begehren.› Er antwortete, er hätte viele Bücher gelesen, in denen stünde, daß alles Begehren falsch sei. Ich sagte, Gott zu begehren würde jedes andere Begehren beenden. Er meinte, er glaube das nicht. Was kann ich tun?»

Sie fuhr fort. «Selbst Avatare müssen den Wunsch haben, in jedem Augenblick in Gott zu sein. Und wenn Avatare sterben, dann begehren sie mit ihrem ganzen Sein, mit Gott zu verschmelzen. Die größten Wesen, wie Aurobindo, haben Gott bis zum Ende ihres Lebens tiefer und tiefer begehrt.»

«Verwirklichung heißt also nicht, daß jedes Begehren erlöscht?» fragte ich. «Vielmehr ist es der Anfang wahren Begehrens, das aus der Einheit entspringt und nach immer tieferem Einssein verlangt?»

«Ja.» Ma schaute auf die Rosen und lächelte. «Wieviel Sehnsucht muß in diesen Rosen sein, damit sie sich ganz öffnen. Und sieh Ramakrishna. Wieviel hat er geweint und gebetet, um die Göttliche Mutter zu finden!»

Ma schaute mich an.

«Eine Träne ist eine Tür, durch die ich eintreten kann. Wie kann ich in ein Herz kommen, das sich nicht nach mir sehnt?»

Dann sagte sie ganz ruhig: «Sei jetzt vorsichtig. Sei sehr vorsichtig.»

Am nächsten Abend beim Darshan, als ich in ihre Augen schaute, loderte Feuer daraus hervor, und mein Körper fiel wie Sand von mir ab.

Danach legte ich das Gesicht in die Hände und schwor mir, daß ich in meinem Leben niemals ihr Gesicht vergessen würde, wie ich es in diesen Augenblicken gesehen hatte – lodernd im diamantenen Licht, von absolutem Willen beherrscht.

Sie trug Weiß, das Weiß der Einheit.

Ich empfing im Inneren ein Mantra für meine Reise: *Mehr und mehr Liebe und mehr Hingabe.*

Zehn Minuten später ging ich zitternd hinauf, um sie Englisch zu «lehren».

Adilakshmi öffnete die Tür. Ma saß freundlich lächelnd auf dem Sofa. Sie trug immer noch ihren weißen Sari, aber jetzt wirkte sie klein und mädchenhaft. Sie wußte, wie erschüttert ich war, und behandelte mich mit äußerster Sanftheit.

Ruhig beendeten wir die nächste Lektion im Englischbuch, dann schaute sie mich an.

«Du hast einige Fragen, nicht?»

«Es ist heute abend schwerer denn je zu sprechen», sagte ich. «Ich bin trunken von dir.»

«Dann trink etwas Obstsaft», sagte sie lächelnd und gab mir ein volles Glas Orangensaft.

Ich legte die Finger um das Glas und sagte: «Jeder meiner Sinne ist durch dein Licht zu einer neuen Dimension erweckt worden. Du erweckst mich zu neuem Bewußtsein – vermutlich ist es das, was Aurobindo das Überbewußtsein nannte –, ein Bewußtsein, das sieht, ohne zu denken, das weiß, ohne zu urteilen.»

«Ja. So ist es.»

«Dieses Bewußtsein sieht Muster. Es hört die Wirklichkeit wie Musik.»

«Ja.»

«Alles, was ich mit dir erlebt habe, war immer so. Aber erst jetzt begreife ich es.»

Ma nickte, wartete, schaute mich an.

«Wenn ich am Anfang gewußt hätte, was ich jetzt weiß, dann hätte ich Angst bekommen.»

Ma lachte. «Du konntest am Anfang nicht wissen. Wissen kann nur aus Erfahrung kommen. Was bedeuten Worte und Ideen? Sie sind nur nützlich, wenn du die Erfahrung gemacht hast.»

«Oder um andere zu inspirieren, danach zu suchen.»

Ma nickte.

Ich schaute Ma an und räusperte mich.

«Am Ende des Darshans heute abend sah ich deinen Körper riesengroß – ein Körper aus weißem Licht, der sich sehr ruhig und weich bewegte.»

«Einmal, als Mr. Reddy krank war und ich ihn im Krankenhaus besuchte, sah er mich als großen Springbrunnen aus goldenem Licht in der Form einer Mango. Auch das ist einer meiner Körper.»

Ich lächelte, weil Ma darüber sprach wie über einen Spaziergang oder einen Besuch auf dem Markt.

«Wie erträgst du das Licht in dir und um dich?»

«Dieser Körper ist daran gewöhnt.»

«Hast du keine Angst gehabt am Anfang, als Kind, als das Licht begann, von deinem Körper Besitz zu nehmen?»

«Nein.» Sie lachte. «Als Kind ging ich gerne allein in die Dunkelheit hinaus. Die Leute sagten, es sei gefährlich, es gebe überall Skorpione. Aber sie machten mir nie angst.»

Ich stellte sie mir vor, wie sie als kleines, zartes Mädchen mit riesigen Augen und zwei Zöpfen aus ihrem Dorf in Andhra Pradesh hinaus in die Dunkelheit ging.

«Wie allein mußt du gewesen sein, ohne irgend jemand, der im geringsten hätte verstehen können, was mit dir geschah.»

Ma blickte ruhig nach unten.

Dann fragte sie: «Wie geht es dem Buch?»

Es war das erste Mal, daß sie nach dem Buch fragte.

Sie schaute mich amüsiert an.

Ich hörte mich sagen: «Mir ist klar, daß ich nicht anfangen kann, bevor du mir ein Zeichen gibst, bevor dieser Prozeß zu Ende geht.»

Ma nickte.

«Wirst du mir dieses Zeichen bald geben?»

Ma nickte.

Plötzlich kam mir das Bild einer riesigen Spirale, die sich in ein glühendes Zentrum hineindrehte und dann wieder hervorkam, aber transformiert und erfüllt mit dem Licht des Zentrums.

Und mit diesem Bild kam die Einsicht, daß Ma alle meine Sinne in dieses Zentrum hineinführte, durch alle Spiralen mystischer Erfahrung, und daß ich dann, wenn ich das Zentrum erreicht und durchschritten hätte, fähig sein würde, in Worten neu lebendig zu machen, was ich durchlebt hatte, erleuchtet von ihrem Wissen. Ich sagte Ma, was ich erkannt hatte.

Ma nickte. «So wird es sein. Aber in gewisser Weise wirst du mit dem Buch nie fertig werden.»

Ich seufzte auf. «Oh, Ma, sag das nicht. Wenn du das sagst, dann werde ich nicht einmal anfangen können.»

Sie schaute mich ernst an.

«Es gibt kein Ende der göttlichen Arbeit. Deine Arbeit ist mit dem Buch nicht zu Ende. Dein Leben wird dein Buch sein.»

Ma schenkte mir noch einmal Orangensaft ein.

«Hier», sagte sie, «trink den Rest.»

Am nächsten Abend war Ma nach dem Darshan von herrlichem, weichem und ruhigem Licht umflossen. Wir saßen wieder allein auf dem Sofa. Sie hatte noch den rotweißen Sari an, den sie beim Darshan getragen hatte. Ihre Präsenz war so groß, daß ich lange nicht sprechen konnte.

Adilakshmi kam herein und setzte sich. Auch sie war an diesem

Abend schöner, als ich sie je gesehen hatte, in einem goldgrünen Sari.

«Ich habe das Gefühl», sagte ich zu ihr, «als wären wir heute abend in der göttlichen Welt mit Ma.»

Adilakshmi lächelte. «Ja, so ist es manchmal.»

Ich nahm den Ring ab, den ich an meinem Ringfinger trage, und reichte ihn Ma.

Er besteht aus drei verschiedenen Goldbändern – rot, gelb und weiß.

Sie lächelte, hob den Ring an dem weißen Band hoch, segnete ihn schweigend und gab ihn mir zurück.

ZWÖLFTES KAPITEL

An diesem Abend, dem 29. November, träumte ich, daß ich mit
Mr. Reddy am Sandstrand von Mahabalipuram spazierenging.
Wir lachten und hielten uns an den Händen wie Kinder.
Er sagte: «Zieh dein Hemd aus. Du wirst überrascht sein.»
Ich zog mein Hemd aus. Auf der linken Seite war mir eine voll-
kommene Brust gewachsen.
«Jetzt bist du zwei in einem», sagte Mr. Reddy.

Ein Freund aus Paris rief am nächsten Morgen an, und ich
rannte die Treppe hinauf, um den Hörer abzunehmen. Ma
war fertig angezogen, um mit W. zum Einkaufen zu gehen.
«Möchtest du mitkommen?» fragte sie sanft.
Ich nickte, telefonierte kurz und rannte die Treppe hinunter; sie
war immer noch allein und zog im Sitzen ihre Stiefel an. Über
diese Stiefel muß ich immer lächeln. Sie ähneln Cowboystiefeln,
an deren Seite kleine Lederquasten baumeln.
Später, als Adilakshmi mit W. zum Zahnarzt ging, war ich
allein mit Ma im Auto auf dem Parkplatz in Hadamar. Ich saß
hinten und konnte Mas Gesicht betrachten. Es war alterslos und
von Frieden erfüllt. Das Bild einer javanischen Skulptur, die ich
liebte, tauchte in mir auf, von *Prajna paramita*, höchste Weisheit
der Leere. Ich betrachtete Mas Augen, die in den Morgen hinaus-
blickten, und auch mein Körper füllte sich mit ihrer Stille.
«Menschen vermögen nichts ohne Gott, oder?» sagte ich.
«In Indien haben wir das Sprichwort: ‹Nicht einmal eine
Ameise kann sich ohne die Gnade Gottes bewegen.›»
Die anderen kamen zurück, und wir fuhren zu Massa, dem Supermarkt.

237

Ma versetzte mich in eine leichte Trance. Mit ihr durch die Regale mit sauren Gurken und Tomaten zu gehen war insgeheim ein königliches Vergnügen. Sogar die Berieselungsmusik schien angenehm.

Ich beobachtete Ma beim Einkaufen. Sie tat es ebenso ruhig und nüchtern wie alles andere. Sie bewegte sich so, als gehöre der Supermarkt ihr, wußte, wo alles war, begutachtete das Obst und Gemüse wie jede andere gewissenhafte Hausfrau und achtete genau auf die Preise. F. hatte sich oft über Mas Genauigkeit und Sparsamkeit amüsiert, jetzt erlebte ich es selbst.

Danach standen wir draußen in der sonnigen Kälte.

Plötzlich sah ich, wie sich Mas Augen konzentrierten. Eine Minute später holte sie in zwanzig Meter Entfernung einen Einkaufswagen, um ihn zwei alten Leuten zu bringen, die verloren in der Betonwüste herumstanden.

Meine ganze Aufmerksamkeit war bei Ma, so daß ich die orientierungslosen beiden Alten nicht bemerkt hatte. In Mas Aufmerksamkeit waren alle eingeschlossen.

Wir blickten den beiden Leuten nach, wie sie mit dem Einkaufswagen Arm in Arm in den Supermarkt gingen. Ma schaute mich vergnügt an.

Dann fuhren wir mit dem Auto in eine Waschanlage in der Nähe.

Als die zwei riesigen Bürsten an uns vorbeikamen, beide Durgarot, füllte sich das Auto mit Ihrer Kraft und ekstatischen Heiterkeit. Ma saß vorne und fotografierte Adilakshmi und mich auf dem Rücksitz.

Ihre Stimme: *Du hast mich in all diesen Monaten für deinen Film fotografiert. Jetzt bist du auf meinem Film.*

Sie war verspielter, als ich sie je erlebt hatte, wie ein kleines Kind.

Als die großen Bürsten über die Fenster schrubbten und das Auto mit rotem Licht füllten, knipste Ma lachend ein Foto nach dem anderen.

Diese Szene mit ihrer sonderbaren Kraft ist in meiner Meditation und in Träumen viele Male wieder aufgetaucht: Das Lachen von Ma, die großen roten Bürsten, das Klicken der Kamera.

Die Trance, die im Massa begonnen hatte, vertiefte sich jetzt.

«Und nun?» fragte ich sie, als das Auto sauber war.

Sie lachte. «Jetzt fahren wir zum Dom nach Limburg.»

Als wir eintraten, war niemand im Dom außer einer Gruppe von Priestern, die am Altar Marienlieder sangen. Ma ging sofort in die Seitenkapelle, um Kerzen für Christus und die Jungfrau Maria zu entzünden. Sie stand neben mir, als ich mehrfach vergeblich versuchte, meine Kerze anzuzünden. Als sie schließlich brannte, nahm Ma mir die Kerze aus der Hand und stellte sie in den Halter. Sie hielt ihre Hände schützend um die Kerze, um ganz sicher zu gehen, daß sie nicht umfiel.

Ich wußte, was sie mir zeigte.

Ihre Kerze und meine standen dicht nebeneinander, so daß sich die Flammen fast berührten, und brannten ruhig.

«Du hast meine Seele erweckt und angezündet, Ma», sagte ich zu ihr. «Halte sie am Brennen.»

Sie nickte und ging in den hinteren Teil der Kirche, wo sie sich hinter eine Säule setzte und fast nicht zu sehen war.

Ihre Stimme: *Sie wird jetzt bis zu Ende brennen.*

Die weißgekleideten Priester sangen von der Herrlichkeit und den Tugenden der Jungfrau. In der Mitte der Kirche hing ein großes, mittelalterliches Kruzifix. Mehrmals sah ich, wie das göttliche Licht um Christus erstrahlte.

Ich saß mit W. vor Ma und Adilakshmi. Einmal schaute ich mich nach Ma um, ihr Gesicht war so unbewegt wie im Darshan, und ihre Hände lagen reglos im Schoß.

Langsam füllten sich mein Körper und mein Geist mit der Kraft, die von ihr ausging.

Jede dieser wunderbaren alten Melodien, die die Priester zur Verherrlichung Marias sangen, sang meine Seele zur Verherrlichung Mas.

Während mein Blick auf dem Kruzifix ruhte, das in göttlichem Licht glühte, kamen die Worte: *Mach mich jenem gleich, der dort hängt, Mutter, zu deinem Kind der absoluten Liebe.*

Mach mein Herz weit, so daß es die ganze Welt umfaßt.

Ihre Stimme, ruhig und klar:

Jene, die die Welt lieben, dienen ihr.

Bald wird es an der Zeit sein,

in die Welt zurückzukehren und zu teilen,

was dir geschenkt wurde.

Ich sah, wie sich das göttliche Licht im Kirchenschiff ausbreitete, wie es auf die sich leicht wiegenden Körper der Priester fiel und auf die goldenen Steinsäulen der Kirche, wie es im Rhythmus des Gesangs wuchs und atmete und dann langsam wieder verschwand.

Der Gottesdienst war zu Ende. Ma blieb noch einige Minuten sitzen, als würde sie sich sammeln, stand dann auf und ging hinaus.

Auf dem Rückweg sprach niemand ein Wort.

 Vor dem Einschlafen öffnete ich noch eine Seite bei Aurobindo:
«Göttliche Liebe sollte zu vollkommenem Erkennen des Geliebten durch vollkommene Intimität führen und so zu einem Weg der Erkenntnis werden *und zu göttlichem Dienst*, und so zu einem Weg der Arbeit.»

 Am nächsten Abend fragte ich Ma: «Wenn die Mutter ihren Kindern Kraft gibt – Shakti –, tut sie es dann unter der Bedingung, daß diese Kraft der Welt gewidmet wird, der Arbeit mit anderen und für andere?»

«Ja, sie müssen ganz und gar für andere arbeiten! Das macht sie am glücklichsten.»

Sie betrachtete die geöffnete rote Rose, die vor ihr stand.

«Das Zentrum muß in Gott sein. Dann kann sich die Blume immer weiter öffnen.»

«Dazu ist göttliche Stärke nötig.»

«Sie wird gegeben werden.» Sie schaute nach unten. Dann beugte sie sich zart über die Rose und roch daran.

 Zwei Tage später mußte ich nach Paris zurück, um mit einem Regisseur zu sprechen, der einen meiner Romane verfilmen wollte. Ich fühlte mich verlorener als auf irgendeiner vorhergehenden Stufe der Reise mit Ma. Meine Wohnung erschien mit ungepflegt und kalt und die Stadt unwirklich. Das Gespräch mit dem Regisseur endete bald im banalen Gerangel über Finanzen. Mein ganzes Sein war ein schmerzhaftes Sehnen nach Ma, wie ich es nie zuvor erlebt hatte, es waren physische Schmerzen in den Eingeweiden. Meine Träume waren voller Bilder von Zusammenbruch, brennenden Häusern, Meeren von Blut, früheren Geliebten, die alles verhöhnten, was ich getan hatte.

Frieden kam nur, wenn ich allein war und mich auf *sie* konzentrierte. In diesen Stunden kam mir langsam die Erkenntnis, daß ich in eine neue Kommunion mit ihr eintrat, umfassender als alles, was ich bisher erlebt hatte, selbst in ihrer Gegenwart, selbst im Darshan. Mein altes Leben brach zusammen, und das neue Leben, das sie mir geschenkt hatte, wurde stärker denn je.

 Astrid: «Deine Reise kommt ans Ziel. Sie sorgt dafür, daß nichts außer *ihr* in deinem Gesicht ist.»

Astrid stand auf und ging im Zimmer auf und ab. Dann blieb sie stehen und schaute mich an. «Der letzte Teil des Aufstiegs ist am schwersten. Alles wird hochkommen, um dich davon abzuhalten, den letzten nackten Felsen zu bezwingen. Zweifel, Verrücktheit aller Art. Lache darüber.»

Sie nahm meinen Kopf in ihre Hände. «Jedesmal, wenn du von ihr zurückkommst, bist du anders. Diesmal bist du wirklich ganz verändert. Du bekommst ihre Augen. Das ist das Zeichen.»

Dann erzählte ich Astrid, was in der Metro auf dem Weg zum Abendessen geschehen war. «Ich verließ meine Wohnung ungefähr um sieben Uhr und fühlte mich hilflos. Ich hatte das Gefühl, Ma gegenüber zu versagen, weil ich unfähig war, mein Leben in Paris wieder freudig aufzunehmen. Es schien mir absurd, überhaupt nur daran zu denken, in dieser Phase ein Buch über die Reise mit ihr zu schreiben. Meine Träume waren in letzter Zeit voller zynischer Stimmen. Wenn ich durch die Straßen gehe, sehe ich nur Dinge, die Visionen jeder Art verhöhnen. Ich versank auf meinem Sitz in Düsternis und fühlte mich unfähig, irgend etwas zu schreiben, als mich plötzlich zwei Hände am Revers packten.

Ein schöner betrunkener Junge starrte mir in die Augen. Weißt du, was er gesagt hat, und zwar auf Englisch, vor all den Leuten im Wagen, die uns anschauten? ‹Du mußt glauben›, sagte er, ‹du mußt glauben.›»

An diesem Abend, als ich wieder in meiner Wohnung war, meditierte ich eine Stunde lang sehr tief mit geschlossenen Augen. Als ich sie öffnete, strahlte Mas Foto vor mir in feurigem Licht.

Schau dich um.

Ich schaute im Zimmer umher, und alle Fotos der Avatare und Heiligen, die in meinem Zimmer sind – Aurobindo, Ramakrishna, Ramana Maharshi, Anandamayi Ma – strahlten Licht aus, und es schien, als hätten sich Mas Konturen über jedes Foto gelegt.

Drei Tage später sagte ich zu Astrid: «Das Licht ist jetzt immer da. Ich muß mich nur auf ihr Gesicht konzentrieren, und das Licht kommt. Wenn ich in die Augen von Ramakrishna oder von Aurobindo schaue, dann ist das Licht auch da. Heute sah ich zum ersten Mal Aurobindos blaßblaues Licht.»

«Wenn das Licht immer da ist», sagte Astrid nach einer langen Pause, «dann näherst du dich der Einheit.»

Ich erzählte: «In einer unserer letzten Unterhaltungen gab ich Ma diesen Ring.» Ich hob meine Hand hoch und zeigte ihr den Ring, der aus drei verschiedenen Goldreifen besteht.

«Und sie hielt ihn am Weißgold hoch?» Astrid zündete sich eine Zigarette an. Sie war amüsiert.

«Woher weißt du das?»

«Ma löst sich für dich in dem Licht auf, aus dem ihr beide kommt. Sie heilt dich von den letzten Resten deiner Anbetung ihres physischen Selbst – die durchaus notwendig war –, damit du in ihr ewiges Selbst eintreten kannst, und das ist das Licht, das ist Brahman.» Sie hielt inne. «Die höchsten Meister führen dich über sich selbst hinaus, ja sogar über die Ekstasen, die sie dir schenken, in die Einheit, wo du mit ihnen in dem Licht eins bist, mit dem sie eins sind. Danach kehrst du zur Dualität zurück, aber jetzt weißt du immer, wo und wer du bist und wer alle anderen sind.»

Ich meditierte den ganzen nächsten Tag und Abend, ohne meinen Stuhl zu verlassen, hörte den Vögeln im Hof zu, schaute in die

Gesichter aller meiner geistigen Führer und Freunde, die jetzt ständig leuchteten.

Ungefähr um Mitternacht ging ich in die Pariser Nacht hinaus.

Als ich auf dem Rückweg gerade in den Hof zu meiner Wohnung einbiegen wollte, sah ich im Antiquitätengeschäft gegenüber einen Stuhl, der mich durch seine Anmut und Schönheit anzog. Die Lehne war ein großer vollkommener Kreis, der, wie ich meinte, einen Spiegel enthielt. Was für ein witziger Einfall, dachte ich, und ging darauf zu, als würde mich eine Kraft dorthin ziehen, ein Stuhl mit einem Spiegel als Rückenlehne!

Ich ging zu dem Stuhl und schaute in den Spiegel.

Was dann geschah, ist schwer zu beschreiben. Ich hatte das Gefühl, als würde ich mit einer Brechstange aus Licht über den Kopf geschlagen, so daß mein Schädel aufbrach.

Da war gar kein Spiegel.

Meine Augen fielen durch den nicht vorhandenen Spiegel und erweiterten sich lachend, um den ganzen Raum, die ganze Straße, alles, was mich umgab, aufzunehmen.

Meine Beine wurden weich, und ich saß, laut lachend, auf dem Pflaster. Es war der perfekteste, der transzendenteste aller ihrer Witze.

Der «Spiegel» hatte die Form meines Rings, den ich ihr gegeben hatte, damit sie ihn segne. Das Holz des Rahmens war weiß.

Kein «Du» oder «Ich». Keine Reflexion. Nur Das.

Kein «Du» oder «Ich». Nur das ewige Licht.

Das Lachen erschütterte meinen Körper. Es kam aus einem tieferen, wilderen Ort in mir als je zuvor und schüttelte mein ganzes Selbst wie ein Sturm einen Baum. Die regennasse Straße, der Laden, der Stuhl, die glänzenden Autodächer, die grünliche Tür zu meinem Hof, von der die Farbe abblätterte – alles schien mitzulachen, zu glitzern und zu lachen.

Am anderen Ende der Straße durchstöberte ein alter Clochard eine der großen roten Plastikmülltonnen. Er drehte sich um und sah mich lachend im Regen sitzen, lächelte und tippte grüßend an seine Mütze.

Ich ging in meinen Hof. Die Mauern des Gebäudes tanzten in *ihrem* Feuer wie sternenheller Rauch. Nach und nach begann alles zu tanzen, die Wände, die Fenster, die Sterne, meine schmutzigen Hände, mein Geist.

Ein Tanz. Ein Tanz. Ein Tanz.

Irgendwie kam ich die Treppe zu meinem Zimmer hinauf.

Ich ging hinein, ohne das Licht einzuschalten.

Dreh dich um und schau in den Spiegel.

Über dem Kopfende meines Bettes hängt ein Spiegel. Ich drehte mich um.

Ich war nicht im Spiegel. Da war nur Tanz, eine lichte ekstatische Spirale trunkener, springender Atome, ein Tanz des Feuers, in dem alles kreiste, der Bettüberwurf, der Stuhl, meine Hände, die sich auf und ab bewegten, die klassischen Eisengitter vor den Fenstern.

Alles war ich, tanzend im Feuer meines Selbst. Dann kehrte Frieden in mich ein, an den ich keine Erinnerung mehr habe.

Als ich am Weihnachtsabend nach Thalheim zurückkehrte, traf ich Ma, wie sie gerade das Licht vor der Küche reparierte. Ich blieb stehen und schaute sie an. Sie lächelte und sagte: «Hast du dein Zimmer gesehen?»

«Nein. Ich bin gleich zu dir gekommen.»

Ich hatte Ma eine Statue von Ganesha und ein Bild von Kali mitgebracht und ging etwas unsicher die Geschenke holen. Sie kam die Treppe von der Küche herauf, langsam, den Blick nach oben gerichtet, strahlend in göttlichem Licht.

Ich gab ihr die Ganeshafigur, ohne etwas zu sagen. Ich hatte sie in Mahabalipuram gekauft.

Ma nahm sie liebevoll in ihre Hände.

«Ich liebe Ganesha», sagte sie leise. «Er ist sehr fein.»

Ich erinnerte mich an die Statue aus Schnee, die sie im vorhergehenden Winter gemacht hatte, wie sie auf Thalheim und die Welt herunterblickte.

Schicke ihn zu mir, betete ich im stillen.

Sie folgte mir in mein Zimmer und stand still und strahlend da, als ich ihr das Gemälde von Kali gab, die über Shiva steht und eine Kette mit Totenschädeln um den Hals trägt.

«Du trägst die Totenschädel wie eine Perlenkette. Das bin ich», sagte ich lächelnd und deutete auf einen der Schädel. «Trage mich immer.»

«Sie ist voller Frieden», sagte Ma, während sie sich selbst als Kali betrachtete.

Versunken schaute sie auf den Teppich und schloß kurz ihre Augen.

Ich gab ihr die anderen Geschenke, die ich ihr mitgebracht hatte – ein schwarzes Kästchen mit einem goldenen Bild im Dekkel, ein Buch mit Gedichten, die ich vor Jahren für sie geschrieben und die ein Freund in tropischen Farben illustriert hatte.

«Ist das alles für mich?» fragte sie erstaunt.

«Du hast mir mein wahres Leben gegeben. Du hast mir mein göttliches Wesen gezeigt. Ich gehöre dir…» Meine Stimme versagte.

Sie beugte ihren Kopf.

Wir standen still nebeneinander, dann verließ sie das Zimmer.

🕉 Am ersten Weihnachtsfeiertag, neun Jahre, nachdem ich ihr zum ersten Mal begegnet war, ging ich zum Frühstück und sah sie vor der Tür allein und still auf den Stufen sitzen und ihre Stiefel anziehen.

Ich setzte mich neben sie.

«Du bist meine Mutter gewesen, meine Meisterin, meine Geliebte, meine Freundin.»

Sie schaute mich an.

«Als ich dir meinen Ring zum Segnen gab…» Ich konnte nicht zu Ende sprechen.

«Ja, ich habe den Ring gesegnet.»

«In Paris hast du mich Brahman erfahren lassen, die Erfahrung der Einheit», sagte ich und empfand die Worte als lächerlich.

Sie nickte.

«Es ist das Ende dieser Reise», fuhr ich fort. «Es wird noch viele Reisen geben. Aber jene, die vor neun Jahren begann, ist am Ziel. Die Reisen in der Ewigkeit fangen gerade erst an.»

Sie nickte und beugte sich nach unten, um etwas an ihrem rechten Stiefel in Ordnung zu bringen.

«In Paris wußte ich, daß alle Dinge ich selbst waren. Sie tanzten im Licht, in deinem Licht, in meinem Licht. Ich wußte, daß ich ein göttlicher Teil von dir war, dein Kind. Ich wußte diese Dinge direkt durch das Licht des Wissens. Ich war die Erfahrung und verstand die Erfahrung innerhalb deines Geistes, ich sah mit deinen Augen.»

Sie lächelte.

«Das wird allmählich so bleiben», sagte sie.

Wir saßen still nebeneinander.

«Hafte an keiner Erfahrung», sagte sie, «wie groß sie auch sein mag.»

«Deswegen hast du mein Zimmer geputzt, nicht wahr? Um mir zu zeigen, daß ich mich nicht an die Freude klammern darf, die du mir in Paris offenbart hast, um mir zu zeigen, daß ich, so wie du, die Welt lieben und annehmen und ihr dienen muß.»

«Du bist die Welt», sagte sie. «Du kannst die Früchte des Göttlichen nicht ernten, ohne auch die Arbeit zu tun.»

Ihr Lächeln wurde breiter.

«Alle Welten sind hier. Du mußt in allen Welten gleichzeitig sein.»

Sie stand auf und strich sich die Haare aus der Stirn.

«Alles, was du denkst und tust», fuhr Ma fort, «mußt du in Liebe für die Welt tun. Lebe im Ewigen, aber verschwende keine Zeit. Alles, was du aus Liebe für die Welt tust, tust du für *mich*. Alles, was du für *mich* tust, tust du für dein wahres Selbst. Es gibt keine Trennung zwischen dir und mir und der Welt. Jetzt weißt du das.»

Nach einer Pause fuhr sie fort: «Wenn du Wissen benutzt, um der Wirklichkeit zu entfliehen, dann bist du in einem anderen Gefängnis.»

Wir standen schweigend da und schauten uns an.

«Rette die Welt, so wie du mich gerettet hast», flüsterte ich.

Sie nickte und ging ruhig in den Garten.

ॐ Es folgten drei Tage, in denen Stunde um Stunde, Minute um Minute in ruhiger, ungebrochener Trance vergingen, in der die Freuden und Offenbarungen, die Ma mir geschenkt hatte, in genau der richtigen Reihenfolge wiederkehrten. Ihr Glanz war verstärkt, weil ich jetzt wußte, worin sie gipfelten – in dem Geschenk, das sie mir in Paris gemacht hatte, der Wahrnehmung der ununterbrochenen bewußten Präsenz des Göttlichen Lichts, der kosmischen Gegenwart der Göttlichen Mutter.

Dieses Licht und diese Präsenz haben mich seither nie mehr verlassen, haben an Stärke zugenommen. Während all der Ängste und Qualen der letzten zwei Jahre, während des langen und oft schmerzhaften Ringens um Klarheit beim Schreiben dieses Buches, während des fortdauernden Kampfes gegen alles, was eitel, verschlossen, pervers und faul in mir ist, hat das Licht der Mutter in meinem Geist und in der Schöpfung vor mir sichtbar gebrannt, um mich zu inspirieren, mich Demut zu lehren und mich in jedem Augenblick, selbst wenn ich es nicht wollte, an die göttliche Identität zwischen mir und allen Wesen zu erinnern. Ich habe nicht aufgehört zu leiden, aber der Zweifel ist verschwunden. Meine Wünsche, meine Ängste, mein Ehrgeiz sind nicht verschwunden, aber sie haben etwas Geisterhaftes, und ich werde nicht mehr von ihnen getrieben. Der Prozeß des Sterbens macht mir Angst, nicht aber der Tod selbst. Durch *ihre* Gnade habe ich lange Phasen in meinem tiefen Selbst gelebt und weiß, daß es nicht sterben kann. Nachdem ich aus der Welt herausgenommen wurde, um zu lernen, was ich hier mitgeteilt habe, bin ich zur Welt zurückgekehrt, um zu geben und zu tun, was ich kann, und beginne langsam und nüchtern in jeder Aktivität *ihre* Hoffnung und *ihre* Freude zu erkennen.

Am Neujahrstag sah ich Ma, wie sie vor meinem Fenster allein die Straße entlang ging. Ich ging hinaus und holte sie ein. Wir standen uns lächelnd still gegenüber.

«Das Kind ist ein Delphin», sagte ich und machte eine Wellenbewegung mit den Händen. «Ein Delphin, der sich im Meer der Mutter tummelt.»

Ma lachte.

«Ja, der Delphin ist weise und frei und voller Humor.» Sie drehte sich um, um weiterzugehen.

«Es gibt so viel, was die Menschheit lernen muß, Ma. Und trotz allem können wir es lernen. Das weiß ich jetzt.»

Ma wandte sich still zu mir und schaute mir in die Augen.

Um der Menschheit Zeit zu geben, darum bin ich hier.

Sechs Tage später, am sechsten Januar, dem Fest der Epiphanie, hatte ich diesen Traum:

Ich ging mit Ma in einer Frühlingslandschaft spazieren, felsig und vibrierend, wie die Landschaft um Delphi. Sie ging voraus durch die Olivenhaine und über Wiesen voller Blumen, wie ich sie nie zuvor gesehen hatte, leuchtend und duftend. Ab und zu drehte sie sich um, um zu sehen, ob ich ihr folgte.

Wir kamen zu einem Weg, der sich einen steilen Felshang hinaufwand.

Schließe deine Augen, hörte ich sie sagen, *und gehe weiter*.

Ich schloß die Augen und ging weiter. Manchmal stolperte ich schmerzhaft, aber ich blieb nicht stehen, und ich öffnete nicht die Augen.

Jetzt kannst du deine Augen öffnen.

Ich stand oben auf dem Felsen und schaute über das Meer. Von einem Ende des Horizonts zum anderen war das Meer voller Delphine, die in der Morgenluft sprangen und wilde Freudenschreie ausstießen. Über ihnen, in einer riesigen roten Sonne war Mas Gesicht und lächelte dasselbe triumphierende Lächeln wie damals, vor genau neun Jahren in der Tür ihres Hauses in Pondicherry, als sie begonnen hatte, mein Leben zu zerschmettern, um es zu öffnen.

Dank

an Adilakshmi, für all ihre Hilfe und die Inspiration ihrer Hingabe an Ma;

an Amy Hertz und Christie Cox für ihre brillante und mutige Redaktion;

an Jeff Cox für seine Loyalität und Gastfreundschaft;

an Susan Henderson, Fred Weiner, Bo und Cat Carlson und Lourdes Brache für ihr beispielhaftes Abschreiben des fertigen Manuskripts;

an Frances Coady und Liz Calder für ihre unablässige Ermutigung;

an Bokara Patterson, Marie Jaoul de Poncheville und Lavinia Currier für ihre Freundschaft.

Hinweis

Um den Darshan von Mutter Meera zu besuchen, ist unbedingt eine telefonische Anmeldung erforderlich, da der Platz begrenzt ist und die Mutter auch auf Reisen sein kann.

Adresse: Mutter Meera
Oberdorf 4a
65599 Dornburg Thalheim
Tel. 0 64 36 / 23 05, täglich von 10.00 bis 17.00 Uhr

Darshan findet statt am Freitag, Samstag, Sonntag und Montag um 19.00 Uhr.

transformation

«Und wenn der große Phönix frei fliegt, sieh genau hin, was er behutsam zwischen seinen Krallen trägt.» No-Eyes

Mary Summer Rain
Der Phönix erwacht *Weisheit und Visionen*
(rororo transformation 8558)

Spirit Song *Der Weg einer Medizinfrau*
(rororo transformation 8537)

Weltenwanderer *Der Pfad der heiligen Kraft*
(rororo transformation 8722)

Chögyam Trungpa
Das Buch vom meditativen Leben
(rororo transformation 8723)
Die Shambhala-Lehren vom Pfad des Kriegers zur Selbstverwirklichung im täglichen Leben.

Peter Orban/Ingrid Zinnel
Drehbuch des Lebens *Eine Einführung in die esoterische Astrologie*
(rororo transformation 8594)

Stephen Arroyo
Astrologie, Psychologie und die vier Elemente
(rororo transformation 8579)
Einer der führenden Astrologen Amerikas skizziert die Bedeutung der vier Elemente als archaische Kräfte für die Seele und weist auf die bislang ungenutzten Möglichkeiten hin, astrologisches Wissen in der Psychotherapie einzusetzen.

Lynn Andrews
Die Medizinfrau *Der Einweihungsweg einer weißen Schamanin*
(rororo transformation 8094)

Paul Hawken
Der Zauber von Findhorn *Ein Bericht*
(rororo transformation 7953)
Ein Erlebnisbericht aus der berühmten New Age-Community.

Janwillem van de Wetering
Ein Blick ins Nichts *Erfahrungen in einer amerikanischen Zen-Gemeinde*
(rororo transformation 7936)

Margaret Frings Keyes
Transformiere deinen Schatten *Die Psychologie des Enneagramms*
(rororo transformation 9165)
Ein praktisches Buch, das die tiefe Weisheit des Enneagramms für jeden zugänglich macht.

rororo sachbuch

Das gesamte Programm der Taschenbuchreihe «transformation» finden Sie in der Rowohlt Revue. Jedes Vierteljahr neu. Kostenlos in Ihrer Buchhandlung.

transformation

«Ein spirituelles Leben zu führen heißt, dem Ewigen zu gestatten, sich durch uns in den gegenwärtigen Augenblick hinein auszudrücken.»
Reshad Feild

Stanislav Grof
Geburt, Tod und Transzendenz
Neue Dimensionen in der Psychologie
(rororo transformation 8764)
Eine Bestandsaufnahme aus drei Jahrzehnten Forschung über außergewöhnliche Bewußtseinszustände.

Ken Wilber
Das Spektrum des Bewußtsein
Eine Synthese östlicher und westlicher Psychologie
(rororo transformation 8593)
«Ken Wilber ist einer der differenziertesten Vordenker und Wegbereiter des Wertewandels in Wissenschaft und Gesellschaft.»
Psychologie heute

Gary Zukav
Die tanzenden Wu Li Meister
(rororo transformation 7910)
Der östliche Pfad zum Verständnis der modernen Physik: vom Quantensprung zum Schwarzen Loch

Reshad Feild
Schritte in die Freiheit *Die Alchemie des Herzens*
(rororo transformation 8503)
Das atmende Leben *Wege zum Bewußtsein*
(rororo transformation 8769)
Leben um zu heilen
(rororo transformation 8509)
Ein esoterisches 24-Tage-Übungsprogramm, das jedem die Möglichkeit gibt, Heilung und Selbstentfaltung zu erfahren.

Robert Anton Wilson
Der neue Prometheus *Die Evolution unserer Intelligenz*
(rororo transformation 8350)
«Robert A. Wilson ist einer der scharfsinnigsten und bedeutendsten Wissenschaftsphilosophen dieses Jahrhunderts.»
Timothy Leary

Joachim-Ernst Berendt
Nada Brahma *Die Welt ist Klang*
(rororo transformation 7949)
Das Dritte Ohr *Vom Hören der Welt*
(rororo transformation 8414)
«Wenn wir nicht wieder lernen zu hören, haben wir dem alles zerstörenden mechanistischen und rationalistischen Denken gegenüber keine Chance mehr.»
Westdeutscher Rundfunk

rororo sachbuch

Das gesamte Programm der Taschenbuchreihe «transformation» finden Sie in der Rowohlt Revue. Jedes Vierteljahr neu. Kostenlos in Ihrer Buchhandlung.

Psycho-Power

Streß mit dem Chef, Probleme in der Familie oder Angst vor der Zukunft - Probleme, die allein schwer zu meistern sind. Jetzt erscheint bei rororo das Psycho-Power-Programm zur Stärkung des Selbstbewußtseins, bekannt als **Neurolinguistisches Programmieren (NLP)**, das in den siebziger Jahren von den Amerikanern Richard Bander und John Grinder entwickelt wurde. Knapp, praxisnah und verständlich geschrieben, bieten die Bücher konkrete Hilfe für Alltag und Beruf.

Gut drauf sein, wenn's schiefgeht
rororo 9604

Cool bleiben
rororo 9603

Andere Wege wagen
rororo 9605

Freunde finden
rororo 9668
(Oktober 1994)

Prüfungsstreß ade
rororo 9669
(Oktober 1994)

Die Autorin, **Dr. Barbara Schott,** ist seit 1984 Professorin für BWL und Marketing an der Fachhochschule Nürnberg. Ihre Ausbildung in NLP erhielt sie bei Reese, Grinder und Bandler in den USA und erwarb die "Certification in NLP" durch die "Society of Neuro-Linguistic-Programming". Seit langem leitet sie Seminare und berät im Bereich von Management und Marketing, seit 1990 unterhält sie ihr eigenes Institut "NLP-Praxis" in Nürnberg.

rororo sachbuch

Fantasy

Barbara von Bellingen
Tochter des Feuers *Roman aus der Morgendämmerung der Menschheit*
(rororo 5478)
Im Jahre 1883 machten französische Archäologen einen zauberhaften Fund: in einer Höhle entdeckten sie das winzigkleine geschnitzte Porträt einer jungen Frau – das Gesicht einer Neandertalerin, eingekerbt in einen Mammutzahn vor mehr als 30 000 Jahren.

Luzifers Braut *Roman*
(rororo 12203)
Die ergreifende Geschichte der jungen Susanna, einer Wirtstochter aus Köln, die in den Teufelskreis eines Hexenprozesses gerät: hinterhältige Verhöre und grausame Foltern, Ohnmacht und Qualen, eine wundersame Rettung, die Flucht durch das vom Dreißigjährigen Krieg heimgesuchte Land.

Kurt Vonnegut
Schlachthof 5 oder der Kinderkreuzzug
(rororo 1524)
Kurt Vonnegut, in Amerika berühmter Verfasser von satirischen Science-fiction-Romanen, weiß ebenso unterhaltsam wie anspruchsvoll zu erzählen.

Katzenwiege *Roman*
(rororo 12449)
«Vonnegut ist einzigartig unter uns», schrieb Doris Lessing. «Er ist ein Idylliker und Apokalyptiker in einer verwegenen Mischung» (FAZ). «Katzenwiege» gilt als ein Klassiker seines irrwitzigen Gesamtwerks.

rororo Unterhaltung

Robert Shea / Robert A. Wilson
Illuminatus!
Band 1:
Das Auge in der Pyramide
(rororo 4577)
In einer visionären Vermischung von Erzähltechniken des Science-fiction-Romans, des Polit-Thrillers und des modernen Märchens jagen die Autoren den staunenden, erschrockenen und lachenden Leser durch die jahrhundertelange Geschichte von Verschwörungen, Sekten, Schwarzen Messen, Sex und Drogen. «Ein Rock'n'Rollthriller» («Basler Zeitung») und Geheimtip für die Freunde der literarischen Phantasie.

Band 2:
Der goldene Apfel
(rororo 4696)

Band 3:
Leviathan
(rororo 4772)

Horizonte

Bruce Chatwin
In Patagonien *Reise in ein fernes Land*
(rororo 12836)
Bruce Chatwin hat auf einer langen Reise dieses malerisch schöne, wilde Land am Ende der Welt erkundet.

Jimmy Burns
Jenseits des silbernen Flusses *Begegnungen in Südamerika*
(rororo12643)
Fünf Jahre lang lebte Jimmy Burns in Buenos Aires und bereiste Argentinien, Brasilien, Peru, Ecuador, Bolivien und Chile. Burns war 1988 Preisträger des Somerset Maugham-Award.

Amos Elon
Jerusalem *Innenansichten einer Spiegelstadt*
(rororo 12652)

Eddy L. Harris
Mississippi Solo *Mit dem Kanu von Minnesota nach New Orleans*
(rororo 12646)

Katie Kickman
Im Tal des Zauberers *Innenansichten aus Bhutan*
(rororo 12651)
Es gibt nur noch wenige Gegenden auf der Erde, die Geheimnisse geblieben sind, und eine davon ist Bhutan. Als eine der ersten Europäerinnen gelang es Katie Hickman, das Land im Himalaya und das wilde Bergvolk der Bragpas zu besuchen.

Ursula von Kardorff
Adieu Paris *Streifzüge durch die Stadt der Bohème*
(rororo 13159)

John Krich
Wo, bitte, liegt Nirwana? *Eine Reise durch Asien*
(rororo 12642)

John David Morley
Grammatik des Lächelns *Japanische Innenansichten*
(rororo 12641)

Charles Nicholl
Treffpunkt Café «Fruchtpalast» *Erlebnisse in Kolumbien*
(rororo 12582)
«Eines der spannendsten Reisebücher überhaupt – und brillant geschrieben!» *New York Times*
Im Goldenen Dreieck *Eine Reise in Thailand und Burma*
(rororo 13173)

Stuart Stevens
Spuren im heißen Sand *Abenteuer in Afrika*
(rororo 12647)

Theodore Zeldin
«Ich liebe das Leben, und das Leben liebt mich» *Was es heißt, Franzose zu sein*
(rororo 12644)

rororo Unterhaltung

Romane und Erzählungen

Barbara Taylor Bradford
Bewahrt den Traum *Roman*
(rororo 12794 und als gebundene Ausgabe im Wunderlich Verlag)
Eine bewegende Familiensaga: die Erfolgsautorin erzählt mit Charme und Einfühlungsvermögen vor allem die Geschichte zweier Frauen, die sich ihren Platz in einer männlichen Welt erkämpfen.
Und greifen nach den Sternen *Roman*
(rororo 13064)
Wer Liebe sät *Roman*
(rororo 12865 und als gebundene Ausgabe im Wunderlich Verlag)

Barbara Chase-Riboud
Die Frau aus Virginia *Roman*
(rororo 5574)
Die mitreißende Liebesgeschichte des amerikanischen Präsidenten Thomas Jefferson und der schönen Mulattin Sally Hemings.

Marga Berck
Sommer in Lesmona
(rororo 1818)
Diese Briefe der Jahrhundertwende, geschrieben von einem jungen Mädchen aus reichem Hanseatenhaus, fügen sich zusammen zu einem meisterhaften Roman zum unerschöpflichen Thema erste Liebe.

Diane Pearson
Der Sommer der Barschinskys *Roman*
(rororo 12540)
Die Erfolgsautorin von «Csárdás» hat mit diesem Roman wieder eines jener seltenen Bücher geschrieben, die eigentlich keine letzte Seite haben dürften.

rororo Unterhaltung

Dorothy Dunnett
Die Farben des Reichtums
Der Aufstieg des Hauses Niccolò. Roman
656 Seiten. Gebunden im Wunderlich Verlag und als rororo 12855
«Spionagethriller, Liebesgeschichte, spannendes Lehrbuch (wie lebten die Menschen vor 500 Jahren?) - einer der schönsten historischen Romane seit langem.» *Brigitte*
Der Frühling des Widders
Die Machtentfaltung des Hauses Niccolò. Roman
640 Seiten. Gebunden im Wunderlich Verlag
Das Spiel der Skorpione
Niccolò und der Kampf um Zypern. Roman
784 Seiten. Gebunden im Wunderlich Verlag

Marti Leimbach
Wen die Götter lieben *Roman*
272 Seiten. Gebunden im Wunderlich Verlag und als rororo 13000
Das Buch zum Film «Entscheidung aus Liebe». Die Geschichte von Hilary und Viktor.

3287/2